W0276978

ullstein

Das Buch

Urs Wälterlin lebt mit seiner Familie mitten im Busch, auf einem 132 Hektar großen Grundstück, über das Kängurus hüpfen, Giftschlangen schleichen und wo weiße Kakadus so zahlreich sind wie Tauben in einer Großstadt.

Wenn der Schweizer sich nicht gerade für seine neue Heimat, das Provinzstädtchen Greentown, engagiert, reist er als Korrespondent verschiedener deutschsprachiger Medien durch ein Land, das gelegentlich den Klischees entspricht, oft aber überrascht und manchmal sogar erschreckt. Für seine Reportagen trifft er sich mit Aborigines und Politikern, Kängurujägern, fliegenden Postboten, Millionären und Bergbaukumpeln. Seine Reisen führen ihn in jede Ecke Australiens, aber am Ende ist er jedes Mal wieder froh, in sein kleines Paradies im Busch zu kommen.

Der Autor

Der gebürtige Basler Urs Wälterlin lebt seit über 20 Jahren in Australien, wo er als Korrespondent für deutsche, österreichische und Schweizer Medien berichtet (u. a. *Handelsblatt*, *Der Standard*, Schweizer Radio und Fernsehen). Heute lebt er auf einer Farm nahe einer australischen Kleinstadt – gemeinsam mit seiner deutschen Frau und den zwei Söhnen.

Urs Wälterlin

Weit weg im Outback

Unser Leben in Australien

Ullstein

Besuchen Sie uns im Internet:
www.ullstein-taschenbuch.de

Die in diesem Buch geschilderten Begebenheiten entsprechen den Tatsachen. Die Namen einiger Personen, Zeitpunkte und Orte des Geschehens wurden anonymisiert. Etwaige Übereinstimmungen oder Ähnlichkeiten wären rein zufällig. Alle Dialoge und Äußerungen Dritter sind nicht zitiert, sondern ihrem Sinn und Inhalt nach wiedergegeben.

MIX
Papier aus verantwortungsvollen Quellen
FSC® C014496
FSC www.fsc.org

Originalausgabe im Ullstein Taschenbuch
1. Auflage November 2013
© Ullstein Buchverlage GmbH, Berlin 2013
Umschlaggestaltung und Gestaltung des
Vor- und Nachsatzes: Sabine Wimmer, Berlin
Illustration: Isabel Klett
Satz: LVD GmbH, Berlin
Gesetzt aus der Excelsior
Papier: Munkenprint von Arctic Paper
Munkedals AB, Schweden
Druck und Bindearbeiten: GGP Media GmbH, Pößneck
Printed in Germany
ISBN 978-3-548-28535-1

Für meine Familie.
Auf beiden Seiten der Welt.

VORWORT

Eigentlich wollte ich dieses Vorwort mit ein paar Klischees beginnen: Australien, das Traumland. Rotes Outback, Bondi Beach, Opernhaus, Crocodile Dundee. Ein paar Worte zu den Kängurus, die frühmorgens vor meinem Büro vorbeihoppeln, hier auf unserer Farm zwei Stunden südlich von Sydney. Oder vielleicht ein paar Gedanken zum einzigartig schönen Blau des Himmels über meiner Wahlheimat. Oder ein Satz zum menschenleeren Strand, an den wir im Urlaub fahren.

Stattdessen fürchte ich um mein Leben. Es ist Januar 2013, das Thermometer zeigt über 40 Grad, ich sitze im Büro und schaue mit wachsender Panik zum Horizont. Wir sind auf allen Seiten umgeben von Eukalyptuswäldern. Fünf Buschfeuer brennen in der Distanz, sie können jeden Moment ausbrechen und die Gegend in ein Flammeninferno verwandeln, aus dem es kein Entrinnen gibt. Die Region ist zum Katastrophengebiet erklärt worden. »So gefährlich wie jetzt war die Situation noch nie«, warnt der Premier. Wer auf dem Land lebe, solle sich die Evakuierung überlegen. Gestern hatte ein Feuersturm in Tasmanien 100 Häuser zerstört.

Ich bin alleine. Zum Glück in diesem Fall. Meine Frau Christine und unser jüngster Sohn David sind in Sydney, in Sicherheit. Der 15-jährige Samuel ist als Austauschschüler in der Schweiz. Seit gestern trage ich unser Hab und Gut in den Feuerbunker, den wir letztes Jahr in den Hügel hinter dem Haus haben einbauen lassen. Bilder, Familienfotos, Omas Stoffpuppe. Das Wichtigste nur. Im schlimmsten Fall muss ich ja auch noch rein. Und Max, der Schäferhund, und Susi, Davids Miniaturschwein.

Einmal mehr wird mir klar, wie nah in diesem Land Schönheit und Grausamkeit beieinanderliegen. Einzigartige Lebensqualität und tödliche Gefahr, Euphorie und Schmerz, Feuer und Flut. Dieses Land ist so vielfältig und komplex wie seine Natur, die sich, wie an diesem Tag, in kurzer Zeit von einem Paradies in eine Hölle verwandeln kann.

Von dieser Vielfalt soll dieses Buch handeln. Sonne und Schatten. Ich beschreibe den Weg, den meine Familie und ich in diesem Land zurückgelegt haben. Er beginnt in der Großstadt Sydney und führt nach Greentown, der Kleinstadt, in deren Nähe wir heute leben. Und dazwischen bereise ich dieses riesige Land als Reporter – von den roten Schluchten Westaustraliens bis in die Urwälder Tasmaniens. Seit 20 Jahren berichte ich für deutschsprachige Medien aus »Downunder«. Der Beruf bringt mich mit Aboriginal-Rockstars zusammen, mit Kängurujägern und mit dem Premierminister.

Dies ist ein Buch über den Alltag in Australien, roh, direkt und manchmal widersprüchlich. Es basiert auf meinen eigenen, manchmal sehr persönlichen Erfahrungen. Es erhebt keinen Anspruch auf Vollständigkeit. Nur auf Ehrlichkeit. Um die Persönlichkeitsrechte der Menschen zu schützen, über die ich schreibe, habe ich Namen von Betroffenen, den Zeitpunkt von Geschehen und natürlich auch den Namen von Greentown verändert.

Ich rieche Rauch. Zeit für die Evakuierung oder den Bunker. Ich ziehe dicke Baumwollhosen an, Lederstiefel, einen Wollpullover. Die brennen nicht so schnell wie Kunstfasern. »Wieso musst du denn so wohnen?«, hat mich vorhin mein Vater aus der Schweiz am Telefon gefragt. »Weil wir uns einen Traum verwirklicht haben«, antwortete ich. Den australischen Traum. Im Moment gleicht er eher einem Alptraum. Der Himmel über mir ist glühend rot. Die Stimmung ist apokalyptisch. 41,2 Grad, und das abends um sechs. Backofenhitze. Ironisch eigentlich, wenn ich daran denke, wie unsere Geschichte in Australien vor 20 Jahren begonnen hat.

Urs Wälterlin

KAPITEL 1

»Du dampfst«, sagt Christine. Es ist so kalt in unserem gemieteten Haus, dass mein Körper nach der warmen Dusche dampft wie ein tiefgekühltes Huhn auf der Auftauplatte. »Ich mag nicht aufstehen bei dieser Scheißkälte«, murmelt meine Frau und dreht sich im Bett um. »Ich auch nicht«, denke ich. Aber ich muss. Einer muss schließlich Geld verdienen. Sonst können wir bald wieder einpacken.

Wo sind wir hier bloß gelandet? Seit meinen Tagen in der Schweizer Armee habe ich nicht mehr so gefroren wie in Australien. Das Land der Sonne? Dass ich nicht lache. Gut zwei Monate ist es her, seit wir in Sydney angekommen sind. Bei strahlendem Sonnenschein und blauem Himmel. So wie man sich die Ankunft in Australien eben vorstellt. Wir zogen in die Blue Mountains, die Bergkette, die das Sydney-Becken vom australischen Hinterland trennt. Dort lebten wir für eine Woche bei Bekannten, die ich aus der Schweiz kannte, bevor wir unsere Absteige mieteten. Seither hat uns der australische Winter voll im Griff. Wenn das so weitergeht, habe ich in einem Jahr Rheuma. Seit Wochen überlegen wir, ob wir uns richtig entschieden haben. Traumland Australien – Bilder von Sandstränden, roter Wüste, Abendsonne beim Lagerfeuer – das haben wir uns vorgestellt. Jetzt sitzen wir hier vor einem kleinen Heizstrahler, eingewickelt in eine grellrote Decke aus Kunststoff. Jeden Abend starren wir stundenlang in die orangeglühenden Stäbe und fragen uns, ob wir nicht völlig verrückt sind.

Wir hatten es doch gut in der Schweiz. Christine als Krankenschwester mit Karrierechancen in einem mittelgroßen Krankenhaus, ich als leitender Redakteur in einem Zeitungsverlag. Kein Grund zur Flucht also, und schon gar nicht ans Ende der Welt. Doch der Gedanke, den Rest des Lebens in kleinbürgerlichen Umständen in der Schweiz zu verbringen, ohne vorher noch etwas Spaß gehabt zu haben, war uns zuwider. Wir sind beide immer liebend gerne gereist, von Sibirien bis Fidschi, von Indien bis Kanada. So fiel die Entscheidung: Vor der Familiengründung wollten wir wenigstens einmal noch etwas länger Urlaub machen. Wirklich länger. Zwei Jahre wollten wir weg. Da wir beide Australien von früher kannten, war für uns klar, dass der rote Kontinent unser Ziel sein sollte. Außerdem war für mich klar, dass ich dort am ehesten Chancen hatte, gelegentlich ein paar Berichte an Schweizer Zeitungen zu schicken. Es gab nur wenige deutschsprachige Korrespondenten, die regelmäßig über Australien berichteten. Im Alter von 32 kann man sich nicht einfach für zwei Jahre vom Beruf verabschieden und dann glauben, dass man nach der Rückkehr gleich wieder einen Job bekommt.

Den Anruf bei der australischen Botschaft in Bern werde ich nie vergessen. Es war der erste Kontakt mit der australischen Bürokratie, die mich auch in den folgenden Jahren immer wieder mal zur Weißglut treiben würde. »Ja klar, es gibt ein Visum für freie Journalisten«, säuselte eine Frau am anderen Ende. »Alles gut«, sagte ich zu Christine. Weit gefehlt. Als ich Tage später wieder anrief und Einzelheiten wissen wollte, erhielt ich genau die gegenteilige Antwort. »Nein, so ein Visum gibt's nicht«, meinte eine andere Dame. Nach mehrmaligem Hin und Her hatte ich genug von diesem Theater und schrieb einen Brief an den Botschafter. »Könnten Sie mir bitte verbindlich meine Frage beantworten, Ihre Exzellenz?« Irgendjemand wird ja beim Immigrationsdepartement in Canberra nachfragen können.

Nach vier Wochen endlich ein Anruf. Ich solle doch nach Bern kommen. Das Büro des Immigrationsbeamten war düster, doch der junge Australier chinesischer Abstammung war fröhlich. Und einsam. Und gelangweilt. Er redete ohne Unterbrechung auf mich ein. Auf Englisch. Gut 20 Minuten lang. Er erzählte von einem Ausflug nach Zermatt, von den Trink- und Sexgewohnheiten des damaligen australischen Premierministers Bob Hawke und von der Eiscreme, die zu Hause einfach besser schmecke als in der Schweiz. Und fast beiläufig meinte er: »Nein, ein Journalistenvisum gibt es nicht.« Das hätte er mir auch am Telefon sagen können, dachte ich und wollte aufstehen. Dann kam die Frage, die unser Leben verändern sollte: »Warum wandern Sie nicht aus?«

Nicht eine Sekunde lang hatten wir bisher erwogen, nach Australien auszuwandern. Wir wollten schließlich nur zwei Jahre lang bleiben und Urlaub machen. Vor allem aber war und ist der Prozess der Einwanderung in Australien wahnsinnig schwierig: jahrelange

Wartezeiten, bürokratische Hürden, unfreundliche Beamte, astronomische Kosten und gelegentlich Willkür im Bewilligungsprozess. Nichts, was wir uns antun wollten.

»Sie hätten aber Chancen, glaube ich«, meinte der nette Beamte. Er senkte den Kopf und begann, die Punkte auszurechnen, die wir brauchen würden, um einen Antrag für eine Einwanderung stellen zu können. Australien hat einen Selbsttest, den jeder Auswanderungswillige machen kann. Nur wenn man eine gewisse Punktzahl schafft, macht es Sinn, überhaupt einen Antrag zu stellen. Berücksichtigt werden Bildung, Berufserfahrung, Alter und verschiedene andere Faktoren. Vor allem Englischkenntnisse. »Da haben Sie die höchste Punktzahl«, meinte der Mann und kritzelte weiter. Wie er darauf kam, dass mein Schulenglisch auch nur ansatzweise den Ansprüchen der australischen Immigrationsbehörde genügen würde, ist mir bis heute nicht klar. Denn außer vielleicht mit einem kurzen »Yes« oder »No« hatte ich seinen Monolog kaum mal unterbrochen. »Bingo!«, sagte der Australier, als hätte er gerade für mich im Lotto gewonnen. »Sie haben 90 Punkte. Höchstzahl. Stellen Sie den Antrag!«

Für Christine war klar, dass wir die Gelegenheit nutzen sollten. »Dann können wir vielleicht sogar ein paar Monate länger bleiben, falls es uns gefällt«, meinte sie. Wir leiteten den Antrag ein. Dutzende Formulare, Übersetzungen längst verstaubter Schulzeugnisse, den Leumundsbericht von Christines längst verstorbener Oma aus Polen, ein Besuch beim Arzt, ein Aidstest. Nach acht Wochen hatten wir alle notwendigen Dokumente zusammen, schickten sie an die australische Botschaft, bezahlten ein halbes Monatsgehalt für Gebühren und machten uns darauf gefasst, lange zu warten.

Drei Wochen später kam der eingeschriebene Brief. Auf dem Umschlag das Siegel, komplett mit Känguru und Emu. »Die Regierung von Australien verleiht Ihnen ein Daueraufenthaltsvisum. Sie müssen innerhalb von 12 Monaten einreisen, oder es verfällt. Senden Sie uns Ihren Pass.« Uns blieb die Spucke weg. »Permanent Residency« – volles Bleiberecht, keine Beschränkung bei der Arbeitssuche. Der Jackpot unter den Visakategorien. Nie zuvor und nie mehr danach habe ich gehört, dass eine Einwanderung so rasch bewilligt wurde. Es steht für mich außer Frage, dass der redselige Beamte in der australischen Botschaft in Bern schon während meines Besuches die Entscheidung getroffen hatte, uns den Schlüssel zu seinem Land zu geben. Und das wohl nur, weil ich ihm eine halbe Stunde lang geduldig zugehört habe.

*

»Ich habe genug«, sage ich zu Christine, die sich inzwischen auch aus dem Bett gequält hat. Das Thermometer steht bei einem Grad. Der kleine Heizer hat keine Chance gegen die australische Bauweise. Unser Haus hat die isolierenden Qualitäten einer Kartonschachtel. Nicht nur sind die Wände hauchdünn, und Doppelverglasung ist in Australien scheinbar ein unbekanntes Wort. Es zieht durch alle Ritzen. »Ich glaube, es wird Zeit, zu gehen«, sage ich. »Ja«, stottert Christine. Ihre Lippen sind blau.

KAPITEL 2

Drei Jahre später, und wir haben unser Haus im Sibirien Australiens längst vergessen. Wir leben in Sydney. Nichts fasst die Lebensqualität in dieser Stadt so zusammen wie Jogging am Strand, morgens um sechs. »Hi Steve«, rufe ich, als ich an der Wäscherei um die Ecke vorbeirenne und seinen immer fröhlichen Besitzer sehe, einen ehemaligen Polizisten. »Wie geht's?«, fragt er. Die Antwort ist jeden Morgen dieselbe: »Großartig. Und dir?« Manchmal frage ich mich, was Steve wohl sagen würde, wenn ich mit »miserabel« antworten würde. Australier lieben Floskeln. Freundlichkeit ohne Verbindlichkeit.

In unserem Stadtteil Randwick erlebt man, was diese Stadt ausmacht: die Strände, den Hafen. Es ist wunderbar, im Licht der aufgehenden Sonne am Strand seine Runden zu drehen. Die ersten Schwimmer kämpfen sich durch die Brandung, Surfer paddeln auf ihren Brettern zu den besten Wellen. Und in den Cafés am Strand des benachbarten Stadtteils Coogee trinken die Frühaufsteher Cappuccino. Im nassen Badeanzug und mit einem Frottiertuch auf dem Kopf sehen sogar Filmstars ganz normal aus. Gestern saß Cate Blanchett am Nebentisch.

Sydney hat einen ganz eigenen Charakter, und zwar, weil es eigentlich keinen wirklichen Charakter hat. »Das« Sydney gibt es nicht, genauso wie es »das« Australien nicht gibt. Sydney hat fast so viele Facetten und Charaktere, wie es Stadtteile gibt. Schon nach ein paar Kilometern Autofahrt könnte man glauben, man befinde sich in einem anderen Land.

Viele Touristen sehen kaum mehr von der Stadt als den Hafen, das Opernhaus mit den Segeldächern und die imposante Brücke, die den Norden mit dem Süden der Stadt verbindet. Und vielleicht noch die Strände Bondi und Manly. Doch das ist nur ein Bruchteil des Lebensraums in unserer Stadt, und auch nicht ein typischer, denn hier zu wohnen kann sich kein Normalsterblicher leisten. Das war nicht immer so. Noch in den fünfziger Jahren des letzten Jahrhunderts galten Stadtteile am Hafen, die heute beste – und teuerste – Adressen sind, als verruchte Arbeiterviertel, als Tummelplätze für Gauner, Huren und Zuhälter. Ein Zyniker würde sagen, die Gauner, Huren und Zuhälter seien geblieben. Nur tragen sie heute Maßanzüge und Chanel-Taschen.

Heute muss ich für einen Zeitungsartikel nach Campbelltown fahren, rund 80 Kilometer vom Stadtzentrum entfernt. Kaum drei Kilometer auf Achse, und man ist im »Inneren Westen«. Arbeitervororte, einst durch Parks, Grünflächen und sogar Wald voneinander getrennt, sind in den letzten Jahren zu einem Konvolut zusammengewachsen. Einige »Suburbs« – Vororte – sind Hochburgen für eine der ethnischen Gruppen, die in Sydney leben. In jedem dritten Haushalt in Sydney wird neben Englisch noch eine weitere Sprache gesprochen – Arabisch und Chinesisch. In Lakemba etwa. Ein Basar fast, mit Einwanderern aus dem Nahen Osten, aus Irak, Iran, Libanon, viele in ihrer traditionellen Kleidung. Männer schlürfen Tee und ziehen an der Wasserpfeife. Oder Bankstown, nur einen Steinwurf weiter Richtung Westen. Wenn man in der Hauptgeschäftsstraße die Augen schließt, könnte man glauben, man sei in Vietnam. Englisch hört man kaum, in Bankstown ist Vietnamesisch Hauptsprache. Auf dem Gehsteig preisen Händler frisches Gemüse an. Beim Metzger hängen Schweinehälften hinter dem Schaufenster, darunter gekochte Hühnerfüße, inklusive Krallen. Der Geruch von Pho, der vietnamesischen Nudelsuppe, sticht mir in die Nase. In einem kleinen Restaurant mit Plastiktischen und Plastikstühlen schlürfe ich aus einer riesigen Plastikschüssel Reisnudeln, getunkt in Hoi-Sin- und Chilisauce. Das ist Sydney. Wenn man hier lebt, muss man eigentlich nicht mehr die Welt bereisen. Man fährt einfach in den nächsten Vorort.

Von wegen Outback und viel Platz: Australien ist eines der am urbanisiertesten Länder der Welt. »Suburbia« – ein Land von Vororten. Fast 90 Prozent der Einwohner leben in den Großstädten der Ostküste, der überwältigende Teil in außenliegenden Vororten. Ich fahre auf dem Hume Highway gegen Süden. Wie ein wildwucherndes Krebsgeschwür frisst sich »Suburbia« in die Landschaft, alles verzehrend, was im Weg steht – Wälder, Bäche, Naturgebiete. Wo vor zwei Jahren noch Kühe grasten, protzen heute riesige Siedlungen. Ein Einfamilienhaus nach dem anderen, eines größer und opulenter als das nächste. Der Besitz eines Eigenheims ist der Traum jeden Australiers. »Australier kaufen sich in der Regel das kleinste Stück Land, um Geld zu sparen«, hat mir einmal ein Architekt erklärt. »Dafür bauen sie sich dann ein Haus, das bis einen Meter zum Zaun reicht.« So leben Millionen von Menschen derart eng zusammen, dass sie in einer lauen Sommernacht das Schnarchen des Nachbarn im Haus nebenan hören können. Und das in einem der am dünnsten besiedelten Länder der Welt.

In Campbelltown fahre ich zum Lokalgericht. Als ich parke, sehe ich bereits vier Fernsehteams, die mit gezückten Kameras auf die Ankunft der Anwälte warten. Ivan Milat, ein 40-jähriger Straßenarbeiter, ist des Mordes an sieben jungen Rucksacktouristen beschuldigt. Man hat ihre Leichen in einem Wald rund zwei Stunden südlich von Sydney gefunden. Das Interesse der Medien ist überwältigend. Die Opfer waren gefoltert und dann ermordet worden. Drei der Toten waren deutsche Touristen – die deutsche Presse ist voll von Sensationsberichten über den »Backpacker-Killer«. Meine Zeitungen wollen einen Artikel über den Vorprozess. Der Fall wird mich noch über Jahre beschäftigen.

Nie aber hätte ich gedacht, dass wir es einmal – zumindest indirekt – einem Serienmörder zu verdanken haben, dass auch wir Eigenheimbesitzer werden.

Der Gerichtssaal ist vollgepackt mit Zuschauern und Medien, als der Magistratsrichter in sonorem Ton die Beweislage gegen den Angeklagten verliest – stundenlang, tagelang. Der »Backpacker-Fall« ist eine der größten und aufwühlendsten Geschichten, die ich in 20 Jahren in Australien schreiben werde. Kaum ein Anlass ist in Europa auf so große Beachtung gestoßen wie das Schicksal von Simone Schmidl, Anja Habschied und Gabor Neugebauer, die zusammen mit zwei Australiern und zwei Britinnen Opfer des berüchtigtsten Serienmörders der jüngeren australischen Geschichte geworden waren. Alle sieben Opfer waren per Autostopp von Sydney gegen Süden losgezogen und dann verschwunden. Sie taten, was jedes Jahr Zehntausende von jungen Menschen tun: Mit einem Rucksack und einem kleinen Budget erfüllten sie sich den Traum einer Australienreise.

Die starren Verhandlungsregeln des britischen Gerichtssystems, das Australien weitgehend übernommen hat, lassen kaum Platz für Emotionen. So sitzt der Mann, dem vorgeworfen wird, sieben junge Menschen aufs grausamste abgeschlachtet zu haben, jeden Tag im grauen Geschäftsanzug auf einer Holzbank und starrt gelangweilt zum vergitterten Fenster hinaus. Ich muss mich mehrmals zwingen, nicht einzuschlafen, als Polizisten aufzählen, wie viele hundert Einsatzkräfte beim Durchsuchen des Belanglo-Staatsforstes eingesetzt waren. Dann kommen die ersten Zeugen. Endlich Menschen statt Daten und Fakten. Herbert Schmidl ist aus Regensburg angereist. Der Vater der 21-jährigen Simone, die laut Anklage mit vielen Messerstichen getötet wurde. Als Schmidl mit seiner Aussage fertig ist und aufsteht, wendet er sich Milat zu. Er ballt seine Faust und hält sie vor sein Gesicht. Für den Bruchteil einer Sekunde fürchtet wohl jeder im Raum, Schmidl würde Milat angreifen. Doch der Busfahrer aus Regensburg stürmt aus dem Gericht, Tränen in den Augen. Er ist ein gebrochener Mann. Milat schaut ihm nach, mehr überrascht als verängstigt. Dann senkt er den Kopf.

Mittagspause. Journalisten, Zeugen und interessierte Jurastudenten gehen ins nur wenige Meter neben dem Gericht liegende Geschäftszentrum von Campbelltown. Langsam gehe ich an den Schaufensterscheiben der Liegenschaftenverkäufer vorbei. Dutzende von Bildern mit den Beschreibungen von Häusern und Wohnungen sind ausgehängt. Ich bin froh um jede Ablenkung und beginne zu lesen. »Einfamilienhaus, zwei Schlafzimmer, Küche, Büro – 142 000 Dollar«. »Eigentlich gar nicht so teuer«, denke ich. Beim nächsten Immobiliengeschäft steht ein junger Verkäufer in der Türe. Er hat mich beobachtet. »Hallo, mein Name ist Stephen. Mieten Sie?«, fragt er, als ob er meine Gedanken lesen könnte. »Wenn Sie die Miete zur Abzahlung einer Hypothek verwenden würden, hätten Sie zum Schluss ein Haus.«

Wieder ein Satz, der unser Leben verändern sollte.

Am selben Abend fassen Christine und ich den Beschluss, das Leben als Mieter gegen das von Hypothekensklaven einzutauschen. Nach nur zwei Ortsbesichtigungen entscheiden wir uns für das Einfamilienhaus, dessen Ausschreibung ich vor ein paar Tagen im Schaufenster gesehen hatte. Es liegt in einem ruhigen Stadtteil von Campbelltown und hat einen Garten und eine Garage. Der Erwerb eines Hauses ist in Australien relativ einfach, der Kaufablauf standardisiert. Kein Wunder: Australier kaufen und verkaufen im Verlauf ihres Lebens durchschnittlich siebenmal eine Bleibe. »Real Estate« – der Immobilienhandel – ist eine Multimilliardenindustrie. Häuser und Wohnungen werden nur in den seltensten Fällen privat verkauft, sondern fast immer über einen Makler.

Der Käufer hat fast immer einen Anwalt, der die

Besitzverhältnisse der verkaufenden Partei überprüft. Vor allem muss der Jurist auf mögliche Probleme oder Schwierigkeiten mit dem Zugang zum Grundstück hinweisen. Oder er müsste zumindest, wie wir Jahre später feststellen sollten.

Die größte Herausforderung beim Hauskauf ist in der Regel, eine Hypothek zu erhalten. Von einer Bank. »Sie sind selbstständig erwerbender Journalist?«, fragt mich Nick von der St. George Bank, als Christine und ich unsere Unterlagen vorlegen. »Vergessen Sie es.« Er lehnt sich gelangweilt in seinem Plastikstuhl zurück und rückt sich den Knoten seiner grellroten Krawatte zurecht. Nach drei weiteren Versuchen haben wir endlich bei der National Australia Bank Erfolg: das Geld ist auf dem Konto. »Nun sind wir für Jahre im Klammergriff dieser Wegelagerer«, sage ich zu Christine, mit einem Anflug von Existenzangst. Schweißgebadet schrecke ich in der Nacht aus dem Schlaf. Vor meinem geistigen Auge rechne ich die Zahl der Zeitungsartikel aus, die ich schreiben muss, um 100 000 Dollar zu verdienen. 1000, 10 000, 5000? »Schatzi, wir haben Scheiße gebaut!«, jaule ich. Doch Christine, mit ihrer Rationalität, mit der sie mich in den kommenden Jahren noch viele Male vom Rand des Wahnsinns zurückholen sollte, findet die richtigen Worte. »Schau, Spatzl, manchmal muss man halt ein Risiko eingehen, um etwas zu schaffen«, meint sie. »Schließlich wären wir ja sonst gar nicht hier.« Dann dreht sie sich um und schläft wieder ein.

KAPITEL 3

»Bist du wahnsinnig?!« Dave schaut mich an, als hätte ich in Volltrunkenheit am Roulettetisch das Familienvermögen auf Schwarz gesetzt. »Wie kannst du nur die Schweiz gegen Australien eintauschen?« Seit drei Wochen wohnen wir in unserem neuen Haus, seit drei Wochen spaziere ich jeden Morgen zu Daves Laden, um meine Zeitungen zu kaufen. Dann diskutieren wir das Tagesgeschehen, während er seine Kunden bedient. Dave ist ein quirliger Mittfünfziger mit einem Kranz von grauem Haar unter einer glänzenden Glatze. Und – für einen Australier ungewöhnlich – er hält mit seiner Meinung nicht hinterm Berg. Er ist kritisch, auch gegenüber seinem eigenen Land. »Weshalb kommt jemand aus der paradiesischen Schweiz nach Australien?«, fragt er, als er einmal mehr über die vermeintliche Unfähigkeit der australischen Politiker wettert. Diese Frage sollte mir im Verlauf der Jahre immer wieder gestellt werden. Heidi, Matterhorn, Toblerone, saubere Straßen, Roger Federer und Nummernkonti – die üblichen Klischees. Viele Australier können nicht verstehen, wie man ein Leben in einem solchen »Paradies« freiwillig aufgeben kann. Dabei wissen sie oft gerade mal, dass das Land in Europa liegt. Aber wo genau? »I am Swiss« – »Ich bin Schweizer«, stelle ich mich vor. »Ah, you come from Sweden«, lautete die Antwort schon öfter, als ich zählen kann. Schweiz, Schweden – ist doch alles dasselbe. Geographie hat in australischen Schulen scheinbar keine Priorität.

In unserem Garten blühen die Blumen. Und sogar die Rote Bete gedeiht. Wir leben so wie die große Masse der Durchschnittsaustralier: weit weg von der teuren Innenstadt, von Hafen und Opernhaus, in den äußeren Quartieren einer Großstadt, in Suburbia. Das Leben als Hausbesitzer – oder sagen wir lieber Hausbewohner, denn zu 89 Prozent gehört unsere Bleibe ja der National Australia Bank – gefällt uns. Trotzdem ist Christine frustriert, ja fast melancholisch. Ihre jahrelange Erfahrung als Krankenschwester in Europa, ihre deutschen Qualifikationen, all das scheint hier nichts mehr wert zu sein. Sie kann in Australien nicht in ihrem Beruf arbeiten. Am Abend setzt sie sich hin und lernt – jeden Abend. »Ich muss meine ganze Ausbildung nachbüffeln«, stöhnt sie. Nicht einfach ein wenig Chemie hier, ein bisschen Anatomie da. Das volle Programm. Und das mehr als 15 Jahre nachdem sie die Krankenpflegeschule in Nürnberg besucht hatte. Doch ihre Ausbildung, die Erfahrung danach, die Jahre in verschiedenen Abteilungen, auf Intensivstationen und im Operationssaal – sie zählen nichts. Nur mit einem Schein des australischen Pflegeverbandes ausgerüstet, wird sie in diesem Land als Schwester an einem Krankenbett stehen. Christine ist fest entschlossen: Sie will in drei Monaten den Test machen, der ihr zumindest im Bundesstaat New South

Wales die Arbeit als qualifizierte Krankenschwester erlaubt. »So hatte ich mir das nicht vorgestellt«, seufzt sie und geht zum Schreibtisch. Sie wirkt erschöpft, blass. Ich mache mir Sorgen. Eigentlich ist sie in unserer Beziehung die Gelassene, die nichts aus der Fassung bringen kann. Ich bin der, der sich sorgt, der immer um die Zukunft fürchtet. Nach Mitternacht finde ich sie, den Kopf auf dem Pult, vor Erschöpfung eingeschlafen.

Christine teilt das Schicksal vieler Neuankömmlinge. Enthusiasmus und Tatendrang weichen schnell Frustration und Enttäuschung. Tage später, als ich in einem Taxi durch Sydney fahre, komme ich mit dem Fahrer ins Gespräch. Singh ist sein Name. »Eigentlich bin ich Doktor«, sagt der Inder. »Ich bin seit vier Jahren hier, aber ich habe bisher mein ›Ticket‹ nicht geschafft.« Bei Ärzten ist die Australian Medical Association (AMA) für die Zulassung zuständig. Diese Organisation – sie alleine und nicht etwa der Staat – entscheidet bei Medizinern, welche ausländischen Ausbildungen anerkannt werden und welche nicht. Immer wieder muss sich die AMA vorwerfen lassen, sie nutze ihre Macht vor allem, um australische Ärzte vor Konkurrenz aus dem Ausland zu schützen. Und das trotz des chronischen Mangels an Medizinern in ländlichen Gebieten. »Ein australischer Doktor ist hundertmal so viel wert wie einer aus Pakistan«, hatte mir mal in Adelaide ein eben promovierter Mediziner gesagt – ohne nur ansatzweise Scham für seinen unverhohlenen Rassismus zu zeigen. Der junge Schnösel bestätigte nur, was viele Kritiker sagen: Die Bewertungen der Qualifikationen ausländischer Ärzte durch die AMA seien unfair und basierten oftmals weniger auf Fakten denn auf Antipathie gegenüber den Kollegen aus nichtwestlichen Ländern. »Alles Rassisten«, glaubt auch Singh. In Gesprächen, die ich in den folgenden Jahren mit anderen Ärzten führe, taucht dieser Vorwurf immer wieder auf. Ob aus Irak, Indien, Libyen oder Ägypten – jeder Mediziner, mit dem ich spreche, beklagt sich zumindest über eine subtile Form von systematisierter Fremdenfeindlichkeit. »Obwohl ich besser qualifiziert war, zehnmal besser als mein britischer Kollege, und obwohl ich fünf Jahre mehr Erfahrung hatte, erhielt er sein Ticket sofort«, sagt auch Ahmed, ein Pakistani, der für ein paar Monate in der Praxis meiner Hausärztin arbeitete. Etwas Gutes allerdings hat die Situation. Wer in Sydney auf der Straße mit einem Herzinfarkt umkippt, hat gute Überlebenschancen. Es gibt in keiner anderen Stadt der Welt mehr Taxi fahrende Ärzte.

*

Die morgendlichen Gespräche mit Dave sind ein wichtiger Bestandteil meines Tages. Seine Ideen, seine Lebenseinstellung, seine Vorurteile und Hasslieben – sie tragen wesentlich zu meinem Bild von Australien bei, das ich auch an meine Zeitungen weitergebe. Campbelltown ist so typisch australisch, dass Statistiker den Vorort als eine Art Konzentrat des ganzen Landes sehen.

In Orten wie Campbelltown wird deutlich, wie rasant sich das Gesicht australischer Großstädte wandelt, allen voran der größten, Sydney. 100 Meter von unserem Haus entfernt steht ein Zaunpfosten, aus schwerem handgesägten Hartholz, mit verrosteten

Nägeln und Drahtresten, so wie Zaunpfähle in Australien noch heute millionenfach verwendet werden – auf dem Land, im Outback. Der Pfahl ist ein Relikt aus einer anderen Zeit, als Campbelltown noch ein Kaff im »Busch« war, Lichtjahre entfernt von der Hektik der Großstadt. »Vor 40 Jahren haben wir in Campbelltown Ferien auf dem Land gemacht«, erzählt mir John, der australische Mann einer Kollegin. »Es gab nur Kühe und Schafe und Herden von Kängurus.« Doch das expandierende Sydney verleibt sich immer mehr Land ein, so dass das ehemalige Bauerndorf Campbelltown heute Teil des Konvoluts ist. 2012 lebten in Sydney 4,3 Millionen Menschen, und jeden Tag kommen mehr dazu. »Sydney ist voll«, hatte im Jahr 2000 der damalige Premier Bob Carr gewarnt. Niemand hörte auf ihn.

Der Bedarf an Wohnraum ist enorm. Das zeigt sich nicht nur bei Eigenheimen. Auch an Wohnungen herrscht ein dramatischer Mangel, vor allem in den inneren Stadtteilen, dort, wo der Zugang zum Zentrum, zu den Arbeitsplätzen, am besten ist. Potentielle Mieter warten oft monatelang, bis sie eine Wohnung finden. Jeden Samstag, wenn Liegenschaftenmakler die wenigen freien Mietwohnungen in ihrer Suburb für eine Stunde zur Inspektion öffnen, stehen Dutzende von Interessenten an, manchmal Hunderte. Der prekäre Mangel an Wohnraum hat die Preise für Mietwohnungen in den letzten Jahren in stratosphärische Höhen schießen lassen. Die wöchentliche Durchschnittsmiete in Sydney lag 2012 bei 351 Dollar, 40 Prozent mehr als sechs Jahre zuvor und deutlich über dem Landesdurchschnitt von 285 Dollar. Vor ein paar Jahren waren Gerüchte in Umlauf, einzelne

Makler würden von Interessenten Geld verlangen, um sie auf der Liste der Anwärter nach oben zu rücken. Oder Sex.

Christine ruft mich an. Sie ist in Tränen aufgelöst. »Die machen mich fertig«, klagt sie. Vor acht Wochen hatte sie einen Job in einem großen Hotel in Coogee angenommen, einem der schönen Strandvororte Sydneys, als Zimmermädchen. Klos putzen, Spiegel wischen. Ein heftiger Karriereknick. Christine hatte lange nach einer Stelle in einem Krankenhaus gesucht, vielleicht als Schwesternhilfe. Das wäre ideal gewesen, als Ergänzung zum Studium für ihre Prüfung. Doch es gab nur Absagen. Dann ging sie zum Hotel. »Sie können morgen anfangen«, meinte die Reinigungsverantwortliche Frau L., eine Schweizerin – ausgerechnet – mit hochtoupiertem Haar. Als ob sie sich und ihren Angestellten täglich beweisen wollte, dass sie es geschafft habe und ihre Untergebenen nicht, machte sie es sich zur Angewohnheit, ihr Team von sieben Zimmermädchen zu quälen.

»Ich habe es wieder nicht geschafft«, schluchzt Christine. Ich koche vor Wut. Es ist nicht das erste Mal, dass ich zum Hotel gehen und mir Frau L. vorknöpfen möchte. »Nicht geschafft« hat Christine die Reinigung von 16 Zimmern, und das in acht Stunden. Ein Ding der Unmöglichkeit, wenn man anständige Arbeit leisten will. So schaffte sie es heute nur, 14 Zimmer zu putzen. Kein Wunder: Zwei der Räume glichen einem Schlachtfeld. »Eine Mannschaft von Rugbyspielern hat eine Orgie gefeiert«, meint Christine unter Tränen. Zerrissene Bettlaken, literweise ausgelaufener Alkohol, Kotze, Kondome. Zwei Stunden habe sie benötigt, um Ordnung ins Chaos zu bringen. Doch Frau L. habe kein Verständnis gezeigt. »Sie drohte uns mit dem Rausschmiss. Juanita ist auch ganz fertig.« Juanita ist eine von vier Philippinerinnen, mit denen Christine zusammenarbeitet. Die Asiatinnen leiden noch mehr unter dem Diktat der Chefin als Christine. Denn während meine Frau ihr gelegentlich Paroli bietet, können ihre vier Kolleginnen nur schweigen. Wie Tausende von Immigrantinnen in schlechtbezahlten Berufen fürchten sie, den Job zu verlieren und damit möglicherweise das Recht, in Australien zu bleiben. Denn sie haben ein deutlich beschränkteres Visum als wir. So lassen sie sich wie Sklavinnen behandeln. Jeden Abend Tränen, jede Nacht Angst vor dem Rausschmiss. Hunderttausende von Ausländerinnen und Ausländern leben so in Australien.

Am selben Abend beschließen wir, dass Christine ihren Putzwagen stehenlassen und sich voll auf die Krankenschwesternprüfung vorbereiten solle.

Trotzdem wächst meine Sorge um sie. Wir überlegen gerade, länger in Australien zu bleiben – vielleicht fünf Jahre. So ein Haus verpflichtet. Aber wie viele Immigranten fragen wir uns, ob wir die Härte des Alltags, die negativen Erfahrungen und die Rückschläge weiter in Kauf nehmen wollen. Christine verkriecht sich wieder hinter ihre Bücher. Und ich gehe ins Wasser. zehn Meter tief, um genau zu sein.

KAPITEL 4

»Runter«, sagt Mario und steckt sich das Endstück, das mit einem Schlauch mit dem Lufttank verbunden ist, in den Mund. Mit dem Daumen deutet er nach unten. Wir treiben in unseren Tauchanzügen gut hundert Meter vor den Klippen nördlich von Coogee auf der Wasseroberfläche. Wir lassen die Luft aus unseren Tarierwesten, das Gewicht des Bleis an unseren Gürteln und die schwere stählerne Luftflasche ziehen uns rasch in die Tiefe. In der Distanz kann ich Angler sehen, die auf den Klippen stehen, ihre langen Ruten in der einen Hand, ein Bier in der anderen. Obwohl es fast windstill ist und das Meer ruhig, donnern drei Meter hohe Wellen gegen die gelbbraunen Sandsteinfelsen. Mario und ich sind schnell zehn Meter tief. Wir geben uns gegenseitig das internationale O.-K.-Zeichen – Zeigefinger und Daumen bilden ein O. Es kann losgehen. Langsam lassen wir uns in Richtung Süden treiben, parallel zur Küste, in sicherer Distanz zu den Klippen. Unser Ziel ist, in gut einer halben Stunde ein paar hundert Meter zu tauchen, die Landschaft unter Wasser zu beobachten und in der Nähe des Strandes von Coogee wieder aus dem Wasser zu kommen. Kein Stress. »Wir nehmen es locker«, hatte Mario gesagt, als wir uns oben auf dem Parkplatz in unsere Tauchanzüge zwängten. »Und dann essen wir Spaghetti. Mit Meeresfrüchten. Und trinken einen Chianti!«

Das erste Mal, als ich Mario traf, mochte ich ihn überhaupt nicht. Ein italienischer Gigolo, dachte ich, komplett mit Dreitagebart und spiegelnder Sonnenbrille. Ein Mann, der nichts anderes im Kopf zu haben schien als das Dolce Vita. Das Leben schien für ihn eine Antipasto-Platte zu sein, von der er sich pflückt, was ihm schmeckt, und den Rest liegen lässt. Doch meine anfängliche Zurückhaltung wich bald Bewunderung. Mario lebt für seine kleine Tochter. In einer wilden Nacht hatte er die kleine Vanessa mit einer Australierin gezeugt, bevor diese sich daran erinnerte, dass sie eigentlich lesbisch ist. Vanessa ist alles für Mario. Er ergreift jede Chance, ein guter Vater zu sein. Als ungelernter Ausländer hat Mario es besonders schwer, Arbeit zu finden. Er war schon Teppichverkäufer, Fischverkäufer, Bürogehilfe und Packer. Und er hat einen Traum. Er will Tauchlehrer werden. An diesem Samstag wird er nicht nur diesen Traum beinahe verlieren, sondern auch sein Leben. Und ich mit ihm.

In fünfzehn Metern Tiefe schweben wir durch das Wasser. Wir lassen uns treiben. Die Strömung entlang der Küste vor Sydney ist konstant und ziemlich stark. Nur selten brauchen wir unsere Flossen, um voranzukommen. Das Wasser ist klar, die Strahlen der Sonne brechen sich am Plankton. Ein Schwarm kleiner Fische tanzt über uns, fast wie in einem Ballett. Mario, der angehende Tauchlehrer, hat die Führung übernommen. Mit dem Kompass orientiert er sich, zeigt mir den Weg. »Hier runter«, deutet er mit seiner Hand. Parallel zur Küste, Richtung Süden. Nach dem Stress mit Christines Arbeit in den letzten Wochen bin ich froh, wieder im Wasser zu sein. Andere machen Yoga, um sich zu entspannen, ich gehe mit Fischen flirten. Tauchen ist kein Leistungssport, und das gefällt mir. Man taucht, um die Natur zu bewundern und die Schwerelosigkeit im Wasser zu genießen, nicht um einen Rekord zu brechen oder irgendjemandem etwas zu beweisen. Vor uns schwimmen zwei kleine Port-Jackson-Haie. Sie sind ungefährlich für Menschen. Unter uns schwingen die dicken Blätter von Seetang im Takt mit der Strömung. Graubraun und wuchtig sehen sie aus, wie tanzende Soldaten. Ich bin bei jedem Tauchgang mehr fasziniert von der Schönheit und Vielfalt der Unterwasserwelt rund um Sydney. Wenn Taucher auf die Australienkarte sehen, denken sie in erster Linie ans tropische Barrier Riff im Bundesstaat Queensland und vielleicht an das Ningaloo Riff in Westaustralien. Sydney steht kaum auf der Liste der bevorzugten Tauchplätze. Dabei sind in den kühleren Gewässern Australiens die Flora und Fauna ebenso einzigartig wie im tropischen Norden. Sydney hat heute einen der saubersten Häfen der Welt. Noch in den sechziger Jahren dienten viele seiner Seitenarme als Entsorgungskammer für Sondermüll und Abwässer. An vielen Orten glich der Meeresboden einer Mondlandschaft. Geröll, abgestorbene Schwämme, rostende Tonnen, gefüllt mit tödlichen Chemikalien. Striktere Umweltgesetze brachten die Wende. Die Natur holte sich zurück, was ihr gehörte. Auch die Tauchgründe außerhalb des Hafens, entlang der Küste, sind faszinierend. Steile Kliffe mehrheitlich, unterbrochen durch Sandstrände. Strömungen sind allerdings eine dauernde Gefahr. Nicht nur für Taucher, auch für Schwimmer. An Stränden wie Bondi und Coogee geraten jeden Tag Menschen in Bedrängnis und müssen von den Lifesavern, den Rettungsschwimmern, aus dem Wasser geholt werden.

Eben war Mario noch neben mir, jetzt sehe ich ihn nicht mehr. Solche Situationen sind beim Tauchen nicht ungewöhnlich. Ein »Buddy«, wie der Tauchpartner heißt, sieht sich was an, eine Koralle, einen Fisch, eine Muschel. Und fällt dabei etwas zurück. Nicht unbedingt ein Grund zur Beunruhigung. Doch es gibt strikte Regeln, wie man sich in einem solchen Fall zu verhalten hat. Ich schwebe im Wasser und halte Ausschau nach Mario. In zehn Metern Entfernung sehe ich ihn. Ich mache das O.-K.-Zeichen. Er schüttelt den Kopf und scheint angestrengt zu schwimmen. Und dann spüre ich sie auch.

Die Strömung.

Als würde mich eine gigantische, unsichtbare Hand packen, werde ich weggestoßen. Ich trete in die Flossen, hoffe, wieder auf unseren Weg zurückzufinden. Doch die Anstrengung ist zu groß. Ich atme zu schnell. Meine Luftflasche wird gleich leer sein. Ich spüre, wie ich immer stärker, immer schneller in Richtung Land getrieben werde. Über mir brechen die Wellen. Ein Blick auf den Tiefenmesser – ich bin nur noch vier Meter unter der Oberfläche. Ohne dass wir es bemerkt hatten, trieb uns die Strömung nicht nur in Richtung Land, sondern drückte uns auch nach oben. Wenn es vor einer Küste eine Todeszone für Taucher gibt, dann sind wir jetzt drin.

Mittendrin.

Mario deutet mit der Hand nach oben. Er will auftauchen. Ich will ihn überzeugen, wieder in die Tiefe abzutauchen. Dort wären wir der Kraft der Wellen nicht so stark ausgesetzt. Wir könnten entlang des Meeresbodens in ruhigerem Wasser aus der Gefahrenzone schwimmen. Doch Mario ist in Panik. Er lässt Luft in seine Weste und steigt rasch nach oben. Mir bleibt nichts anderes übrig, als dasselbe zu tun. Oben sehe ich: Wir sind nur noch etwa zwanzig Meter von den Felsen entfernt. Gegen das Licht der Sonne mache ich auf der Klippe die Angler aus. Sie bemerken nichts von dem Drama, das sich nur einen Steinwurf entfernt unter ihnen abspielt. Ich drehe mich um, blicke aufs Meer. Dann packt mich eine Welle, mindestens drei Meter hoch, und schleudert mich in Richtung Felsen. Ich halte meine Maske fest und lasse mich treiben. »Jetzt nur nicht den Luftschlauch verlieren«, schießt es mir durch den Kopf. Verzweifelt beiße ich auf mein Mundstück. Ich bin der Welle völlig ausgeliefert. Ein Gefühl totaler Hilflosigkeit. Ich lande in einer Einbuchtung in einem Felsen. Von Wellen über Jahrtausende ausgewaschen, eine Delle, nicht größer als eine Badewanne. Dann bricht die nächste Welle über mir zusammen. Ich fühle mich wie in einer Waschmaschine, ohne Kontrolle, das Wasser wirbelt mich herum wie einen Spielball. In meinem Kopf höre ich den Puls pumpen, trotz des ohrenbetäubenden Lärms, den das aufgewühlte schaumige Wasser macht. Als sich die Welle zurückzieht, ist meine Maske weg. Mit beiden Händen halte ich das Mundstück fest. »Wenn ich es verliere, ertrinke ich«, denke ich. Zwischen den Wellen vergehen jeweils etwa 30 Sekunden, gerade genug Zeit, um das Mundstück zu entfernen und kurz zu atmen. Dann drückt mich die Wucht der nächsten Welle wieder unter Wasser.

Ich habe Angst, von der nächsten großen Welle herausgewuchtet und gegen die Felsen geschmettert zu werden. Aber eigentlich sitze ich hier fest. Mit dem schweren Tank auf dem Rücken, dem Bleigurt und dem Rest der Ausrüstung habe ich keine Chance, der Wellenwalze zu entkommen. Und die Ausrüstung auszuziehen, ist keine Option. Sie wirkt wie eine Art Anker. Die nächste Welle würde mich mitreißen. So liege ich einfach da, hilflos wie ein gestrandeter Wal. Ich schnappe nach Luft, wenn kurz kein Wasser über mir ist, und sauge an meinem Mundstück, wenn die nächste Welle über mir bricht. Mein Gehirn läuft auf Hochtouren. Ich habe viel über Menschen gelesen, die dem Tod in die Augen gesehen haben. Diese Geschichten von der plötzlichen inneren Ruhe und Wärme, die einen überfallen sollen. Oder die Bilder des Lebens, die einem in Sekunden vor dem geistigen Auge vorbeirasen. Traurigkeit, Euphorie oder Resignation, Angst oder gar Panik. Nichts davon. Ich liege nur da und frage mich, ob's das jetzt wirklich gewesen sei. »Jetzt bin ich hier, in einem wunderschönen Land, mit der besten Frau der Welt, und lebe einen Traum«, denke ich. Ich sehe Christine vor mir, den Glanz ihrer blauen Augen. Ich höre ihr Lachen.

Plötzlich überfällt mich eine Wut, wie ich sie bisher in meinem Leben kaum je gespürt habe. »Eher zerschmettere ich an den Klippen, als dass ich hier einfach ersaufe«, schießt es mir durch den Kopf. Ich habe nur dreißig Sekunden Zeit, bis die nächste Welle kommt. Ich wuchte mich hoch, versuche, mich am Felsen festzuklammern. Doch die schmierigen Algen machen es fast unmöglich, am Gestein Halt zu finden. Ich rutsche ab. An den messerscharfen Schalen der Seepocken, die den Felsen bedecken, schneide ich mir die Handschuhe auf. Dann kommt die nächste Welle. Sie packt mich und wirft mich in die Delle zurück – als ob das Schicksal beschlossen hätte, dass dieser Felsen mein Grab sein soll. Mit beiden Händen halte ich mein Mundstück fest. Nach zwei weiteren Wellen versuche ich es noch mal. Und noch mal. Endlich, nach drei weiteren Versuchen gelingt es mir, mich an der Spitze eines Felsens festzuhalten, bevor die nächste Welle über mir zusammenbricht. Wie aus tausend Kübeln gleichzeitig prasselt das Wasser auf mich ein. Doch ich halte mich fest. Die Pause bis zur nächsten Welle nutze ich, um mich hinter einen anderen, größeren Felsen zu schleppen. Außer Atem, komplett erschöpft, setze ich mich hin. Ich habe es geschafft.

Wo ist Mario?

Die Panik, die mich überkommt, werde ich nie vergessen. Ich werfe meine Luftflasche ab, den Bleigurt und springe von einem Felsen auf den andern. Der Gedanke, meinen Kumpel verloren zu haben, erfüllt mich mit Horror. Ich überlege mir bereits, wie ich Vanessa den Tod ihres Vaters erklären werde, als ich Mario zwischen zwei mächtigen Felsen in einer Spalte liegen sehe. Er lebt. Und wie. »Verdammte Scheiße«, sagt er, »das war knapp.« Ein paar Flüche auf Italienisch. Ich helfe ihm auf die Beine. Er blutet heftig. Er hatte keine Handschuhe an. Die Seepocken und Muscheln an den Felsen haben ihm die Finger zerschnitten.

Langsam arbeiten wir uns auf die Klippe. Als wir zwischen zwei mächtigen Felsen hochklettern und endlich auf sicherem Boden stehen, schauen uns die Angler ungläubig an. »Geht's euch gut?«, fragt einer. Zurück am Fahrzeug, verbinde ich Marios Hände. Wir sprechen nicht viel. Ein letzter Blick von der Klippe hinunter aufs Meer. Mit Wucht donnern die Wellen gegen die Felsen. Wir können kaum glauben, dass wir es geschafft haben, zu entkommen. Die australische Natur ist einzigartig, faszinierend, schön. Aber Fehler vergibt sie selten.

Als ich nach Hause komme, schaut mich Christine an, wie den Geist, der ich beinahe geworden wäre. »Was ist denn mit dir los?«, fragt sie erschrocken. »Du bist kreideblass.« Ich erzähle die ganze Geschichte. Christine greift nach meinen Händen. »Da bin ich ja froh, dass du noch lebst«, meint sie trocken. »Denn ich brauche dich mehr als je zuvor.« Sie atmet kurz durch. »*Wir* brauchen dich mehr denn je.« Und sie legt meine Hand auf ihren Bauch.

KAPITEL 5

Nichts hilft einem so gut, die Prioritäten im Leben zu setzen, wie ein geplatztes Rendezvous mit dem Jenseits. Und die Aussicht, Vater zu werden. Ich stürze mich mit neuem Mut in die Arbeit und schreibe Berichte über ein Land, das für den Rest der Welt kaum zu existieren scheint. Christine schafft schließlich ihre Prüfung; mit Bestnote. Wie ihre Kurskolleginnen auch. Jedenfalls die aus Deutschland oder aus den Niederlanden oder aus Großbritannien. Die Mehrheit der Asiatinnen fällt durch. Obwohl sie, laut Christine, den Stoff mindestens so gut beherrschten wie die Europäerinnen. Sie werden ihren australischen Traum wohl als Zimmermädchen weiterträumen müssen.

Eines war uns schon klar, bevor wir nach Australien gingen: In den Augen der meisten Redakteure und Redakteurinnen in Europa sind Australien und der Rest meines Berichtsgebietes – Neuseeland und Ozeanien – politisch und wirtschaftlich von ähnlich großer Bedeutung wie ein Euter an einem Stier. Ich hatte in der Schweiz bei allen großen und mittelgroßen Zeitungen vorgesprochen. »Kein Interesse«, »Australien? Wieso?«, »Interessiert niemanden« und – wenn's mal wirklich gut lief – »Schicken Sie mal«. So die Antworten auf mein Angebot, als freier Korrespondent über Australien zu berichten. Winke mit dem Zaunpfahl, die jeder vernünftig denkende Mensch verstanden hätte. Doch wer will schon vernünftig sein, wenn das Abenteuer ruft? Zu meinem Erstaunen nehmen die meisten Zeitungen nun doch von Anfang an die Texte, die ich ihnen schicke. Doch noch 20 Jahre später hält sich in vielen Redaktionen – glücklicherweise nicht in allen – die Meinung, Australien sei für den Großteil der Leserschaft nicht von Interesse.

Diese Haltung ist völlig daneben – aus mehreren Gründen. Australien ist längst nicht mehr der unbedeutende Außenposten westlicher Zivilisation am Ende der Welt. Das Land hat sich seit den fünfziger Jahren von einer britischen Kolonie zu einer ernstzunehmenden Mittelmacht entwickelt, einem engen Verbündeten der Vereinigten Staaten zwar, aber gleichzeitig vor der Haustüre Asiens stehend. Die Probleme und Chancen, die sich aus dieser geographischen und strategischen Lage ergeben, haben weitreichende Konsequenzen, über die ich in den folgenden Jahren immer wieder berichten sollte. Die Behauptung, Europa interessiere sich nicht für das Geschehen in Australien, ist auch mit Blick auf die wirtschaftlichen Beziehungen kompletter Unsinn. Nicht nur, weil die australische Konjunktur seit zwei Jahrzehnten stetig zulegt – im Gegensatz zu so ziemlich jedem vergleichbaren westlichen Staat. In Hunderten von Unternehmen und Projekten haben europäische Anleger und Sparer Geld deponiert. Und natürlich ist Australien einer der wichtigsten Förderer von Rohstoffen. Ohne australische Kohle, ohne Eisenerz, Gold, Nickel und

Zinn würde die Weltwirtschaft in ernsthafte Schwierigkeiten geraten.

Nicht zuletzt aber ist Australien für Millionen von Menschen ein Traumland. Für Auswanderer und für Touristen. Der Kontinent steht traditionell unter den ersten drei auf der Liste der begehrtesten Fernreiseziele weltweit. Potentielle Besucher aus Deutschland, der Schweiz und Österreich haben ein großes Bedürfnis nach Informationen aus und über Australien. Sei es Unwissen, sei es mangelndes Interesse oder sei es – leider allzu oft – die Ignoranz der Entscheider in den Redaktionen gegenüber ihren Lesern: trotz dem hohen Bedarf an »ernsten« Themen. So kommt Australien in vielen Zeitungen und elektronischen Medien nur auf den *Vermischten Seiten* vor, wenn überhaupt.

Meldung einer deutschen Nachrichtenagentur: »Australischer Zoowärter rettet sich mit Rasenmäher vor Krokodil«. Ein Zoowärter in einem australischen Reptilienpark sei dem Angriff eines riesigen Krokodils entkommen, nachdem ihm dieses seinen Rasenmäher weggeschnappt hatte. Die Nase rümpfen über solche Geschichten sollte man als Journalist nicht. Zum einen interessieren sie die Leser durchaus. Zum anderen sind für die Mehrheit der Korrespondenten in Australien – nämlich jene 90 Prozent, die wegen des konstanten Desinteresses in den Redaktionen chronisch am Hungertuch nagen – Krokodilangriffe, Haiattacken, Wirbelstürme und Buschbrände höchst willkommene Gelegenheiten, etwas zu verdienen. Je mehr Klischees eine Geschichte enthält, desto größer die Abdruckchancen. Je mehr Bezug zum Leser, desto höher die Wahrscheinlichkeit, dass ein Redakteur sie ins Blatt nimmt oder auf die Webseite. Meine Traumstory:

Ein Tourist – Deutscher oder Schweizer natürlich – fällt bei herrlichem australischen Wetter von der Terrasse hinter dem Opernhaus von Sydney ins Meer und wird von einem Hai gefressen. Ideal wäre, wenn ihn ein Känguru ins Wasser stoßen würde. Aber das ist vielleicht etwas viel verlangt.

Diese Geschichte würde aber mit Sicherheit ins Blatt kommen. So wie fast jede Geschichte, in der australische Tiere mitspielen. Die Giftschlange, die das beste Stück eines urinierenden Busfahrers um Millimeter verpasst und ihn »nur« in den Oberschenkel beißt. Die Würgeschlange, die ein schlafendes Kleinkind umklammert. Die Tourismusindustrie sieht solche Meldungen zwar offiziell nicht gerne, weil sie das Potential haben, mögliche Besucher abzuschrecken. Aber dieses Land ist nicht zuletzt wegen seiner gefährlichen Tierwelt attraktiv. Eine Abenteuerdestination. In Australien kann man noch auf wirklich archaische Weise umkommen: von einem Hai lebendig gefressen werden, innerhalb von Minuten am Gift der tödlichsten Schlangen der Welt sterben, nach einer minimalen Berührung der Tentakeln durch die Schachtelqualle unter höllischen Schmerzen zugrunde gehen. »Furchtbar für die Betroffenen, gut fürs Geschäft«, hat mir einmal ein Vertreter der australischen Tourismusbehörde zugeflüstert. Im Kakadu-Nationalpark hatte ein Krokodil in einem Tümpel eine junge deutsche Touristin beim Baden getötet, und die Meldung lief an diesem Tag in so ziemlich jeder deutschen Nachrichtensendung. »Die Zahl der Anfragen von interessierten potentiellen Besuchern aus Deutschland stieg in den Monaten danach deutlich an«, so der Mann von der Tourismusbehörde in Darwin.

Dabei ist die Chance, von einem Krokodil gefressen, von einer Qualle berührt oder von einer Schlange gebissen zu werden, geradezu verschwindend klein. Zwischen den Jahren 2000 und 2010 starben 14 Menschen nach dem Biss einer Schlange, neun wurden Opfer eines Krokodils, 16 starben zwischen den Kiefern eines Hais.

Die wahren Gefahren für Australienreisende sind nicht Schlangen, Krokodile oder Haie, sondern Selbstüberschätzung oder Fahrlässigkeit – die eigene oder die anderer. Die meisten ausländischen Besucher sterben im Straßenverkehr. Weil sie auf Schotterstraßen zu schnell fahren oder weil sie kurz vergessen haben, dass in Australien Linksverkehr herrscht. Fast jedes Jahr kommen Besucher aus Zentraleuropa auf abgelegenen Landstraßen um. Sie wachen am Morgen auf, packen im Halbschlaf ihr Zelt zusammen und fahren los, unbeschwert der Sonne entgegen. Auf einer leeren Straße, kein anderes Fahrzeug ist um diese Zeit in Sichtweite. Ohne es zu bemerken, sind sie der Gewohnheit von zu Hause gefolgt. Sie fahren rechts. Dann, bei der nächsten Kurve, kommt es zur Frontalkollision mit einem korrekt entgegenkommenden Auto. Nicht in jedem Fall natürlich. Ich frage mich, zu wie vielen Beinahezusammenstößen es jeden Tag in Australien kommt. Denn betroffen sind keineswegs nur Touristen. Christine kommt eines Tages zitternd nach Hause. »Jetzt ist es beinahe geschehen«, sagt sie. »Ich war plötzlich auf der falschen Straßenseite.« Sie habe sogar noch ungeduldig darauf gewartet, dass ein anderes Auto abbiegt. Dessen Fahrerin habe erst wild gestikuliert, dann fasste sie sich an den Kopf. »Erst dann habe ich bemerkt, wo ich eigentlich stand«, sagt

Christine. Später lese ich, dass Linksverkehr für das menschliche Gehirn einfacher zu verarbeiten sei als Rechtsverkehr. Aber wohl nicht nach vielen Jahren Autofahren in Deutschland.

KAPITEL 6

Bei meinem nächsten Job wird mich ein »erfahrener australischer Outback-Abenteurer« fahren, lese ich in den Unterlagen. Während Christine damit beginnt, in unserem Haus ein Kinderzimmer einzurichten – komplett mit einem Poster der Schweizer Alpen an der Wand –, packe ich meine Reisetasche. Ich habe den Auftrag, eine Reportage über eine Campingtour im Pilbara-Gebiet von Westaustralien zu machen. »Stilvoll durchs Outback«, heißt es im Programm. Die staatliche Tourismusmarketing-Behörde »Tourism Australia« und die Büros der einzelnen Bundesländer laden regelmäßig Journalisten zu sogenannten »Familiarisierungstouren« ein – Gelegenheiten für Medienvertreter, nicht nur die atemberaubende Natur und Landschaft Australiens zu sehen, sondern auch die »Qualität des touristischen Produktes« zu erleben, wie Reisen, Hotels und Touren in der Fachsprache heißen. In Tat und Wahrheit sind solche Journalistenreisen nichts viel anderes als Public-Relations-Übungen. In den meisten Fällen gehen die Reporter begeistert nach Hause und schreiben glühende Artikel über die Schönheit des Landes, über hüpfende Kängurus und tanzende Aborigines.

Gelegentlich aber gehen solche Marketing-Aktionen in die Hose.

Ein Flug von Sydney nach Perth führt einem vor Augen, wie groß dieses Land ist. 3938 Kilometer, vier Stunden im Flugzeug. Auf europäische Verhältnisse umgerechnet, kommt das einer Reise von Frankfurt nach Kairo gleich. Von der Hauptstadt Westaustraliens geht es gleich noch mal zwei Stunden weiter, nach Newman, mitten ins Pilbara-Gebiet. Am Flughafen treffe ich Katrina, unsere australische Reiseleiterin. Mit dabei sind der Franzose Pierre und die Italienerin Maria, zwei Reisejournalisten. Pierre ist 55 Jahre alt, ein alter Hase im Geschäft. Maria ist 23 und hat gerade ihr Journalismusstudium abgeschlossen. Sie hat das unaufdringliche Auftreten, das viele Italienerinnen auszeichnet – charmant und gleichzeitig sehr selbstbewusst. Katrina ist eine pummelige 35-jährige Australierin kleiner Statur. »Wir haben ein Abenteuer vor«, meint sie am Abend beim Bier im Pub und schaut mir tief in die Augen. Eine Sekunde lang frage ich mich, ob das eine Warnung sein soll.

Newman ist eine dieser Siedlungen im Nordwesten von Westaustralien, die es eigentlich nur aus einem Grund gibt: Rohstoffe. Kein Gebiet auf der Welt hat mehr hochgradiges Eisenerz im Boden als die Pilbara. 95 Prozent des Rohstoffs für die Stahlherstellung, den Australien exportiert, werden hier gefördert. Newman und Tom Price sind die Dienstleistungszentren für die umliegenden Tagebauminen. »Die Leute haben roten Staub im Blut«, erklärt Katrina. Und Kohle im Geldbeutel. Bergbaukumpel gehören zu den am besten bezahlten Arbeitern Australiens. Die Preise sind so hoch, dass man als Tourist oder gewöhnlicher Besucher hier kaum leben kann. Im Pub komme ich mit Ken ins Gespräch. Wie die meisten hier ist er ein Auswärtiger. Er ist aus Sydney gekommen, angelockt vom großen Geld, den die Rohstoffindustrie bietet. »Ich verdiene hier mindestens doppelt so viel wie zu Hause.« Ken ist Dieselmechaniker, 34 Jahre alt. »Drei Jahre hier, und ich habe meine Hypothek abbezahlt«, sagt er. Für einen Moment überlege ich, meinen Beruf zu wechseln. Ich trinke mein Bier aus und gehe schlafen.

Am nächsten Morgen, früh um fünf, holt uns Jim ab. »Ich bin euer Reiseführer«, sagt er. Seine Hand zittert, der schwarze Kaffee schwappt über den Rand seines Pappbechers. Ich bemühe mich immer, Recherchen so offen wie möglich anzugehen. Doch wenn ich Jim sehe, leuchten meine inneren Alarmlampen auf. Maria scheint Ähnliches zu denken. Etwa 40 Jahre alt, macht Jim einen chaotischen Eindruck, unorganisiert, schmuddelig. Seine Haare sind ungekämmt und fettig in einem Pferdeschwanz zusammengebunden. Während Maria und ich uns mit sorgenvollen Blicken ansehen, scheint Pierre das alles nicht zu kümmern. Er interessiert sich nur für die Kopfschmerztablette, die er aus der Packung drückt und mit einem Schluck aus der Wasserflasche runterspült. »Ich bin etwas länger aufgeblieben«, meint er und schaut uns mit rot unterlaufenen Augen an. Pierre hat im Pub mit ein paar Kumpeln aus der Mine die Nacht durchgesoffen. Nur Katrina ist die Fröhlichkeit in Person. »Denkt daran, euch mit Sonnencreme einzuschmieren«, sagt sie. »Die Strahlung hier ist sehr stark.«

Jims Fahrzeug ist in ähnlichem Zustand wie sein Besitzer. Ein alter Toyota Troop Carrier, eigentlich ein solides Allradfahrzeug, so eines braucht man hier in einer der wildesten und unwirtlichsten Gegenden des Kontinents. Doch die Reifen sind abgewetzt, die Hecktür lässt sich nur mit Gewalt öffnen. Wir wuchten uns hinten auf die Bank. Zwischen Kisten, Rucksäcken und Schlafsäcken bleibt nur wenig Platz für unsere Beine. So fahren wir, die Knie unters Kinn gequetscht, drei Stunden lang über holprige Schotterstraßen. Nach zwei Tagen in diesem Wagen werden wir alle Druckwunden haben, denke ich.

Die Schönheit der Landschaft lässt uns unser Leid jedoch zeitweise vergessen. Kleine Hügel mit einzelnen, weißen Eukalyptusbäumen. Wie dünne, gekrümmte Gestalten unterbrechen sie den weiten Horizont. Eine orange-rote Urlandschaft, ausgebleicht von der unbarmherzigen Sonne, liegt unter einem tiefblauen, wolkenlosen Himmel. »Die Pilbara haben die geologisch ältesten Gesteinsformationen der Welt«, sagt Katrina. »Mindestens zwei Milliarden Jahre.« Noch nie in meinem Leben habe ich so viele unterschiedliche Schattierungen der Farbe Rot gesehen. Das Gestein der Felsen leuchtet, je nachdem, wie die Sonnenstrahlen auftreffen: tiefpurpur, orange, gelblich, gelegentlich fast grün. Als wir anhalten, um zu fotografieren, sehen wir Echsen, die sich auf Steinen sonnen, und Insekten, die um die langen grünen Blätter der Eukalyptusbäume surren. In der Distanz fliegt ein Keilschwanzadler, mit einer Flügelspannweite von zweieinhalb Metern der größte flugfähige Vogel Australiens. Mit majestätischer Eleganz kreist er hoch in der Luft, in der Hoffnung, dass auf der Straße ein Laster ein Känguru erwischt oder dass ein Allradfahrzeug vielleicht eine Echse überfährt, die sich auf dem warmen Asphalt sonnt.

An einem Tagescampingplatz halten wir. »Lunch«, sagt Jim. Er ist ein Mann weniger Worte. Das ist nicht unbedingt ideal für einen Reiseführer. Er wuchtet zwei »Eskys« aus dem Wagen, wärmeisolierte Eiskisten. Fast alle Rastplätze im australischen Outback sind mit einfachen Tischen ausgestattet, mit Bänken, vielleicht noch mit einem kleinen Wassertank und – wenn's ganz luxuriös sein soll – mit einem Plumpsklo. Jim packt Plastikschachteln aus, jede gefüllt mit einem Sandwich, Salat, Apfel und sogar mit Nachtisch. Fast schäme ich mich für meine Gedanken am Morgen. Bisher ist Jims Service sehr gut, wenn man mal von seiner Wortkargheit und von der Folterkammer absieht, in der wir hier durch die Wildnis fahren.

Die Pilbara ist eines der am wenigsten bekannten Gebiete Australiens und gleichzeitig auch eines der schönsten. Nur wenige Touristen aus dem Ausland verirren sich hierher, nicht nur wegen der Abgelegenheit, sondern sicher auch wegen der Kosten. Wer aber kommt, bereut es selten. Fast eine halbe Million Quadratkilometer groß, an der Küste gesäumt von weißen Stränden, ist das Gebiet unter Reisenden vor allem für eines bekannt: eine Vielzahl von tiefen, roten Schluchten. Über Jahrmillionen haben sich Flüsse durch das Gestein gefressen, immer tiefer, immer enger. In den meisten Schluchten gibt es Seen, die zum Baden einladen. Willkommen ist die Abkühlung in der Hitze des Tages auf jeden Fall. In der Pilbara kann das Thermometer im Sommer schnell mal auf über 45 Grad steigen. In den schattigen Schluchten bleibt es trotzdem meist bei 20 Grad. Die bekannteste liegt wohl im Karijini-Nationalpark, zweifelsohne einer der spektakulärsten Naturschutzgebiete Australiens. Seit Zehntausenden von Jahren leben in dieser Gegend Aborigines. Jeder Fels, jeder kleine Tümpel ist von Bedeutung für die Ureinwohner.

Plötzlich stehen Alice und Jill neben uns. Wir sehen die beiden Aboriginal-Frauen erst, als sie uns ansprechen. Das Zirpen der Grillen hat ihre Schritte übertönt, als wir nach dem Essen eindösten, in der kaum erträglichen Mittagshitze. »Die beiden Damen werden uns in die Schlucht führen«, sagt Jim. Alice und Jill haben das typische Aussehen von Ureinwohnerinnen, die in der Wüste leben. Ihre Haut ist dunkel, fast schwarz, ihre Augenbrauenlinie ist dominant. Beide tragen knallig-farbige Polyester-Kleider, wie die meisten Ureinwohner, die man im Inland Australiens trifft. In der Vergangenheit kannten die meisten Aboriginalstämme keine Bekleidung. Manchmal schützte das Fell eines Kängurus vor dem Frost einer kalten Winternacht. Doch mit der Invasion Australiens 1788 kamen christliche Werte und Moralvorstellungen, die von Missionaren in die entferntesten Ecken des Landes getragen wurden. Nacktheit war plötzlich Sünde. Weshalb viele moderne Aborigines ausgerechnet eine Vorliebe für Polyester-Stoffe haben, die zum Tragen in der Hitze der australischen Wüste gänzlich ungeeignet sind, habe ich nie verstanden.

Jim reicht jedem von uns einen kleinen Rucksack, auf den eine dünne Isomatte und ein Schlafsack geschnallt sind. Langsam machen wir uns in Richtung eines Hügelzuges auf, geführt von unseren beiden Begleiterinnen. Die Frauen tragen Stöcke in ihren Händen, sauber geschnitzt aus Hartholz. »Zum Graben«, erklärt Alice, »und um meinem Alten eins über die Rübe zu ziehen, wenn er nicht tut, was ich will.« Ihr Grinsen ist zahnlos. In der strikt nach Geschlechtern getrennten Kultur der meisten Ureinwohnerstämme Australiens sind Männer für das Jagen verantwortlich, Frauen für das Sammeln. Früchte, essbare Wurzeln, Insekten, kleine Reptilien. »Der Grabstock ist eines von nur einer Handvoll einfacher, aber extrem effizienter Werkzeuge, mit denen die Bewohner des australischen Inlands Zehntausende von Jahren überlebt haben«, erklärt uns Karina. Der Speer, ebenfalls aus Hartholz, wird zum Jagen von Kängurus und Emus benutzt. Um die Wurfkraft zu verstärken, nutzen viele Männer noch einen sogenannten Woomera, eine Art längliches Brett mit einem Haken aus Knochen am Ende. Auf diesen setzen sie das untere Ende des Speeres. Durch Hebelwirkung können sie den Speer nicht nur wesentlich weiter werfen, der Schuss wird auch deutlich präziser. Der Bumerang ist das wohl bekannteste Werkzeug. Große Exemplare werden benutzt, um rennenden Tieren wie Kängurus die Beine zu brechen. Einmal verletzt, kann die Beute leichter gefangen und dann mit dem Grabstock erschlagen werden. Kleinere Bumerangs werden in der Regel benutzt, um fliegende Vögel in der Luft zu treffen. Es sind diese leichten, schmalen Exemplare, die gelegentlich so konstruiert sind, dass sie im Fall eines Fehlschusses wieder zum Werfer zurückfliegen. Wenn er Glück hat. Wenn nicht, kann er Ewigkeiten damit verbringen, die Waffe im langen, stacheligen Spinifexgras zu suchen.

Vor einem hohen Busch bleiben Jill und Alice stehen und knien nieder. Mit ihren Stöcken brechen sie den harten, roten Sand auf. Nach fünf Minuten des Grabens stoßen sie auf die Wurzeln des Akazienbaumes. Jill reißt eine Wurzel heraus und bricht sie auf. In ihr liegt eine Witchetty-Made. Weiß, etwa sechs Zentimeter lang, mit braunem Kopf. Das Tier ist die Larve eines Holzbohrers. »Wer hat Hunger?«, fragt Alice. Weder Pierre, Maria noch ich reißen sich drum. »Kommt, versucht mal, ist gar nicht schlecht«, sagt Katrina. Pierre greift als Erster zu. Einer, der Schnecken isst, dem schmecken auch Raupen. Es sei wichtig, dass man dem Tier erst den Kopf abbeiße, erklärt Jill, während sie gräbt und eine Raupe nach der andern findet, »sonst beißen sie dir in die Speiseröhre«. Wir überwinden uns. Der Geschmack erinnert an Nuss, mit einem Hauch Kokosnuss und Erde. Für die Aborigines war die Witchetty-Made traditionell eine der wichtigsten Eiweißquellen. Man kann sie roh essen oder über dem Feuer geröstet. Wenn Jill und Alice heute Lust auf Proteine haben, gehen sie lieber in den Schnellimbissladen und kaufen sich ein Brathähnchen. »Ist einfacher«, sagt Jill.

Kentucky Fried Chicken und Big Mac statt Känguru und Witchetty-Made. Für die Ureinwohner ein Wechsel mit katastrophalen Folgen. Es waren nicht nur Krankheiten, Alkohol, Rassismus und Gewalt, die mit den Europäern auf den isolierten Kontinent kamen. Die neuen, ungewohnten Essgewohnheiten gehörten zu den führenden Ursachen, weshalb sich die Situation der Aborigines nach der weißen Invasion so dramatisch verschlechterte. Eine Entwicklung, die bis heute anhält.

Traditionell ernährten sich Ureinwohner sehr gesund – von Gemüse, Wurzeln und Kräutern. Das zeigte sich auch in ihrem Körperbau. Frühe Berichte von Weißen lassen darauf schließen, dass Fettleibigkeit unter Ureinwohnern beim ersten Kontakt mit Europäern praktisch unbekannt war, und auch Karies gab es kaum. Fleisch, allem voran das an Cholesterin arme Kängurufleisch, gab es nur dann, wenn die Männer auf der Jagd Erfolg hatten. Fisch und andere gesunde Meeresfrüchte waren für die Ureinwohner an den Küsten enorm wichtig. Mit der Ankunft der ersten Siedler änderte sich die Ernährung aber schlagartig. Rationen von Mehl, Tee und Zucker dienten den ersten Kolonialisten als Bezahlung für Aborigines, die für sie arbeiteten. Sie waren auch das Tauschmittel der Wahl für die Neuankömmlinge, wenn sie mit den Aborigines handelten. Die Siedler und Soldaten erhielten im Gegenzug Werkzeuge wie Bumerangs, vielleicht mal ein erlegtes Känguru – und immer mal wieder eine Frau. Die neuen und unbekannten Esswaren hatten verheerende Konsequenzen für die Ureinwohner. Keine andere ethnische Gruppe Australiens leidet derart stark unter nahrungsmittelbedingten Krankheiten wie die Aborigines. Fettleibigkeit und Diabetes sind bis heute endemisch. Mit Übergewicht und Zuckerkrankheit kommen auch alle Folgekrankheiten. Erblindungen, Gefäßkrankheiten, Gangräne, Herzprobleme, Nierenversagen – ein früher Tod. Zwar gibt es auch heute noch viele Stämme, die gelegentlich auf traditionelle Art und Weise die jahrtausendealte Kultur der Vorväter pflegen. Doch in Tausenden von Gemeinden hat Bequemlichkeit und Apathie das traditionelle Jagen und Sammeln ersetzt. Selbst in den isoliertesten Orten gibt es Läden und Schnellimbissstätten. Selten sind Frischwaren im Angebot. Und wenn mal ein Salat vorhanden ist oder eine Gurke im Angebot, kosten sie das Mehrfache eines in Fett gebratenen Hühnerschenkels. Die Transportkosten für alle Waren, vor allem aber Frischprodukte, sind derart hoch, dass sie jenseits der Reichweite vieler Menschen auf dem Land liegen. Dass ein Kopfsalat dort acht Euro kostet, ist nicht die Ausnahme, es ist die Regel.

Trotz Kaugummi geht mir der Geschmack der Witchetty-Made nicht mehr aus dem Mund. Zwei Keilschwanzadler kreisen über uns. Wie Geier, die nur darauf warten, dass wir umfallen. Außer uns ist keine Menschenseele in diesem abgelegenen Gebiet. Vorsichtig beginnen wir den steilen Weg hinunter in die Schlucht. Die Hitze der Nachmittagssonne brennt auf unsere nackten Arme. Zwei Stunden dauert es, bis wir ankommen. Hier werden wir übernachten – eine Felsplatte, direkt neben einem Wasserloch. Unterwegs erzählen uns Jill und Alice die Legenden, die sie mit dieser Gegend verbinden. Mystische Wesen hätten einst hier gelebt. Heute wachten ihre längst verstorbenen Vorfahren über diesen Ort. Alice beginnt zu singen. »Wir bitten euch, unsere Ahnen, um Vergebung, weil wir euch stören«, singt sie in der Sprache des lokalen Stammes. Wer die Urahnen nicht gnädig stimme, dem drohe Tod oder Krankheit, erklärt Katrina. In den Schluchten der Pilbara würden immer wieder Menschen sterben. Sie gleiten auf den glitschigen Felsen aus und stürzen in die Tiefe. Oder sie haben einen Herzinfarkt. Vom Schock, wenn sie von der Anstrengung des Abstiegs in die Schlucht überhitzt ins eiskalte Wasserloch springen. »Die Rache der Geister«, sagen die Frauen.

Dann sind Alice und Jill plötzlich verschwunden. Fast wie Gespenster, so still, wie sie gekommen waren. Die Sonne geht unter, die ersten Sterne stehen am Himmel. Von einer Minute auf die andere wird es kühler. Dann richtig kalt.

»Abendessen«, sagt Jim. In einer tiefen Schlucht, fern jeglicher Zivilisation, am Ende der Welt, darf man kein Festmahl erwarten. Doch was Jim auftischt – nicht dass wir einen Tisch hätten –, spottet jeder Beschreibung. »Stilvoll durchs Outback« – immerhin befinden wir uns auf einer Tour, die mehrere hundert Euro kostet, pro Person. Aus seinem Rucksack zieht er drei Dosen Eintopf und zwei Schachteln Kekse. »Hat jemand ein Taschenmesser? Ich habe meinen Dosenöffner vergessen«, meint er mit einer Nonchalance, die uns die Sprache verschlägt. Kein Schweizer macht ohne sein Taschenmesser einen Schritt vor die Tür. Mein Victorinox rettet uns an diesem Abend vor dem Hunger. Als Jim seinen kleinen Campingkocher hervorzieht, Typ »Mount Everest«, stellt er fest, dass die Brennpaste fast alle ist. Nur mit knapper Not schafft er es noch, die drei Dosen »Steak and Beans« lauwarm zu kochen. Wenigstens das. Schweigend essen wir die Matsche. Nicht gut und viel zu wenig für fünf hungrige Leute. Auch die Kekse sind schnell verputzt.

Die Stimmung ist gedrückt. Maria fragt mich leise, weshalb die australische Tourismusbehörde wohl Journalisten zu einer Tour einlädt, die ganz klar jeglicher Qualität spottet. »Die können froh sein, wenn ich nichts schreibe!«, flüstert sie mir zu. »Lass uns abhauen.« Fast denke ich, sie meint es ernst. Die Temperaturen fallen immer tiefer. Trotz Faserpelzjacke friere ich. Wir greifen uns die Isomatten und Schlafsäcke. Für eine Übernachtung bei tiefen Temperaturen sind sie völlig ungenügend. Beide sind so dünn, man könnte durch sie hindurchsehen, wenn es Licht gäbe. Doch Jim hat auch unsere Taschenlampen vergessen.

Es ist eine Nacht, die ich nie vergessen werde. Der wolkenlose Himmel über uns lässt das Thermometer in Richtung Gefrierpunkt fallen. Weder Maria noch ich können schlafen. Ich friere so stark, dass meine Zähne klappern. Hoffentlich erzürne ich damit nicht die Geister, denke ich. Um zwei Uhr früh meint Maria, nur noch der Austausch von Körperwärme könne uns vor dem Erfrieren retten. So kommt es, dass ich als glücklich verheirateter Mann und werdender Vater mitten in der australischen Wüste einer wildfremden, zehn Jahre jüngeren, bildschönen Italienerin in den Armen liege. Dank ausgeklügelter Reißverschluss-Technologie können wir unsere beiden Schlafsäcke zu einem einzigen zusammensetzen. Der Austausch von Körperwärme funktioniert.

Die anderen merken von alldem überhaupt nichts. Pierre schon gar nicht. Er hat vorgesorgt. Sein Flachmann mit Cognac hat ihn rasch einschlafen lassen. Nur die auf natürliche Weise temperaturgeschützte Katrina wacht am Morgen erfrischt und zufrieden auf. Der Aufstieg aus der Schlucht und der Weg zurück nach Newman finden fast wortlos statt. Im Dorf angekommen, rennen wir zum Coffee-Shop. Ein Cappuccino kostet vier Euro. Totaler Abriss. Aber eine der besten Investitionen meines Lebens.

KAPITEL 7

»Pressen, pressen, pressen Sie endlich – mehr!«

Eine Geburt ist von Natur aus eine eher stressreiche Angelegenheit. Wenn der Arzt dann noch hetzt, weil er auf den Golfplatz will, wird sie zur Tortur. Nicht nur für die werdende Mutter. Christine hat wenigstens Lachgas. Die Geburt dauert länger, als Doktor Harding in seinen Terminkalender eingetragen hatte. Vor sechs Stunden begannen die Wehen. Christine war zu Hause und machte die Buchhaltung, als ihr Wasser brach. Ab ins Auto, mit Vollgas zum Krankenhaus. Alles läuft wie am Schnürchen. Die Schwestern, die Hebammen, sie sind routiniert. Im öffentlichen Krankenhaus von Campbelltown werden Kinder in einer Kadenz zur Welt gebracht, wie im benachbarten McDonald's »Big Macs« über den Schalter fliegen. Die westlichen Suburbs von Sydney gehören zu den fruchtbarsten im Land. Acht Kinder kommen hier im Durchschnitt pro Tag zur Welt, oft sind es deutlich mehr. »Der Tagesrekord dieses Jahr war 14«, sagt unsere Hebamme Hanna, eine behäbige Mittfünfzigerin. Ihr schottischer Akzent und die tiefe Stimme erinnern mich an »James Bond« Sean Connery. Neun Monate vorher habe ein Blitzschlag am Abend fünf Stunden lang den Strom in der ganzen Region lahmgelegt. »Plötzlich konnten die Leute nicht mehr fernsehen und suchten sich eine andere Beschäftigung«, lacht sie.

Ein Massenbetrieb ist das hier. Trotzdem sind wir froh, dass wir uns nicht für ein kleines Privatkrankenhaus entschieden haben. Wenn etwas schiefgeht, sind wir in Sekunden in den Händen von Spezialisten. Die Ärzte in Campbelltown sind schwierige Geburten gewohnt. Problemkinder. Und das hat einen tragischen Grund. Rauchen während der Schwangerschaft ist hier der Hauptgrund für Komplikationen. Obwohl die Gefahren ja bekannt sein sollten. Ein niedriges Geburtsgewicht, Infektionen, Atemprobleme, sogar eine erhöhte Gefahr von Leukämie für das Kind. Trotzdem raucht im Bezirk Campbelltown, dem zweitärmsten im Bundesstaat New South Wales, heute ein Viertel der Frauen während ihrer Schwangerschaft. Im Landesdurchschnitt sind es 13,5 Prozent. Im reichsten Verwaltungskreis, der Millionärsenklave Mosman in Sydney, ist es weniger als ein Prozent. »Sie glauben gar nicht, was wir hier so sehen«, erklärt mir Hanna. Seit 30 Jahren hilft sie Kindern auf die Welt. »Frauen, die zwischen den Wehen rausgehen und sich eine Fluppe anzünden.« Übel, doch es war schon schlimmer. Im Zweiten Weltkrieg brachten amerikanische Soldaten nicht nur Syphilis nach Downunder, sondern auch Lucky Strikes und Marlboro. Eine richtige Rauch-Epidemie begann. 1945 saugten fast drei Viertel aller australischen Männer täglich an Zigaretten – Jungen ab 14 Jahren sind in dieser Statistik eingeschlossen. Auch 26 Prozent der Frauen rauchten. Seither hat sich die Situation deutlich verbessert. Heute rauchen noch 13,8 Prozent der australischen Männer jeden Tag und

9,8 Prozent der Frauen. Tabakkonsum kostet pro Jahr etwa 15 000 Australierinnen und Australiern das Leben.

Ich gehe kurz raus, um frische Luft zu schnappen. Oder zumindest hatte ich das vor. Stattdessen sehe ich vor der Eingangstür des Krankenhauses, wie demographisch ungleich die Schäden verteilt sind, die Tabak in Australien anrichtet: junge Frauen, meist mit einem oder gleich mehreren Kindern im Anhang. 5-Dollar-Trainingshosen, »Jack Daniels«-T-Shirt, Dunlop-Turnschuhe, Nasenring und den Namen des Geliebten auf den Hals tätowiert – in Schnörkelschrift. Alle rauchen, Fluppe in der einen, eine Dose »Red Bull« in der anderen Hand. In den letzten Jahren hat sich Rauchen in Australien zu einer Sucht von Menschen entwickelt, die niedrigen Einkommensklassen angehören, oder von Arbeitslosen.

Im Jahr 2012 zog die australische Regierung die Schraube an. Australien erließ die härtesten Antitabakgesetze der Welt. Gegen den erbitterten Widerstand der Tabakindustrie natürlich. Doch Konzerne wie Philip Morris und British American Tobacco blitzten vor Gericht ab – auf allen Instanzen. Seither dürfen Zigarettenschachteln nur noch in einem langweiligen Grüngrau bedruckt werden. Der Marlboro-Mann, das Camel-Dromedar – sie mussten in Rente gehen. Der Markenname erscheint lediglich noch klein auf der Packung; in dünner, generischer Schrift, nicht als Logo. Stattdessen reizt das farbige Bild eines Krebstumors, eines erblindeten Auges oder eines abfaulenden Fußes den Brechreiz des Betrachters. Und die Schockmethode zeigt Wirkung. Selbst langjährigen Rauchern vergeht beim Anblick der Schachteln offenbar die Lust auf den Glimmstängel. Raucher meldeten in den ersten Wochen nach der Einführung, sie hätten das Gefühl, der Geschmack ihrer Zigaretten sei anders geworden, schlechter. Und das, obwohl die Tabakfirmen ihre Rezeptur nicht verändert hatten. Für die Experten ein klarer Beweis dafür, dass die Präsentation von Tabakprodukten, die Farbe, die Form und das »Gefühl« der Verpackung einen entscheidenden Einfluss auf das Kaufverhalten haben. Doch es ist nicht nur die Verpackung, die viele vom Rauchen abschreckt. In den letzten Jahren erhöhte die Regierung den Preis für Tabakprodukte massiv. 14 Euro für eine Packung, das ist heute normal. Diese Maßnahme hat jedoch einen traurigen Nebeneffekt. In einigen Fällen vernachlässigen Menschen aus unteren Einkommensschichten die Ernährung ihrer Kinder, um ihre Sucht stillen zu können. Marlboro und Camel statt Brot und Milch.

Christine saugt heftig am Lachgas, als Doktor Harding wieder sagt: »Pressen Sie.« Zum letzten Mal. Samuel ist geboren. Er schreit nicht, er gibt überhaupt keinen Ton von sich. Hanna, die Hebamme, legt Christine das Baby an die Brust. Ein Kuss für meine Frau. »Mein Gott, ist der süß«, sage ich und kann mir eine kleine Freudenträne nicht verkneifen. Der Kleine hat keinen Durst. Er schaut nur an die Decke, fast gelangweilt über das, was um ihn herum geschieht. Ein kurzes »Goodbye«, und Harding ist auf dem Weg zum Golfplatz. Zum ersten Mal in vielen Stunden sind wir alleine im Gebärsaal. Nur das unterdrückte Jammern der Frau im Zimmer nebenan durchdringt ab und zu die Stille.

Eine Verwaltungskrankenschwester kommt – so etwas gibt es hier –, um uns Formulare zu bringen. Schon wieder Papiere ausfüllen, zum zehnten Mal. Ich dachte immer, die Schweiz und Deutschland seien bürokratisch. Doch die Australier übertreffen alles. Papiere hier, Formulare da – für jeden Finger des Kindes ein Dokument. Das australische Gesundheitswesen beschäftigt mehr Bürokraten als Ärzte und Krankenschwestern.

Die letzten neun Monate waren für uns eine perfekte Einführung ins australische Gesundheitssystem, mit all seinen Schwächen und Stärken. Lange Zeit galt es als eines der besten der Welt. »Medicare« heißt das Zauberwort, eine universelle Krankenversicherung, eingeführt 1975 unter dem damaligen Labor-Premierminister Gough Whitlam. Jeder Australier, jede Australierin, unabhängig von Herkunft, Wohnort und Einkommen, sollte eine grundlegende, aber kompetente Behandlung in einem öffentlichen Krankenhaus bekommen können. Dafür sollte jeder Arbeitstätige 1,5 Prozent seines Einkommens an Medicare abgeben. Auch eine subventionierte oder – je nach Arzt – sogar kostenlose Behandlung bei einem Allgemeinpraktiker steht einem zu. Ausgenommen sind Zahnbehandlungen und Brillen, und auch wenn man von der Ambulanz abgeholt werden muss, greift man selbst in die Tasche. Die Reform war dringend nötig: Viele Australier hatten davor keinerlei Krankenversicherung. Die Deckung, die Medicare bietet, reicht jedoch schon lange nicht mehr, um die eskalierenden Gesundheitskosten aufzufangen. Immer wieder werden Fälle von Schwerkranken publik, die sterben, weil sie monate-

oder gar jahrelang auf ihre Operation warten müssen. Die meisten öffentlichen Krankenhäuser haben schlicht zu wenig Kapazität, um die Nachfrage nach Operationen und Behandlungen zu befriedigen.

So bezahlen die meisten Australier auch für eine private Krankenversicherung. Ab einem bestimmten Jahresgehalt müssen sie sogar eine haben, sonst zieht ihnen der Fiskus ein Prozent mehr für Medicare vom Gehalt ab. Die zusätzliche Versicherung erlaubt nicht nur die Behandlung in einem privaten Krankenhaus. Sie sollte eigentlich auch den sogenannten »Gap« decken. Das ist der verhasste Unterschied zwischen dem, was ein Arzt anordnet, und dem, was Medicare auszahlt. Doch in den meisten Fällen flattert einem nach einer Behandlung trotz der privaten Versicherung noch eine Rechnung ins Haus. So werden auch wir von Doktor Harding für die Geburt von Samuel eine Rechnung von mehreren hundert Dollar erhalten, die weder von Medicare noch von unserer privaten Krankenversicherung bezahlt wird. Eine Lösung wäre natürlich, die vorgeschriebene Abgabe für Medicare auf wesentlich realistischere fünf Prozent des Bruttoeinkommens zu erhöhen – oder noch höher –, um damit eine wirklich umfassende, öffentliche Krankenversicherung anbieten zu können. Doch politisch hat so ein Vorschlag keine Chance. Welcher Politiker will denn schon Steuern erhöhen?

Dass einem bei der Geburt eines Kindes solche Gedanken durch den Kopf gehen, ist nicht ungewöhnlich. Noch nie zuvor hat sich mein Leben von einer Minute auf die andere derart verändert. Plötzlich habe ich – haben wir – die Verantwortung für ein völlig schutzloses Wesen. Zum ersten Mal kann ich Samuel in die

Arme nehmen. Er schaut mich an. Er studiert mich. Er nimmt Maß. Als ich ihn bade, in ein Tuch wickle und in die Krippe lege, schaut er, als würde er sich fragen: »Wer ist denn dieser Typ?« Und ich kann meinen Blick nicht abwenden von dem Kleinen. Ein Kollege hatte mir vor vielen Jahren einmal gesagt, es gäbe kein besseres Gefühl auf der Welt, als Vater zu werden. Er hat nicht übertrieben. Ich habe einen Sohn.

Noch vor kurzem hätte ich wohl mein Hab und Gut darauf verwettet, dass ich heute eine Tochter in den Armen halten werde.

KAPITEL 8

»Weißt du noch?«, fragt Christine, als wir im Krankenzimmer die Sachen zusammenpacken und Samuel zum ersten Mal in den Auto-Kindersitz schnallen. »Die 100 Dollar hast du mir noch immer nicht gegeben«, lacht sie. So sicher war ich mir, unser erstes Kind werde ein Mädchen sein, dass ich mit Christine um 100 Dollar gewettet hatte.

Wie die meisten Eltern waren auch wir in der 18. Schwangerschaftswoche zu einer Ultraschalluntersuchung gegangen. Die junge Kanadierin, die Christine mit dem Sensor über den Bauch fuhr, erzählte von ihrer Heimatstadt Toronto und dem Heimweh, das sie nach ihrer Familie und ihren Freunden habe. Alles sei okay mit dem Baby, meinte sie fast beiläufig, Größe, Gewicht, Wachstum, Rückgrat. »Wollen Sie wissen, welches Geschlecht es hat?«, fragte sie. Wir nickten. Ich wusste ohnehin schon, dass ich hier auf dem Bildschirm, in verschwommenem Grau, zum ersten Mal meine Tochter sah. »Anna« wollten wir sie nennen.

»Ich gratuliere«, sagte die Kanadierin, »Sie haben einen Jungen.«

Ich konnte mich gerade noch am Untersuchungstisch festhalten. Dann sank ich mit einem geflüsterten »Nein, das kann nicht sein, unmöglich« in den Stuhl. Zum ersten Mal in meinem Leben war ich der Ohnmacht nahe. Christine musste sich vor lauter Lachen den dicken Bauch halten. »Ich hab's gewusst«, strahlte sie. »Rück die 100 Dollar raus!« Die Kanadierin sah uns völlig verblüfft an. »Um Gottes willen, ist Ihnen schlecht?«, fragte sie mich. »Brauchen Sie einen Arzt?«, die Hand schon fast am roten Alarmknopf an der Wand. »Sie sind so blass, als hätten Sie einen Geist gesehen.«

Ganz unrecht hatte sie nicht.

Viele Jahre früher und 16 000 Kilometer entfernt: 1987 war ich Reporter bei einer Tageszeitung bei Zürich. Ich hatte den Auftrag, einen Artikel zu schreiben, über eine Konferenz zum Thema paranormale Erscheinungen. Geister und Gauner. Ich war mehr als skeptisch. Der Löffel biegende Uri Geller sollte auftreten, Geistheiler, Gedankenleser. Hellseher und Medien, die behaupten, mit Toten in Kontakt zu stehen. »Ist eh alles Humbug«, sagte der Chefredakteur, »aber gehen Sie mal.« Ich hatte zwar schon viel gelesen über paranormale Aktivitäten, überzeugt aber hatte mich nichts.

In den Tagen vor dem Kongress nahm ich eine Einladung zu einem Abendessen beim Organisator an. Ein netter Herr namens Wehrli. »Ich habe auch ein Medium eingeladen, das Sie interviewen können«, meinte er. »Sie werden begeistert sein von ›Madame Aba‹.«

Madame Aba? Oh Gott …

Es gab Gulasch und Kartoffeln, und Madame Aba war richtig hungrig. Eine kräftige Mittvierzigerin, mit kurzgeschnittenem, blondgefärbtem Haar. Ihr Name war natürlich nicht Madame Aba. »Ingrid heiße ich«, meinte sie freundlich und begann zu erzählen. Sie komme aus Nürnberg, wo sie als Sekretärin gearbeitet hatte. Bis sie gefeuert wurde, weil sie das Passwort des Hauptcomputers wusste. Immer wieder, nur Minuten nachdem es ihr Chef neu gesetzt hatte. »Ich weiß nicht, warum mir diese Zahl jeweils erschienen ist«, meinte sie, »aber ich wusste, dass ich eine spezielle Begabung habe.« Arbeitslos und dringend auf der Suche nach einem Einkommen, wurde aus Ingrid »Madame Aba«, das Medium, das anderen Menschen helfen wollte. Sie sehe ihre Begabung aber als Geschenk, nicht als Beruf. »Ich verlange nie Geld. Wenn mir jemand etwas geben will, dann ist das nett. Aber es muss nicht sein.« Dann öffnete sie einen dicken Aktenordner mit Dutzenden von Zeitungsausschnitten. Artikel, die bezeugten, dass sie der Polizei beim Auffinden von Vermissten geholfen hatte. Sie brauche nur einen persönlichen Gegenstand des Vermissten, sagte Madame Aba, ein Taschentuch, ein Buch. Dann könne sie in Minuten auf einer Landkarte den Aufenthaltsort des Besitzers zeigen.

Nachtisch. »Soll ich etwas über Sie erzählen?«, fragte mich Ingrid.

Ich nickte. Die Artikel im Ordner, ergänzt durch mehrere Dankesschreiben der Polizei, hatten meine Neugierde geweckt. Was als eher langweiliges Abendessen in einem Vorort von Zürich begonnen hatte, sollte mich noch Jahrzehnte später beschäftigen.

Ingrid griff nach meinen Händen. Sie schien in Trance zu verfallen. Mit einer tiefen, ruhigen Stimme begann sie zu sprechen. Sie erzählte von meiner Jugend. Von Dingen, die zwar besonders waren, aber einzigartig waren sie nicht. Dann sprach sie von meinen vergangenen Liebschaften. Im Detail. Während Wehrli im Hintergrund den Tisch abräumte und mit dem Abspülen begann, beschrieb sie in sonorem Ton Szenen aus meinem Leben, persönliche Erfahrungen, sogar intime, Dinge, die nur ich alleine wissen konnte, die ich niemals jemandem erzählen würde. Mir lief es kalt den Rücken herunter. Dann kam sie zur Gegenwart. Sie beschrieb bis in die Einzelheiten, wie mein Haus aussah. Sie wusste, dass in meinem Gartenhaus »eine rote Petrollampe über dem Tisch hängt«. Sie beschrieb meine damalige Freundin. Brigitte habe eine Narbe am rechten Schienbein. Stimmt. Sie sei groß gewachsen, habe braune Haare, braune Augen. Stimmt. Sie trage einen Jeansrock.

Falsch. Brigitte besaß keinen Jeansrock.

Eine Frau, die ich nie zuvor gesehen hatte, wusste mehr über mein Leben als sonst irgendjemand. Mir blieb die Spucke weg. Fast war ich erleichtert, dass sie wenigstens einmal danebenlag.

Dann fragte mich Madame Aba, ob ich auch an der Zukunft interessiert sei. »Wenn wir schon dabei sind.« Ich war ziemlich aufgewühlt. Brigitte und ich, sagte sie, würden auf eine lange Reise gehen. Und ich würde später an einem Ort leben, der ganz von Wasser umgeben sei. »Eine große Insel oder so. Ein Kontinent?«

Und mein erstes Kind werde eine Tochter sein.

Ich verabschiedete mich. Als ich nach Hause kam, begrüßte mich Brigitte in einem Jeansrock. »Den habe ich mir heute gekauft«, sagte sie, »ich wollte schon immer einen haben.« Madame Aba sollte auch sonst recht behalten. Der Ort, an dem ich lebe, ist umgeben von Wasser, ist Australien. Ein Land, von dem ich damals gerade mal wusste, wo es liegt. Sicher hatte ich zu diesem Zeitpunkt keinerlei Pläne, in Australien zu leben. Auch Voraussagen, die mit meinem Beruf zu tun hatten, sollten sich in den kommenden Jahren und Jahrzehnten bewahrheiten. Bis ins kleinste Detail.

So war Christine nicht im Geringsten überrascht, als ich an diesem Tag im Ultraschalllabor reagierte, als hätte mich der Blitz getroffen. Die Wahrsagerin hatte sich getäuscht. Zum ersten Mal. Mein erstes Kind ist ein Sohn, keine Tochter.

Madame Aba sollte aber noch mit einer weiteren Voraussage recht behalten. Meine zukünftige Frau werde nicht Brigitte sein, sagte sie. Ein Jahr später entschieden sich Brigitte und ich, eine Reise um die Welt zu machen. Danach wollten wir heiraten. Wir waren ein Jahr lang unterwegs. Ich ging mit Brigitte los und kam mit Christine zurück, meiner zukünftigen Frau.

Doch das ist eine andere Geschichte.

KAPITEL 9

»Wo ist der Staubsauger?«, fragt Christine. »Und hast du endlich die Lampe gekauft?« Das Leben in Suburbia hat eine eigene Geschwindigkeit. Höchstgeschwindigkeit. Dauernd Stress, der eigentlich nicht nötig wäre. Einkaufszentrum, Rasen mähen, Vorplatz wischen, im Stau stehen. Auto waschen, so sauber wie das der Nachbarn. Wir haben die Nase voll. Vorortskoller. Was der Auslöser war, weiß ich nicht. Vielleicht sind es meine täglichen Diskussionen mit Dave, in denen wir über die Banalität des Alltags sprechen, über die Nachbarn, über die Politiker, für die Konsum und Wohlstand die einzigen Parameter des Glücks zu sein scheinen. Doch Dave ist nicht mehr hier. Er hatte genug, verkaufte seinen Laden und zog aufs Land. Kängurus statt Karriere. Für uns ist Umziehen keine Option, schon alleine wegen unserer Hypothek, die wir erst mal etwas abzahlen wollen. »Wenn wir wenigstens einen Ort hätten, wo wir an den Wochenenden hinkönnten«, sage ich zu Christine. »Irgendwas im Busch.« Trotz der Größe unseres Hauses, trotz der Weite des Gartens fühlen wir uns eingeengt. Dabei leben wir doch einen Traum: die eigenen vier Wände. Millionen Australierinnen und Australier dürsten danach.

»Häuser sind Umschläge für unsere Träume und Hoffnungen«, hat Peter McNeil, Professor für Architektur an der University of Sydney, einmal gesagt, »und sie wechseln mit jeder Generation.« Australier haben große Träume. Ihre Häuser sind die größten der Welt.

An McNeils Worte denke ich, als ich durch die neusten »Suburbs« fahre, vorbei an brandneuen Häusern, Palästen fast, alle mit dem charakteristisch kleinen Garten. Wie übergewichtige Schulkinder, die in zu enge Kleider gezwungen wurden, sehen sie aus. Ich kann mich erinnern, dass vor ein paar Jahren an diesem Ort noch Schafe weideten. Viel hat sich getan seither bei uns. Samuel gedeiht prächtig, ein Bruder ist unterwegs. Und das Angebot für eine Stelle als Redakteur bei einer Zeitung in der Schweiz war uns ins Haus geflattert. Die Rückkehr nach Europa war für Christine und mich mehrere Wochen lang eine wirkliche Option. Sieben Jahre in Australien – wir hatten unseren für zwei Jahre geplanten Aufenthalt längst überschritten. Doch dann die Nachricht aus der Redaktion meiner wichtigsten Zeitung: »Wir brauchen Sie. Wir wollen in unserer Berichterstattung keinen weißen Fleck auf der Landkarte haben.« Christine war ekstatisch. Zum ersten Mal hatten wir die Sicherheit eines monatlichen Einkommens. So beschlossen wir, noch ein paar Jahre länger in Australien zu bleiben.

Aber wir brauchen einen Rückzugsort. Einen Platz im »Busch«. Karriere *und* Kängurus.

»Busch«, so nennen die Australier eigentlich alles, was hinter den dichtbesiedelten Wohngebieten der Großstädte liegt. Nicht dass in relativer Stadtnähe noch viel Platz wäre. Weil die Preise in den inneren Bezirken der Stadt längst in stratosphärische Höhen geschossen sind, expandieren alle Millionenstädte Australiens immer weiter in die Provinz – ob in den Westen von Sydney, den Norden von Melbourne, den Westen von Brisbane oder den Nordosten von Perth. Bevölkerungsdruck und Landknappheit bringen die Infrastruktur und Budgets vieler Städte an die Grenzen der Belastung.

Der Bedarf nach neuem Land ist auch deshalb so groß, weil Australier eine notorische, ja historische Abneigung gegenüber dem Leben in Wohnungen haben, in Apartments. Heute versucht die Regierung mit zunehmender Dringlichkeit, die Menschen vom Sinn des Wohnens in Gemeinschaftshäusern zu überzeugen, in Wohnsiedlungen und Blöcken. Noch vor gar nicht allzu langer Zeit war das ganz anders. Zu Beginn des letzten Jahrhunderts wollten die Politiker kaum etwas von Wohnungen wissen. Zersiedelung war die Norm. Erst 1923 wurde in der Macquarie Street in Sydney das erste Apartment-Hochhaus gebaut. Zuvor hatten Wohnhäuser flach zu sein. Die Regierungen der Bundesstaaten und die Bauindustrie opponierten virulent gegen die Idee des Lebens in Apartments. Florence Taylor, die erste registrierte Architektin im Bundesstaat New South Wales, meinte im Jahr 1915 gar, Wohnungen seien »der Feind des Familienlebens«. Es wurde erwartet, dass die weiße Mittelklasse es zu etwas »Besserem bringt«. Sprich: zu einem eigenen Haus.

Und was für eines. Das durchschnittliche frei stehende Haus in Australien hat eine Wohnfläche von 243 Quadratmetern. In den Vereinigten Staaten – auch nicht unbedingt die Wiege von Bescheidenheit und Zurückhaltung – sind es 222 Quadratmeter. In Dänemark, dem Land mit der größten durchschnittlichen Eigenheimwohnfläche in Europa, sind es nur noch 137 Quadratmeter. In den letzten 20 Jahren sind die frei stehenden Häuser in Australien durchschnittlich um 40 Prozent größer geworden. Die Medien haben vor Jahren einen Begriff für diese enormen Bauten erfunden: »McMansion«. »Mansion« steht für »Herrenhaus«. »Mc« steht für die bekannte Fastfood-Kette. Nicht nur Babys werden in den Suburbs produziert wie »Big Macs«. Auch Häuser kann man hier kaufen, als kämen sie vom Fließband. Und das tun sie eigentlich auch. Man nennt sie »Project-Homes« – Projekthäuser. Ein Heim von der Stange.

Eine gute Geschichte für meine Zeitungen. »Schreib mal«, sagt der Redakteur.

In Casula treffe ich Robert. Er ist Verkaufsmanager der Projekthaus-Firma Redwood. Früher hat er Gebrauchtwagen verkauft. Redwood hat hier, in diesem tristen Vorort von Sydney, mehrere Musterhäuser aufgebaut. Zwischen einer Schnellstraße und sieben Gebrauchtwagenhändlern. »Display-Villages« nennt man solche Anlagen. Ein Herzeige-Dorf für verschiedene Anbieter. Firmen wie Redwood nutzen sie als Anschauobjekte für mögliche Käufer. Nach ein paar Jahren werden die Häuser an frisch verheiratete Paare verkauft. Und schon ist wieder ein Vorort entstanden, durch den am Samstagnachmittag das vertraute Brummen von Rasenmähern dringt und das Bellen von Pitbull-Terriern.

»Das ist das Modell ›Macquarie‹«, sagt Robert und führt mich durch das erste Haus. Zwei Stockwerke, sechs Zimmer, drei Badezimmer, ein Medienraum, ein Bastelraum und eine Küche so groß, dass man darin eine Privatarmee bekochen könnte. In den Bücherregalen stehen die gesammelten Werke von Shakespeare. Daneben eine Schale mit Äpfeln. Die »Bücher« sind nur Hüllen, die Äpfel aus Plastik. Ausstellungsstücke. »Das Haus hat ein integriertes Klimasystem«, erklärt Robert, »und auch das Staubsaugen ist hier viel einfacher für die Frau«, meint er. Offensichtlich staubsaugen in australischen Häusern niemals Männer, denke ich. Robert öffnet eine kleine Tür in der Wand. Dort hängt, säuberlich aufgerollt, ein Schlauch. »Wir haben in jedem Zimmer einen integrierten Staubsauger«, erklärt er. »Wenn das System voll ist, können Sie es über das integrierte Abfallsystem leeren«, sagt er stolz. Bei so viel Integration kann ich mir die Frage nicht verkneifen, ob das Modell »Macquarie« auch eine integrierte Putzfrau habe. 412 Quadratmeter Wohnfläche. Da braucht man eine. Robert lacht. »Gute Idee«, meint er. »Schreibe ich mir auf.«

»Project-Homes« sind ein Traum, den sich die Massen erfüllen können. Pro Jahr werden in Australien im Durchschnitt 155 000 Häuser gebaut. Projekthäuser sind in den Vororten der großen Städte um ein Vielfaches beliebter als von Architekten entworfene, individualisierte Modelle. Denn sie kosten, gemessen an der Größe, unglaublich wenig. Ab 150 000 Euro ist ein Basismodell zu haben – fix und fertig gebaut, wenn man bereits Land hat. Nach wenigen Monaten Bauzeit kann man dann einziehen und braucht nur einen Knopf zu drücken, um – je nach Jahreszeit – die elektrische Heizung oder die Klimaanlage einzuschalten »und sich wohl zu fühlen«, sagt Robert.

Angenehm. Für einen Europäer, der an Nachhaltigkeit und Umweltschutz interessiert ist, sind die meisten »Project-Homes« jedoch ein Alptraum. Um die Kosten niedrig zu halten, um die Produktion einfach und effizient zu gestalten, wird an allen Ecken und Enden gespart. Was nicht absolut notwendig ist, wird weggelassen. Das bedeutet: Isolation, Wärmedämmung, Energieeffizienz sind in der Regel optional. Ein Käufer kann sich entsprechende Produkte zwar einbauen lassen, wenn er danach fragt – und dafür bezahlt. Aber das kostet. »Wie bei McDonald's«, erklärt Robert, »haben wir eine Liste mit den Extras.« »Upsizing« mit Fenstern statt mit Pommes. »Wenn Sie doppeltverglaste Fenster wollen statt nur die standardmäßig einmal verglasten, können wir aufwerten. Das kostet dann aber 6000 Dollar extra.« Die wenigsten Käufer täten das, sagt Robert. »Die meisten sind mit ihrem Budget schon so am Limit.« Wenn ein »Upgrade« verlangt werde, sei das meist eine stärkere Klimaanlage. »Das kostet dann 1000 Dollar zusätzlich.« 1000 Dollar jetzt, Zehntausende Dollar über das Leben des Hauses. Ich rechne schnell aus: Die Klimaanlage »Breeze« im »Macquarie« alleine frisst im Monat so viel Strom, wie wir in der Schweiz in einem Jahr zum Betrieb einer Dreizimmerwohnung gebraucht haben, inklusive Herd und Ofen. Eigentlich bräuchte dieses Haus sein eigenes Kohlekraftwerk.

Ich mache mich wieder auf den Weg nach Hause. Auch nach all diesen Jahren geht mir die geradezu endemische Energieverschwendung in Australien auf den Keks. Seien es Heizungen, die im Winter bei eisiger Kälte draußen in den Läden auf Hochtouren laufen, und das bei geöffneten Eingangstüren. Seien es die Millionen von Computerbildschirmen und Lampen in den leeren Büros von Sydney, die in der Nacht die Skyline der Stadt erleuchten. Die Bauindustrie gehört zu den größten Sündern. In den meisten Bundesstaaten sind die Bauvorschriften in der Steinzeit steckengeblieben. Während heute in Europa kaum noch ein neues Gebäude erstellt werden kann, ohne dass es komplett isoliert ist und sogar mit Wärmepumpen, Solaranlagen und anderen Formen der erneuerbaren Energiegewinnung zumindest einen Teil seines Stroms selbst herstellt, gibt es in Australien kaum solche Regeln.

»Wieso denn auch? Wir haben ja genügend Brennstoff«, so die lapidare Antwort, als ich meinem Nachbarn Jason die Frage stelle, weshalb er sein Haus nicht isoliere. Er muss denken, ich sei verrückt. Jason beobachtet, wie ein Arbeiter mit einem dicken Schlauch aus einem Tanklaster einen isolierenden Füllstoff aus Zeitungspapier in unseren Dachstock pumpt. Das ist eine von vielen Maßnahmen, mit denen wir versuchen, unser Haus etwas energieeffizienter zu machen. Ich dichte Fenster ab, klebe Gummisiegel zwischen Türen und Türrahmen, um den Durchzug zumindest etwas zu reduzieren. Gut 1000 Euro kostet mich jetzt die Isolation unseres Dachbodens. Als ich Jason das erzähle, schüttelt er nur den Kopf.

Ich habe fast den Eindruck, der verschwenderische Umgang mit Energie sei in der DNA des typischen Australiers. Seit über 200 Jahren lebt dieses Land in einem Nirwana, mit einem Überschuss an fast allem. Vor allem Brennstoff. Weshalb sparen, wenn man einfach zur Schaufel greifen und mehr Kohle ausgraben kann? Im »Macquarie«, mit seinen Schalttafeln für Klimaanlage und Heizung, mit seinen integrierten Thermostaten und Thermometern, wird mir klar, was es bedeutet, wenn ein Land praktisch unbegrenzt Rohstoffe hat, die es verfeuern kann. Energiesparen ist in den Augen vieler Australierinnen und Australier nicht nötig – nein, es ist schlicht kein Thema. Achtzig Prozent seines Stroms produziert Australien mit dem Verbrennen von Kohle. Die Vorräte im Boden sind so groß, dass Australien noch über 500 Jahre lang Kohle zur Stromherstellung verfeuern und den Rohstoff in alle Welt verkaufen kann.

Als ich am Abend nach Hause komme, ist Christine völlig erschöpft. »Endlich bist du da«, sagt sie. Samuel, eigentlich ein ruhiges Baby, will nicht essen und schreit seit drei Stunden, ununterbrochen. Vielleicht zahnt er. Es sind solche Situationen, in denen wir spüren, wie sehr uns unsere Familien fehlen. Wir teilen dieses Schicksal mit vielen Auswanderern: Wenn aus einem Paar eine Familie wird, zeigt sich oft zum ersten Mal und mit aller Deutlichkeit, was es heißt, auch zu zweit alleine zu sein. In einem anderen Land, 16 000 Kilometer von zu Hause, ganz auf sich gestellt, ohne jegliche Unterstützung. Keine Oma, die sich mal um das Kind kümmert, damit die Mutter schlafen kann, keine Schwester und kein Bruder, die einem die Hand halten, wenn man nach durchwachten Nächten nicht mehr kann. »Es wird schon gehen«, sagt Christine. Völlig erschöpft, aber wie immer die Optimistin, döst sie ein.

KAPITEL 10

Durch meine Arbeit bin ich zwar sehr viel unterwegs, wenn ich aber zu Hause bin, komme ich meinen Pflichten als Vater nach. Und das liebend gerne. Da Christine Teilzeit im Krankenhaus arbeitet und ich in meinem Heim-Büro, geben wir Samuel für einige Stunden am Tag in einen Kinderhort. Australien hat ein sehr gutes Betreuungssystem für Kinder. Es erlaubt Frauen, schon bald nach der Geburt die Arbeit wieder aufzunehmen. Natürlich könnte auch der Vater zu Hause bleiben, um nach dem Kind zu schauen. Das ist für viele Familien aber ein Ding der Unmöglichkeit. Nicht nur, weil in den meisten Fällen noch immer die Mutter die Rolle der Hausfrau spielt und der Vater zur Arbeit geht – Australien ist diesbezüglich sehr traditionell. Immer mehr Haushalte kommen aber finanziell nicht mehr über die Runden, ohne dass beide Elternteile Geld verdienen.

Jeden Morgen bringe ich den Kleinen in den Hort »Little Birds«. Am Anfang wehrte sich Samuel mit Händen und Füßen dagegen. Viele Tränen flossen. Jetzt kann er es kaum erwarten, bis ich ihn abliefere. Nora, die Leiterin des Hortes, begrüßt mich jeden Tag mit einem himmlischen Lächeln. Es sei eher ungewöhnlich, dass sich ein Mann um die Kinder kümmere, sagt sie. Als ich ihr erzähle, dass ich an vielen Tagen auch koche, schmilzt sie fast vor Begeisterung. »Ach, ihr Europäer. Mein Mann würde das nie tun. Und selbst wenn er wollte, wäre es hoffnungslos. Der würde noch einen Topf Wasser anbrennen lassen«, klagt sie.

Kinderhorte sind in Australien in der Regel von der Regierung subventioniert. Kleinere wie »Little Birds« haben es nicht einfach gegen die Giganten der Industrie. McDonald's auch am Wickeltisch: Die Versorgung von Kindern wird in Australien zunehmend von gewinnorientierten Konsortien kontrolliert. In den achtziger und neunziger Jahren kam es zu einem wahrhaften Boom im Geschäft mit den Kleinen. Millionen von Familien in Suburbia hatten sich mit Schulden überladen, um sich ihr überdimensioniertes Traumhaus leisten zu können. Doppelverdienende Familien waren vielerorts nicht mehr die Ausnahme, sondern wurden zur Norm. Es fehlte an Tausenden von Krippenplätzen für Kinder, deren Eltern zur Arbeit mussten. Findige Geschäftsleute sahen ihre Chance und bauten Hunderte von Kinderhorten. Das Geheimnis ihres Erfolgs: Für jedes Kind, das sie in ihre Obhut nehmen, bezahlt die Regierung eine Subvention. Dazu kommen Gebühren, die die Eltern bezahlen müssen. Eine Goldgrube.

Marie ruft an. Sie habe wieder einen guten Deal gesehen, sagt sie, keuchend vor Erregung. »In Westfield gibt's ein Angebot für einen Großbildfernseher. Aber ihr müsst euch beeilen. Es gibt nicht mehr viele.« Marie und Jack sind fast unsere ältesten Freunde hier. Kennengelernt hatten wir die beiden schon beim Schwangerschaftsturnen. Ich mag die Frau. Auch wenn sie meiner Ansicht nach einen Schuss weg hat. Ihr ganzes Leben scheint sich darum zu drehen, immer mehr »Sachen« billig zu kaufen. Sie verkörpert, was den typischen australischen »Suburban« ausmacht. Das Streben nach einem immer besseren, größeren Haus. Der chlorierte Swimmingpool, die enorme Hypothek, der verschwenderische Lebensstil, der subtile Rassismus, die Ignoranz gegenüber so ziemlich allem, was die Welt bewegt. Außer der kleinen Welt natürlich, in der sie sich bewegt.

Ich sage Marie, dass wir im Moment keinen neuen Fernseher bräuchten, dass wir schon zwei hätten. Unvorstellbar für eine Frau, die in ihrem Haus sechs enorme Bildschirme installiert hat, die fast rund um die Uhr laufen, alle auf verschiedenen Sendern. Einmal mehr ist Marie darüber enttäuscht, dass wir ihren Einkaufswahn nicht teilen. Einkaufen – »Shopping« –, die Jagd nach dem Schnäppchen, mit dieser Besessenheit ist Marie nicht alleine. Mir scheint, Einkaufen ist eine der wenigen Formen von Abwechslung im Alltag von Millionen von Vororts-Australierinnen und -Australiern. Gigantische Einkaufszentren sind Tempel, in dem der Konsumwahn bis zum Exzess zelebriert wird. Dieses Phänomen ist relativ neu.

Es begann mit einem mittellosen Flüchtling aus Ungarn.

Ich habe Frank Lowy nur einmal kurz getroffen, den Mann, der es mit Chuzpe, brillantem Geschäftssinn und viel Arbeit und Eifer bis ganz nach oben geschafft hat. Und dabei die australische Gesellschaft grundlegend veränderte. Lowy, ein in Budapest aufgewachsener Jude, war nach dem Zweiten Weltkrieg über Israel nach Australien ausgewandert – mit nur ein oder zwei Dollar in der Tasche und dem Traum, erfolgreich zu werden. Der junge Mann betrieb einen kleinen Gemischtwarenladen, als er im Westen von Sydney große freie Felder entdeckte. Auf die baute er das erste Einkaufszentrum, einen Konsumtempel mit einer Vielfalt von Angeboten und Welten entfernt vom damals üblichen Tante-Emma-Laden. Der Name für die Anlage lag auf der Hand: Westfield. Der Rest ist Geschichte. Heute, 50 Jahre später, ist die Westfield-Gruppe einer der größten Einkaufszentrumsbetreiber der Welt, mit Shopping-Anlagen nicht nur in Australien, sondern in den Vereinigten Staaten, Großbritannien und Neuseeland. Und Frank Lowy, inzwischen über 80 Jahre alt, ist mit einem Vermögen von über fünf Milliarden Euro einer der reichsten Australier. Er ist ein weiser Mann, mit weißem Haar, und nach all den Jahren noch immer mit einem starken osteuropäischen Akzent. Und noch immer mit einem Spürsinn für das, was die Leute brauchen oder zu brauchen glauben. Ein Riecher, der ihn schon zu Lebzeiten zur Legende gemacht hat.

Wie kaum ein anderer australischer Unternehmer hat Frank Lowy von den Wünschen und Hoffnungen der Menschen profitiert, die der konservative Premierminister John Howard »Aspirationals« nennen sollte – Menschen der Mittelklasse, die mehr wollen, die es zu Wohlstand bringen wollen, eine Stufe höherklettern. Seine »Battler« nannte Howard sie – seine »Kämpfer«, die versuchen, aus ihrem Leben das Beste zu machen. Belastet sein sollten diese Krieger in den Vororten höchstens mit Schulden – Hypotheken, Kreditkarten –, nicht aber mit Schuld. Keine Schuldgefühle wegen des anhaltenden Unrechts gegenüber Aborigines, keine

Gedanken daran verschwenden, dass Australien pro Kopf einer der größten Umweltverschmutzer der Welt ist, kein Gefühl der Schuld, dass es Flüchtlinge behandelt wie Schwerverbrecher. »Entspannt und komfortabel« sollten seine Australierinnen und Australier sein. Einkaufen statt Engagement. Konsum statt Kritik. Genau das, was Menschen wie Marie hören wollten.

Ignoranz war für Howard eine legitime Lebenseinstellung, nicht nur für die Massen, sondern auch für sich selbst. Das Zelebrieren, das Fördern von Ignoranz wurde unter Howard zum politischen Standard, zu einem sehr effektiven Instrument der Politiker. Bis heute hat sich daran nichts geändert. Mit gutem Grund: In den äußeren Suburbs der australischen Städte leben die meisten Menschen und somit die meisten Wähler. Wer an den Wünschen, Hoffnungen, Bedürfnissen und Vorurteilen dieser Masse von Arbeitern und Mittelmanagern vorbeipolitisiert, an Millionen von Menschen, die im Leben wenig anderes interessiert als Eigenheim, Rugby, Bier, Barbecue und Shopping, der hat keine Chance. Wer ihr eine Schuld aufbürden will oder nur ein Bewusstsein für die vielen Probleme entwickeln möchte, mit denen das Land und die Welt konfrontiert sind – Klimawandel, Flüchtlinge, Rassismus –, unterzeichnet sein politisches Todesurteil. »Panem et Circenses«, hatte schon der römische Dichter Juvenal gesagt. »Brot und Spiele« sind es auch, was die Wählermassen von Sydney und Melbourne zufriedenstellt. Autobahnen und Sportplätze, ein Scheck von der Regierung für »Battler«-Familien, kurz vor den Wahlen. Keine politische Ideologie hat dieses Land in den letzten zwei Jahrzehnten mehr geprägt als die der staatlich geförderten Selbstzufriedenheit. Sie beschäftigt mich ständig – als Journalist, der über ihre vielfältigen und gelegentlich schockierenden Variationen und Folgen berichtet, und als Einwanderer, der mit ihr jeden Tag konfrontiert ist.

*

Christine und ich fahren in den Stadtteil Parramatta. Wir haben einen Termin mit einem Immobilienhändler. Wir haben uns entschieden, endlich unser kleines Stück Land zu suchen, unser kleines Paradies. »Vielleicht kann ich hier meinen Jugendtraum verwirklichen und Bauer werden«, sage ich schmunzelnd, aber nicht ohne einen Funken Ernst. Seit meiner Kindheit interessiere ich mich für Landwirtschaft. »Wo sonst kann man sich so einen Traum heute noch verwirklichen, wenn nicht in Australien?«, frage ich.

Bill Phillips ist ein drahtiger Mann in den Sechzigern. Wenn man eine Karikatur des typischen australischen »Real Estate«-Agenten zeichnen müsste – Bill wäre die perfekte Vorlage. Kurzärmeliges weißes Hemd mit Krawatte, dazu beige Hosen, weiße Socken und weiße Golfschuhe und ein braungebranntes Gesicht. Immobilienagenten – allen voran jene, die nur Grundstücke verkaufen – haben in Australien keinen guten Ruf. Scharlatan ist noch einer der freundlicheren Ausdrücke, die man hört. Nicht ohne Grund. Immer wieder gibt es Skandale, in denen Immobilienhaie unvorsichtigen Kleinsparern unglaubliche Gewinne versprechen. Etwa wenn sie sich an einer »Subdivision« beteiligen. Bei solchen durchaus legitimen Geschäften teilt ein Immobilienhändler ein großes Grundstück in mehrere kleine Blöcke auf. Diese verkauft er dann wieder – mit möglichst großem Profit. Oder er baut darauf Häuser und veräußert die Grundstücke als Gesamtpaket. Solche Projekte benötigen aber meist viele Millionen Dollar Startkapital. Um das Geschäft finanzieren zu können, sucht der Händler Partner. Wenn er keine willige Bank findet, geht er zu den Kleinsparern.

Ich habe einmal einen Mann interviewt, der bei einem solchen Schwindel Haut und Haare verloren hat. Ein Agent hatte Jim mit dem Versprechen auf Renditen von 18 Prozent gelockt, wenn er 250 000 Euro in eine neue »Subdivision« stecke. Jim pumpte nicht nur sein gesamtes Vermögen in das Projekt – alles, was er in 40 Jahren Arbeit in derselben Firma als Altersvorsorge zur Seite gelegt hatte. Er nahm noch einen Kredit auf. Aus dem Versprechen wurde nie Realität. Der Agent verschwand eines Tages spurlos. Es stellte sich heraus, dass auf seinem Land gar nicht gebaut werden durfte. Jim sah sein Geld nie wieder und musste sein Haus verkaufen, um seine Schulden abzubezahlen. Er lebte noch ein paar Jahre in einer Sozialwohnung, verlassen von seiner Familie, die ihn vor dem »Deal« gewarnt hatte. Jim nahm sich schließlich das Leben. Eine Tragödie, die sich in Australien immer wieder abspielt.

Als wir Bill unser Budget nennen, grinst er nur. Ich weiß nicht, ob es Mitleid ist oder Hohn. »Sie müssen weit fahren, wenn Sie für so wenig Geld etwas finden wollen«, sagt er. »Aber Sie haben Glück: Ich habe bei Greentown eine neue Subdivision erschlossen.« Greentown? Nie gehört. Mit seinem Zeigefinger fährt Bill auf der Landkarte von Sydney in Richtung Süden. Weiter, immer weiter. »Hier ist es«, sagt Bill. »Ein nettes Städtchen, gut gelegen, verkehrsgünstig. Aber hinterwäldlerisch und konservativ. Ich könnte dort niemals leben.«

Wir schon. Greentown sollte unser Paradies werden. Und unser Zuhause. Aber davon haben wir noch keine Ahnung. Mit einem kleinen Plan in der Hand machen wir uns auf den Weg.

KAPITEL 11

»Meinst du, dass wir hier richtig sind?«, fragt Christine, als wir die unbefestigte Landstraße entlangfahren. Es ist staubig, die Luft ist trocken, die Gegend menschenleer. Links und rechts große Wiesen. Auf der einen weidet eine Gruppe Rinder, auf der anderen grasen Schafe. »Das sind vielleicht unsere zukünftigen Nachbarn«, sage ich. Als wolle die Natur das Bild australischer Idylle vervollständigen, rennen vor uns drei Kängurus auf die Straße. Kängurus haben die unangenehme Eigenschaft, am Straßenrand stehen zu bleiben, neugierig das heranfahrende Auto zu beobachten, nur um in letzter Sekunde loszuspringen. Allzu oft direkt vors Fahrzeug. Doch auf dieser Schotterstraße kann man ohnehin nicht allzu schnell fahren. Die Kängurus überleben diesmal.

»709«, sagt das gelbe Schild am Zaun. Wir sind also sieben Kilometer und 90 Meter von der letzten Straßenkreuzung entfernt. So funktioniert die Hausbeschilderung in vielen ländlichen Regionen Australiens. Simpel und praktisch. Man muss nur auf den Kilometerzähler schauen und weiß genau, wann man am Ziel ist. Das Grundstück, das uns Bill zum Kauf empfohlen hat, liegt nur 15 Minuten Autofahrt außerhalb von Greentown und eine Stunde von der Hauptstadt Canberra entfernt. Katzensprünge für australische Verhältnisse. Doch wir hatten den Landweg genommen für unsere Reise von Sydney. Schotterstraßen durch Felder, über Wiesen, durch Wälder. Drei Stunden lang. Wir haben das Gefühl, am Ende der Welt zu sein.

Wir öffnen das Gittertor. Durch hohes Gras fahren wir, vorbei an Eukalyptusbäumen mit weißer Rinde, links von uns ein kleiner »Dam«, ein künstlich angelegter See. Es gibt keinen Pfad, wir holpern über Steine, Gestrüpp. Christine, hochschwanger, muss sich den Bauch halten. »Langsam«, sagt sie, »sonst bricht mir das Wasser.« So plötzlich will Samuel dann doch keinen Bruder. Nach etwa 400 Metern kommen wir auf eine kleine Anhöhe und steigen aus dem Fahrzeug. Die Aussicht verschlägt uns die Sprache. Mindestens zwanzig Kilometer sind es bis zum Horizont. Zwei, drei Hügelketten, nicht hoch, aber prominent, bewachsen mit Eukalyptuswald. Keine Spur von Menschen. Wie Schneeflocken senkt sich in der Distanz eine Gruppe grellweißer Kakadus auf die Wipfel der Bäume, wild kreischend. »Das ist es«, flüstert Christine. »Wir haben es gefunden.« Es ist einer dieser seltenen Momente im Leben, in denen man weiß, dass einfach alles passt. Ohne noch ein Wort zu verlieren, greife ich zum Mobiltelefon. Der Empfang ist schlecht, ich verstehe Bill kaum. »Wir nehmen es. Sie können den Vertrag vorbereiten.«

Die Kaufformalitäten sind schnell abgewickelt. Unser Anwalt durchsucht die Grundbücher nach Unklarheiten, um die Besitzverhältnisse zu klären. John ist Sohn serbischer Einwanderer, mit strammgekämmtem, geöltem schwarzem Haar und dickem Bauch. Er sieht eher wie ein Zuhälter in einem billigen Nachtclub aus als wie ein Jurist. Es läuft alles problemlos. Unsere rund 40 Hektar Land waren Teil einer 2500 Hektar großen Schaffarm. Die früheren Besitzer, John und Peggy, leben noch vorne an der staubigen Straße. Beide sind weit über 80 Jahre alt. Sie hatten sich vor ein paar Jahren entschieden, die Farm zu verkaufen. So können sie sich den Lebensabend finanzieren. Diese Entscheidung treffen in Australien Landwirte jeden Tag. Vor allem jene, deren Kinder die Farm nicht übernehmen wollen.

Von ganz besonderem Interesse ist für uns eine kleine, unbefestigte Straße, die durch unser Grundstück führt. Dahinter liegt das Land unserer zukünftigen Nachbarn, Mick und Julie. Der ganze Bundesstaat New South Wales ist mit einem Netz von Durchfahrts- oder Zugangsstraßen durchzogen. Sie sind auf Referenzkarten im Grundbuchamt eingetragen – die meisten bis zu zwanzig Meter breit. Halbe Autobahnen, mitten durch die Wildnis. Viele dieser Straßen wurden aber nie gebaut. Es besteht nicht nur kein Bedarf dafür, ihre Lage auf der Karte ist oftmals so, dass der Bau unmöglich wäre: Sie führen über Berge, durch unwegsames Gelände, sogar durch Flüsse und Seen. »Die Straßen sind im frühen 19. Jahrhundert vom Kartographen praktisch willkürlich eingezeichnet worden, als das Land in der Region Sydney erschlossen wurde«, erklärt mir die nette Frau vom Grundbuchamt in Greentown. Es sei eine präventive Maßnahme der Regierung gewesen. »Damals wusste niemand, ob und wo mal eine Straße gebraucht wird, ob und in welche Richtung sich die neue Kolonie entwickeln würde.« So macht die Lage vieler dieser Straßen in den Plänen überhaupt keinen Sinn. Trotzdem ist ihre geographische Lage bis heute rechtlich verbindlich. Wenn der Staat will, kann er jederzeit kommen und die Straße bauen. Auch wenn sie mitten durch ein Privatgrundstück führt.

Unsere Straße gibt es aber wirklich, und das schon seit hundert Jahren. Wir geben unserem Anwalt John den Auftrag herauszufinden, wo genau sie endet. Es ist das eine, wenn durch ein Grundstück eine öffentliche Straße führt, die nur von einem Nachbarn benutzt wird. Es ist etwas ganz anderes, auf seinem Land eine Durchfahrtsstraße zu haben, die von jedem befahren werden kann, Tag und Nacht. John nickt: »No worries«, sagt er, kein Problem. Ich vertraue ihm.

Ein Fehler, wie sich herausstellen wird.

KAPITEL 12

Ein paar Tage später schweben Christine und ich noch immer wie in einem Traum, als ich abrupt in die Realität meines Berufes zurückgeholt werde. In Osttimor, praktisch einen Steinwurf von Australien entfernt, ist ein blutiger Konflikt ausgebrochen. Bilder des Grauens flackern über den Fernseher: Blutlachen auf den Straßen, verlassene, hungrige Kinder, Häuser, in denen hingerichtete Zivilisten gefunden werden. Die australische Regierung schlägt Alarm. Osttimor ist nicht einfach ein Land, das kaum jemand kennt. Als nächster Nachbar Australiens gehört es zu meinem Berichtsgebiet. Die Hauptstadt Dili liegt nur 700 Kilometer von der Nordküste Australiens entfernt – eine Flugzeit von etwas über einer Stunde. Osttimor ist eines der ärmsten Länder Asiens, obwohl es eigentlich unglaublich reich wäre. Im Meeresboden zwischen dem australischen Kontinent und Osttimor liegen riesige Öl- und Gasvorkommen. Australien beansprucht einen wesentlichen Teil dieser Rohstoffe für sich und hatte deswegen seit Jahren mit der Besatzungsmacht Indonesien verhandelt. 1975 waren indonesische Truppen einmarschiert, nur kurz nachdem Portugal nach der Nelkenrevolution seine frühere sogenannte

»Überseeprovinz« Osttimor in die Unabhängigkeit entlassen hatte. Jakarta unterdrückte Osttimor fast drei Jahrzehnte lang brutal. Hunderttausende starben.

Doch jetzt hat den Unterdrückern die letzte Stunde geschlagen, und Australien kann nicht mehr einfach nur zuschauen. Die Osttimoresen hatten sich in einem Referendum mit überwältigender Mehrheit dafür entschieden, selbständig zu werden. Überwacht worden war die Abstimmung durch die Vereinten Nationen, nach jahrelangen Verhandlungen mit Indonesien. Doch kaum war das Ergebnis klar, begannen die indonesischen Besatzer eine Politik der verbrannten Erde. Aus Soldaten wurden plündernde, mordende und vergewaltigende Milizen. Ein paar Tage lang hatten die Osttimoresen auf Freiheit und Unabhängigkeit gehofft, doch jetzt fließt erneut ihr Blut. Tausende von Flüchtlingen verstecken sich im hügeligen Hinterland. Andere strömen aus der Hauptstadt Dili in Richtung Westen. In der Enklave Oekussi im indonesischen Westtimor finden viele Unterschlupf. Doch die Bedrohung durch indonesische Truppen und Milizen wächst mit jedem Tag. Katholische Ordensschwestern flehen die Welt um Unterstützung an. »Sie müssen kommen«, plädiert Schwester Serafina Nahak in einem Telefongespräch mit dem amerikanischen Präsidenten Bill Clinton, wie sie mir Jahre später erzählt, »sonst sind wir morgen tot.« Ihr Appell fand Gehör. Die Vereinten Nationen beschlossen die Intervention. Führen sollte sie Australien, der größte westliche Nachbar.

»Flieg«, sagt mein Redakteur. »Aber pass auf dich auf.«

Im Flugzeug nach Darwin überlege ich, welche Chancen ich wohl haben werde, einen Flug nach Dili buchen zu können. »Keine«, so die Antwort der netten Frau am Schalter von Air North am Flughafen. »Alle Flüge sind gestrichen. Viel zu gefährlich.« So fahre ich in die Stadt. Es wimmelt nur so von Journalisten und von Soldaten. Im Hafen von Darwin, dem nördlichsten Australiens, sind Kriegsschiffe aus Großbritannien eingetroffen, aus den Vereinigten Staaten, Neuseeland und vielen anderen Ländern. Und natürlich ist die australische Armee da. Ein gutes Dutzend Schiffe hat Canberra geschickt. Die Truppen sind Teil einer Koalition, die von den Vereinten Nationen zusammengestellt wurde. Premierminister John Howard, als Regierungschef des nächstgelegenen westlichen Staates, hat die politische Führung übernommen. Im Fernsehen präsentiert er sich in Feldherrenpose. Howard ist klein gewachsen. Napoleon Downunder. Kinn hoch, Mundwinkel runter, ernster Blick. Es gehe darum, in Osttimor die Menschen zu schützen, sagt er ernst. Vom Hunger seiner Regierung nach den Rohstoffen, die zwischen dem Kontinent und Osttimor schlummern, sagt er nichts.

In der Bar »Roma«, bei einem der besten Espressos, die man südlich von Sizilien trinken kann, treffe ich Chris. Er ist einer meiner ältesten Kollegen. Chris ist Reporter für Channel Nine, der größten privaten australischen Fernsehstation. Auch er hat den Auftrag, mit seinem Team nach Dili zu fliegen, um von dort über die Intervention zu berichten. Doch Chris hat mir gegenüber zwei Vorteile: Er ist nicht nur britischer Staatsbürger, er arbeitet für ein australisches Medium. Ich nicht. Deutschland ist noch nicht Teil der

Koalition, und die Schweiz als neutrales Land ist ohnehin nicht involviert. Für die Medienleute der australischen Armee existiere ich deshalb ganz einfach nicht. Am Nachmittag, zum vierten Mal an diesem Tag, frage ich bei der Pressestelle nach, ob ich nicht mit einer Militärmaschine nach Dili fliegen könnte. So wie Dutzende von Kollegen aus den Koalitionsländern es in diesen Stunden tun. »Sorry«, sagt Nina, die junge Soldatin, und schaut mich an wie einen räudigen Hund, der einem auf der Straße entgegenkommt. »Sorry«, sagt auch Chris, »ich würde dich gerne mitnehmen.« Am Abend fliegt er mit einer australischen Transportmaschine nach Dili. Ich gehe an den Hafen und interviewe ein paar Soldaten, die sich auf den Einsatz vorbereiten. Der Kommandant eines britischen Zerstörers, ein Freund von Chris, gibt mir sogar eine Privatführung über das Schiff. Doch mitnehmen, nein, könne er mich leider nicht. So muss ich zuschauen, wie die letzten Kriegsschiffe aufbrechen, Richtung Norden, Richtung Dili. Ich schreibe an diesem Abend drei Berichte über die »Invasion«, aus der Sicht der abfahrenden Truppen. Dann lege ich mich hin, frustriert, entmutigt. An der Decke dröhnt der Ventilator. Ich schließe kaum ein Auge.

Am nächsten Morgen, beim dritten Espresso im »Roma«, sehe ich Chris im Fernsehen. Live-Schaltung. Er steht im Vorhof des Hotels »Tourismo« in Dili, das Tor im Hintergrund bewacht von schwerbewaffneten australischen Soldaten und amerikanischen Marines. Die Lage sei hochgradig instabil, berichtet er, und extrem gefährlich. Nur einen Häuserblock weiter werde die Stadt von den Milizen kontrolliert. Die ganze

Nacht über Schüsse. Ich muss da hin! Ich rufe die deutsche Botschaft in Canberra an. Der Presseattaché ist ein netter Mann, ich kenne ihn seit Jahren. Ich erkläre ihm, dass ich hier der einzige deutschsprachige Zeitungsvertreter bin und man mich nicht nach Dili lassen wolle. »Deutschland wird also keine eigene Berichterstattung aus diesem Konflikt haben«, sage ich. »Ich werde mich drum kümmern«, meint er.

Ich habe wenig Hoffnung.

Es ist 43 Grad heiß in Darwin, als ich einmal mehr mutlos die Treppe zum Medienbüro hochsteige, bereit für Ninas bösen Blick. »Sir, nett, Sie zu sehen. Möchten Sie einen Tee?«, fragt die Soldatin. Ich traue meinen Ohren nicht. »Wir haben einen Flug für Sie«, sagt Nina in ihrer viel zu großen Tarnuniform. Ich solle in mein Hotel gehen und mit gepackten Sachen auf einen Anruf warten. »Wenn es so weit ist, haben Sie dreißig Minuten, um zum Militärflughafen zu fahren.« Ein Anruf des deutschen Botschafters beim australischen Außenministerium scheint Wunder gewirkt zu haben. Jahre später erfahre ich auf Umwegen, sogar Bundeskanzler Gerhard Schröder habe sich noch eingesetzt. »Mit einem Anruf vom Golfplatz aus«, so meine Quelle. Keine Ahnung, ob das stimmt. Gut ist die Geschichte trotzdem.

Ich renne los. Am nächsten Morgen, es ist vier Uhr, klingelt das Telefon. In 15 Minuten bin ich am Flughafen. Man führt mich zu einer neuseeländischen Herkules, einem riesigen Transportflugzeug. »Willkommen, Sir«, sagt ein netter Kiwi-Soldat und schnallt mich im Frachtraum in einen Sitz. Neben mir sitzen eine japanische Kollegin in High Heels, vier verschlafene Soldaten, drei Soldatinnen. Vor mir, festgezurrt mit breiten orangen Bändern, zwei Geländefahrzeuge und eine Art Schützenpanzer. Die Maschine wirft ihre Motoren an. Das Dröhnen ist nur auszuhalten, weil ich einen Gehörschutz trage. Wir heben ab. Unter uns die Lichter der erwachenden Stadt Darwin.

Vor uns Tod, Zerstörung und Verzweiflung.

Ich habe keine Ahnung, was mich erwartet. Meine Gefühle schwanken zwischen Unsicherheit, Angst und der Hoffnung auf ein paar wirklich gute Geschichten. In Darwin war uns gesagt worden, die Maschine werde nur kurz landen können, »wegen der Scharfschützen«. Der Flughafen von Dili stünde noch immer im Fadenkreuz der Milizen, die eine Intervention verhindern wollten. Wir haben nur wenige Minuten, um aus dem Heck der Herkules zu springen, während die Soldaten die Fahrzeuge entladen. »Gehen Sie sofort in Deckung«, meint der nette Soldat, »Goodbye und viel Glück.« Mit meinem Rucksack, gefüllt mit Nudeln, Konservendosen, einem Wasserfilter und zwei Litern Scotch, renne ich in Richtung Terminal. Lisa, meine japanische Korrespondentenkollegin, gekleidet, als wäre sie auf dem Weg zu einer Vernissage, ist dicht hinter mir. Das Flughafengebäude sieht aus, als wäre ein Wirbelsturm durch die Hallen gefegt. Zerstörte Scheiben, überall auf dem Boden Formulare, gelbe, grüne, weiße. An den Wänden Blutspuren. Und überall Fliegen. Es dauert zwei Stunden, bis wir den Fahrer eines Kleinbusses überzeugen können, uns in die Stadt mitzunehmen. Für 200 Dollar pro Person. »Aber ihr müsst euch bücken, damit euch die Milizen nicht sehen«, meint er auf Indonesisch. »Ich will nicht eine Kugel einfangen, die für euch bestimmt ist.«

Kann ich verstehen.

Die 20 Minuten Fahrt vom Flughafen an die Strandpromenade von Dili gehören zu den längsten meines Lebens. Wir liegen auf dem Boden des Minibusses. In unseren Nasen spüren wir den süßlichen Geruch des Todes. Von den Milizen Tag und Nacht bedroht, hatten die Menschen hier bisher kaum Gelegenheit, die verwesenden Leichen ihrer Angehörigen zu begraben. Vor dem Hotel »Tourismo« lädt uns der Fahrer ab. Früher die erste Adresse für Besucher der Stadt, gleich gegenüber dem Strand, ist der hohe Metallzaun nun mit Ketten gesichert. Ein halbes Dutzend australischer Soldaten in Kampfmontur schaut uns argwöhnisch an. Wir weisen uns beim Kommandanten als Journalisten aus. »Kein Platz für Nicht-Koalitionsmitglieder hier«, meint er. Als wir protestieren, hebt der Sergeant seine Waffe und richtet sie auf meinen Kopf. »Haut ab!«, meint er. »Jetzt!«

Der Lauf eines halbautomatischen Gewehres an der Stirn ist ein überzeugendes Argument. Ein paar hundert Meter weiter finden wir Unterschlupf in einem katholischen Kloster. Es ist leer. Die Nonnen seien alle geflohen oder von Milizen getötet worden, sagt uns eine alte Frau. In den kommenden Tagen treffen immer mehr Journalisten ein. Wir unterstützen uns gegenseitig, teilen das wenige Essen, das es gibt. In einem Minibus wagen wir uns in die von Milizen kontrollierten hinteren Gebiete der Stadt. Flüchtlinge interviewen, die Leichen von Opfern filmen, die von den Milizen in Tiefbrunnen geworfen worden waren. Und immer wieder davonrasen, wenn wir Schüsse hören. Zweimal nehmen uns Aufständische ins Visier. Kugeln verfehlen nur um Millimeter den Kopf einer britischen Kollegin. Unser Bus hat keine Bremsen. Dafür einen durchgerosteten Boden. Wir müssen unsere Füße benutzen, um das Fahrzeug zum Stillstand zu bringen. Nach zwei Tagen sind die Sohlen meiner Schuhe weg. Lisa hat blutige Fersen. Aber immer noch Stil. Auf Lippenstift und Mascara verzichtet sie auch im Krieg nicht.

Im Kloster wird das Essen immer knapper. Die Nudeln, die ich aus Australien mitgebracht habe, sind aufgebraucht. Mit drei Kollegen teile ich das letzte Stück Hartkäse. Einen Zentimeter für John, den Australier, einen für Charlie, den Neuseeländer, und einen für mich. Nur Chris, den Engländer, scheint der Hunger wenig zu kümmern. Jeden Morgen nach seiner Live-Übertragung nach Australien wärmt er am Strand auf einem kleinen Kocher Wasser auf. Darin tunkt er dann seinen Teebeutel – den einzigen, den er hat. Dann setzt er sich auf eine Betonbank und schaut über das Meer und schlürft, mit sichtlichem Genuss, den ersten Schluck.

»Tea Time« am Rande des Wahnsinns.

Am fünften Tag kommt ein portugiesisches Kamerateam ins Hotel »Tourismo«. Helle Aufregung. Sie hätten in einem Hinterhof die Leiche eines Europäers gefunden, sagen die Kollegen. Die Bilder, die sie gedreht haben, sind eindeutig: Ein junger Mann, blond, mit weißem T-Shirt und dunkler Hose, liegt in einer Palmenplantage auf dem Boden. Sein Gesicht entstellt, sein linkes Ohr fehlt. Schnell stellt sich heraus, dass er Journalist ist. »Man will uns mit den Verletzungen ein Zeichen geben«, sagt ein australischer Kollege. »Wir sollen nicht hören und nicht sprechen.« Sander Thoenes, ein Reporter der Financial Times, war aus Jakarta angereist, hatte sich einen Fahrer gemietet und war mit einem Motorrad in ein von den Milizen kontrolliertes Gebiet gefahren. Wir rennen zu unseren Laptops. Der Mord macht innerhalb von Minuten Schlagzeilen, rund um den Globus. Auch in der Schweiz, wie ich erst wieder in Australien erfahren sollte. Denn die Telefonverbindungen aus Osttimor funktionieren nur sporadisch. Wir nutzen sie zum Senden von Texten, nicht für Gespräche.

Ohne dass ich davon eine Ahnung habe, beginnt für meine Familie wenig später ein Alptraum. In der Schweiz wacht meine Schwester auf und schaltet das Radio ein. Die Meldung ist Nummer eins der Morgennachrichten. »Ein deutscher Journalist« sei in Osttimor getötet worden, heißt es. Meine Eltern, meine Schwestern – für sie ist klar, dass ich tot bin. Denn sie wissen, dass ich zu diesem Zeitpunkt der einzige deutschsprachige Journalist in Osttimor bin. Meine Schwestern versuchen in Panik, beim Außenministerium mehr zu erfahren. Vergeblich. Auch die Nachrichtenagentur, von der die Meldung kommt, weiß nichts. Erst Stunden später korrigiert die Agentur den Fehler. Der bedauernswerte Kollege war ein Niederländer.

Am anderen Morgen fliege ich mit einer Maschine der Vereinten Nationen zurück nach Darwin. Wieder ein Katzensprung. Einmal mehr wird mir klar, wie gering die Distanz ist zwischen Australien und Osttimor, Indonesien und den Salomoneninseln. Wirtschaftlich, kulturell und politisch sind sie aber eine Welt entfernt vom Leben, das die meisten Australier führen. Kein

Wunder, dass viele Australierinnen und Australier ihre Nachbarn als Bedrohung empfinden. Als ich in Darwin lande, nimmt der Quarantänebeamte am Flughafen erst mal meine Schuhe unter die Lupe. »Erde«, sagt er, »gehen Sie die Schuhe putzen.« In einem eigens dafür eingerichteten Raum schrubbe ich in einem glänzenden Chromstahlbecken meine mit Staub verschmutzten Trekkingstiefel und wasche sie mit Dettol. Das giftig-gelbe Desinfektionsmittel steht im Medizinschrank jeder australischen Familie. Es kann für die Behandlung von Schürfungen benutzt werden, zum Baden eines räudigen Hundes oder zum Abwischen des Küchentischs, nachdem man rohes Hühnchenschnitzel filetiert hat. Oder eben zum Abtöten von allem, was sich in fremden Ländern in den Sohlen und Ritzen von Schuhen und Rucksäcken versteckt, bevor es in Australien eingeschleppt werden und das Land verseuchen kann.

Zurück in Darwin, höre ich mir erst die Schelte meiner Familie in der Schweiz an. Mein Vater, sagt meine Schwester Susanne, sei an diesem Tag um zehn Jahre gealtert. Es sei der Gipfel der Verantwortungslosigkeit, mich als Vater von eineinhalb Kindern in derartige Gefahr zu begeben, tönt es durch das Telefon. Susanne meint – nur halb im Spaß –, sie werde mir bei meinem nächsten Aufenthalt in der Schweiz eigenhändig die Gurgel durchschneiden. »Dafür brauche ich keine Milizen.« Nur für Christine scheint es keine Frage zu sein, dass ich die richtige Entscheidung getroffen hatte. »Ich weiß doch, dass du gehen musstest«, meint sie. Auch bei späteren Einsätzen in Krisengebieten – ob auf den von blutigen Konflikten geplagten Salomoneninseln oder nach dem Tsunami 2004 im zerstörten Banda Aceh in Indonesien –, ihr Verständnis für meinen Beruf, meine Leidenschaft, sie erfüllt mich immer wieder mit Dankbarkeit und Achtung für meine Frau.

Für die Menschen von Osttimor hat sich der Kampf für die Freiheit gelohnt. Am 20. Mai 2002 wurde die Unabhängigkeit von Timor Leste, wie sich das Land wieder nennt, von der Welt offiziell anerkannt. An der Armut hat sich allerdings bis heute wenig geändert. Australien ist zumindest mitschuldig an dieser Situation. Bis zum heutigen Tag streitet Canberra um den Grenzverlauf zwischen den beiden Ländern, nach wie vor will Australien mehr von den reichen Rohstoffvorkommen, als ihm laut der Regierung von Timor Leste zusteht. Ein 50 Jahre dauerndes Moratorium hat zwar zu einer Beruhigung der Debatte geführt. Und Timor Leste profitiert nun wenigstens zum Teil von der Ausbeutung bereits erschlossener Ölfelder. Australien weigert sich aber, Pläne für die Verarbeitung von Öl und Gas in Timor Leste zu unterstützen. Tausende von Menschen könnten auf diese Weise beschäftigt werden. Und eine bitterarme Nation könnte endlich von ihren Rohstoffen profitieren. Stattdessen werden Öl und Gas nach Darwin transportiert.

Noch Wochen nach Dili erschrecke ich bei jedem Knall eines Auspuffs, bei jedem unerwarteten Lärm. Ich kann verstehen, unter welchen psychischen Schäden Kollegen leiden können, die regelmäßig aus Kriegsgebieten berichten. Ich bin froh, dass wir uns nun an den Wochenenden auf unser Grundstück zurückziehen können. Wir stellen den kleinen Wohnwagen, den wir kurz nach unserer Ankunft in Australien gekauft hatten, aufs Land. Mitten in die Wildnis, umgeben von Wald, Kängurus, Wombats und Kakadus. Wir kommen uns vor wie Pioniere.

Zeit, unsere Nachbarn kennenzulernen.

KAPITEL 13

»Willst du ein Bier?«, fragt Mick. Das ist eigentlich keine Frage. Ein Besuch in Micks Garage hinter seinem Haus wäre undenkbar ohne ein Bier. Zwei Kühlschränke hat er dort, voll mit Victoria Bitter, Tooheys Red und XXXX. Das ist kein Schreibfehler. Viermal ein X. Die Biermarke aus dem Bundesstaat Queensland heißt tatsächlich so. Das X sei eine traditionelle australische Methode gewesen, die Stärke eines Biers zu bewerten, habe ich mir sagen lassen. Mangels einer besseren Idee habe man sich seinerzeit entschlossen, diesen Buchstaben als Namen zu verwenden. Doch wie für fast jeden australischen Markennamen gibt es auch für diesen eine Vielzahl von Legenden. So soll der Brauer vom vielen Testen seines Gebräus so besoffen gewesen sein, dass er nur vier X aufs Papier kritzeln konnte, als er nach einem Namen für das neue Bier gefragt wurde. Solche Geschichten sind natürlich hilfreich, um das »Australische« einer Marke zu unterstreichen. Auch wenn XXXX längst nicht mehr australisch ist. Die Brauerei gehört seit 2009 zum japanischen Alkoholkonzern Kirin. Keiner der großen »australischen« Bierkonzerne ist noch in australischer Hand. Die wohl bekannteste australische Traditionsmarke, Foster's, gehört seit 2011 dem globalen Braugiganten SABMiller.

Nicht, dass das Mick stören würde, solange sein Bier schmeckt. Außerdem trinken ohnehin nur Touristen Foster's.

Mick sei »der absolut typische Australier«, hat einmal einer unserer Besucher aus Deutschland gesagt. »Easy going« – locker also, freundlich, jovial, hilfsbereit, manchmal etwas naiv und weltfremd, aber immer bereit für einen Schwatz und ein Bierchen. Zu Beginn unseres Aufenthalts in Australien hätte ich dieser Charakterisierung wohl sofort zugestimmt. Schließlich machen es die Ikonen australischer Filmkultur vor. »Typische« Australier wie »Crocodile Dundee« Paul Hogan, Hugh Jackman und Russell Crowe. Auch wenn Hogan und Jackman längst nicht mehr in Australien leben, sondern in den USA. Auch wenn Crowe nicht wirklich ein Australier ist. Er ist in Neuseeland geboren. Aber darüber schaut man hier gerne hinweg, solange er die Oscars nach Hause bringt.

Das Klischee vom Aussie, mit dem schweißgetränkten »Akubra«-Hut, dem ärmellosen blauen T-Shirt und dem Bier in der Hand, das die Tourismuswerbung so zelebriert, ist genau das: ein Klischee. Nach 20 Jahren in diesem Land weiß ich, dass es die australische Gesellschaft vereinfacht, die extrem vielfältig und komplex ist.

Den Australier, *die* Australierin gibt es nicht.

Das Australien gibt es nicht.

Ich glaube, dass es in diesem Land mehrere grundsätzlich verschiedene soziale Zonen gibt, fünf etwa. Zonen, in denen Gruppen von Menschen leben, mit jeweils ganz eigenen Prioritäten, Wertvorstellungen,

Forderungen, Wünschen und Hoffnungen. Selten kommen die Menschen aus verschiedenen Zonen wirklich in Kontakt miteinander. Weshalb sollten sie auch? Ein 24-jähriger Investmentbanker in der City von Sydney hat genauso wenig mit einem 49-jährigen Viehtreiber auf einer Rinderstation im Outback gemeinsam wie ein sizilianischer Weinbauer mit einem Verkäufer in einer Boutique in Amsterdam.

Außer dem australischen Pass.

Die erste Zone: die Innenstadt von Sydney. Es könnte auch Melbourne sein, Brisbane oder Perth. Eine der australischen Metropolen. Hier lebt er, der 24-jährige Investmentbanker. Nennen wir ihn Nguyen. Er ist Sohn vietnamesischer Bootsflüchtlinge, die sich hochgearbeitet haben. Er wohnt in einem Einzimmerapartment. Mitten in der George Street, beste Adresse, sündhaft teuer. Urban, gebildet, viersprachig, weltoffen. Jeden Morgen rennt er im »Gym« eine Stunde lang auf dem Laufband, mit den Kopfhörern seines iPods in den Ohren. Er ernährt sich von Tiefkühlkost – Einzelportionen, aufgewärmt im Mikrowellenofen. »Fun« ist für ihn ein Samstagabend im Club. Dort haut er sich mit »Ice« die Birne weg, um am Montag nach zwei Espressos wieder am Bildschirm Millionen zu verschieben. Das Geld anderer Leute natürlich.

Zwanzig Minuten mit dem Bus. Man riecht das Meer in der Luft. Sydney die Hafenstadt, Zone Nummer zwei. Die Northern Suburbs, die Eastern Suburbs – früher Heimat der Arbeiterklasse, heute die teuerste Adresse im Land. Jedes Haus, jedes Apartment, von dem man auch nur einen Millimeter Ausblick aufs Meer hat, ist kaum bezahlbar. Hier wohnt, wer hier geboren wurde, damals, als ein Haus noch billig war. Oder wer reich ist. Nennen wir ihn Malcolm, ein erfolgreicher Geschäftsmann, einer, der die Internetblase überstanden hat und sich mit einem vollen Bankkonto zur Ruhe setzen konnte. Im Alter von 41 Jahren.Seither lebt er von kleinen Nebengeschäften – »hier mal eine Million, da mal eine«, sagt er – mit Rohstoffen, mit Aktien. Mona Vale, Whale Beach, Bellevue Hill, Double Bay – das ist das Wohngebiet der Elite. Am Morgen ein strammer Jogg am Strand oder an der Promenade, dann Cappuccino und Blackberry, der erste Deal. Bei Häuserpreisen von fünf Millionen aufwärts ist man unter sich. Und das wird auch so bleiben. Ein »Westie« verirrt sich jedenfalls selten hier hin.

Kaum 30 Kilometer weiter westlich. Zone Nummer drei. Hier wohnen sie, die »Westies«. Orte wie Campbelltown und Penrith, Blacktown und Rooty Hill. Eine andere Welt. Hypothek und Kinderkrippe, Großbildschirme und Westfield-Einkaufszentren. Menschen eben wie Marie, Howards Vorort-»Battlers«, auf der täglichen Suche nach Glück. Konsum als Religion. Das samstägliche Barbecue im Garten ist der Höhepunkt der Woche, dazu ein Kasten Bier und die Dauerberieselung durchs Radio. Football – das australische Rugby – sorgt für den Zusammenhalt in den Suburbs. Die Mitglieder der Rugby-Mannschaft »Warriors« sind Helden, und auch die der »Bulldogs«, obwohl sie sich nach den Spielen gelegentlich danebenbenehmen. Zu viel Alkohol und Gewalt gegen Frauen. Doch mit Helden hat man hier viel Geduld, solange sie Sportler sind. »Boys will be boys« – Jungs sind nun mal eben Jungs, denkt meist auch die Polizei. An den Wochentagen laufen in allen Küchen und Garagen die Sendungen der Radiomoderatoren Alan Jones und Ray Hadley, ultrarechte sogenannte »Shock Jocks«, die alles und jeden niedermachen, der nicht »Austrayn« ist und sich ihrer Meinung nach »nicht anpassen« will. Flüchtlinge, Grüne, Faule, Wohlfahrtsempfänger, Ausländer, Snobs, Intellektuelle. Und Politiker, außer die konservativsten. Die dauernde Angst vor anderen Kulturen äußert sich in den Suburbs in hemdärmeligem, aggressivem Pub-Patriotismus. Und das, obwohl in einigen Ortschaften der Western Suburb bis zu 50 Prozent der Einwohner nicht in Australien geboren sind. Von ihren Politikern fordern die »Westies« gute Straßen, billiges Benzin, Jobs und niedrige Steuern. Die Menschen in den Western Suburbs – sie wissen um ihre Macht als größte Wählergruppe des Landes.

Ein paar Flugstunden weiter. Alice Springs, das Rote Zentrum Australiens. Von dort sind es noch vier Stunden im Allradfahrzeug. Die Zone vier. Outback, Isolation, Weite, Australien aus dem Reisekatalog. Für Besucher zumindest. Wer hier wohnt, sieht es anders. Nennen wir ihn Jack. Er kämpft mit den Elementen, mit der Natur, vor allem aber gegen sie. Dürreperioden, Überschwemmungen. Er hat eine Rinderfarm, so groß wie halb Belgien. Und doch kommt er kaum über die Runden. Die Preise sind schlecht. Mit seinen 49 Jahren tritt Jack auf der Stelle. Seine Kinder sind im Internat in Adelaide, nur die Grundausbildung, die konnten sie über die School of the Air machen. Fernunterricht übers Internet, früher war es per Funksignal. Jack hat Angst vor den Chinesen, die das Land aufkaufen »und uns irgendwann mal von hier vertreiben werden«. Chronische Frustration über »die in

Canberra«, die nicht wüssten, wie das Leben auf dem Land sei. Doch auch Stolz, zu den »echten Australiern zu gehören«, den Pionieren. In fünfter Generation.

Und dann Zone fünf. Greentown und mein Nachbar Mick. Ein Handwerker, mit eigenem Haus und großer Familie, der den Busch liebt und gerne fischen geht. Von der Welt weiß er wenig, außer was er in den Boulevardmedien liest. Und das ist meist bedrohlich. Hier, zwischen Stadt und Land, in »Country Australia«, wie Politiker die Zone zwischen den Vororten der Großstädte und der Isolation des Outback nennen, hier sollten wir die nächsten Jahre verbringen und vielleicht den Rest unseres Lebens.

Doch jetzt gibt's erst mal ein Bier.

»Cheers«, sagt Mick. Er ist 55 Jahre alt und hat fast kein graues Haar auf dem Kopf. Dafür sind seine Hände voller Farbkleckse. Er ist Flächenmaler, hat gemeinsam mit seinem Kumpel Bob ein Geschäft. »Wollt ihr mal hier wohnen?«, fragt er. »Man weiß nie«, antworte ich. »Schön wäre es schon.« Vorerst sind wir einfach am Wochenende da. »Gut«, sagt Mick, »dann wünsche ich euch viel Glück.«

Mick und Julie wohnen rund 400 Meter unterhalb des Platzes, auf dem wir unseren kleinen Wohnwagen aufgestellt haben, direkt hinter dem Zaun. Sie können ihr Grundstück, ihren Block, wie man hier sagt, nur erreichen, indem sie über die kleine Schotterstraße fahren, die durch unser Grundstück führt. »Dahinter hat Tony seinen Block«, sagt Mick. »Er spinnt ein wenig, der Typ. Er baut riesige Treibhäuser, um Tomaten anzupflanzen. Die will er dann mit Lastwagen über unsere Straße zum Markt bringen.« Tony hat zwar einen eigenen Zufahrtsweg. Schon jetzt aber fährt er durch Micks Grundstück und dann durch unseres, um schneller auf die Hauptstraße zu kommen.

Das Bier schmeckt plötzlich nicht mehr ganz so gut. Wieder zu Hause in Campbelltown, gehe ich die Unterlagen des Anwalts durch. Die Straße endet laut Grundbuch an Micks Zaun, schreibt John. Ich atme auf. So besteht keine Gefahr, dass dieser Tony den Weg durch unser Paradies als Durchfahrtsstraße für seine Lastwagen missbrauchen kann.

Doch die Sache lässt mir keine Ruhe. Auf dem Grundbuchamt sagt mir die nette Dame zwei Tage später, dass die Straße eben doch durch Micks und Julies Grundstück weitergeht, auf Tonys »Block«. »Kein Zweifel?«, frage ich. »Kein Zweifel«, erwidert die Beamtin trocken. Tony hat jedes Recht der Welt, den Weg für seine Lastwagen und für seinen Tomatentransport zu benutzen. Ich bin völlig frustriert. Dauerlärm, Straßenbeleuchtung, Dieselabgase. Ich sehe unser kleines Paradies gefährdet. Ich hatte John doch extra auf diese Straße hingewiesen. Und jetzt das. Ich rufe ihn an. »Ich kann mich nicht erinnern, dass Sie das gesagt haben«, sagt er. Jetzt ist es zu spät, der Vertrag ist unterzeichnet. Das Land ist gekauft. »Sorry, Kumpel«, sagt John und hängt auf. Seit dieser Erfahrung verlasse ich mich in Australien nicht mehr auf mündliche Zusicherungen. »Immer nur schriftlich« ist auch das Credo eines Kollegen aus Sydney. »Und immer alles selbst auch nachprüfen, wenn's wichtig ist.« Allzu oft sagen Beamte, Geschäftsleute und eben auch Anwälte einfach nur »Ja«, um einen abzuwimmeln. Denn sie wissen, dass die meisten Australier sich nicht beschweren werden, wenn dann doch etwas schiefläuft. Immer wieder überrascht Europäer, welch hohe Toleranzschwelle Australierinnen und Australier haben, wenn sie schlecht bedient werden oder gar nicht. Konfliktvermeidung ist für viele Menschen hier deutlich wichtiger, als auf sein Recht zu pochen. Ob unkorrekter juristischer Rat oder ein Wurm im Salat im Restaurant: Man sagt lieber nichts und geht das nächste Mal woanders essen.

Es wird also Zeit, Tony kennenzulernen. Er wohnt in einem ausgedienten Eisenbahnwagen auf seinem Grundstück. Sein Land gleicht einer Narbe, mitten im Wald. Er hat alles abgeholzt. »Ich mag keine Bäume«, erklärt er in holprigem Englisch. Tony ist vor fünf Jahren aus Polen nach Australien gekommen, um hier zu arbeiten. Den Job habe er aber bald verloren. Seither versucht er, sich den Traum einer eigenen Tomatenplantage zu erfüllen. Zehn Leute wolle er beschäftigen. Ich sage ihm meine Unterstützung zu. »Die Gegend braucht Innovation«, sage ich, »jeden Job.« Tony ist ein unangenehmer Typ. Er zeigt keinerlei Interesse an uns und an Mick. Erst als ich ihm erzähle, dass Christine aus Deutschland stammt, taut er auf. »Ah, schönes Land. Gute Leute. Nur schade, dass Hitler den Job mit den Juden nicht zu Ende gebracht hat.« Keine gute Basis für ein freundliches Gespräch unter Nachbarn.

Trotzdem bitte ich Tony – auch im Namen von Mick –, auf sein Recht zu verzichten, für seine Lastwagen die Straße durch unsere Grundstücke zu benutzen. Er habe ja eine eigene. Die Fahrt dauert nur eine Minute länger. »Nein. Im Gegenteil: Wenn mein Geschäft dann so richtig läuft, kaufe ich eure Grundstücke auf und baue darauf auch noch Treibhäuser.« Spätestens jetzt wird mir klar, dass ich mit einem Phänomen in Kontakt gekommen bin, dem ich in den folgenden Jahren in Australien und ganz besonders im Busch immer wieder begegnen werde: dem »Bullshitter«. Einem Mist-Erzähler. Ein Mensch, der unglaublich grandiose Pläne hat und sie auch großmäulig verkündet, aber weder die intellektuelle Kapazität noch den Geschäftssinn hat, sie zu verwirklichen. Ein Jahr später stellte sich heraus, dass die Erde in unserer Gegend gänzlich ungeeignet für den Anbau von Tomaten ist. Ein natürlich vorkommender Pilz verhindert das Wachstum. Hätte Tony vor dem Kauf des Grundstücks einen Bodentest gemacht, hätte er sich das Geld für seine Treibhäuser sparen können. Tony ging bankrott. Mick und ich kauften zehn Jahre später die Straße der Regierung ab. Seither dürfen nur noch wir sie benutzen. Heute noch erinnert das Stahlgestell der Treibhäuser an Tonys geplatzten Tomatentraum.

KAPITEL 14

Träumer wie Tony – Australien ist voll von ihnen. Die meisten wollen jedoch mit weniger schweißtreibenden Methoden das große Geld machen: ein Griff zum Lottoschein, ein Zug am Hebel einer Pokermaschine, eine Wette beim Pferderennen. Seit den ersten Tagen der Besiedelung des Kontinents 1788 sind Australierinnen und Australier geradezu besessene Glücksspieler. Damals spielte man um ein paar Penny. Heute ist die Spielindustrie einer der wichtigsten Wirtschaftszweige. Kein Land der Welt pumpt mehr Geld in Wetten, Lottospiele, Pokermaschinen, Pferde- und Hunderennen. Praktisch jeder Erwachsene gibt mindestens einmal im Jahr ein paar Dollar fürs Glücksspiel aus oder ein paar tausend. 80 Prozent der Bevölkerung spielen regelmäßig. Im Jahr 2009 bezahlten Australierinnen und Australier sagenhafte 12 Milliarden Dollar für »Bets«. Der Fiskus ist süchtig nach dem Spiel-Geld. Bis zu zehn Prozent der Einkommen von Bundesstaaten wie New South Wales stammen aus Steuern, die Glücksspieler bezahlen müssen – mit jeder Wette, mit jedem Lottoschein. Eine nationale Sucht. Mit katastrophalen Konsequenzen.

Kein anderes Ereignis symbolisiert die Besessenheit der Australierinnen und Australier mit dem Glücksspiel mehr als der Melbourne Cup, das größte und wichtigste Pferderennen des Jahres. Ich habe den Auftrag, eine Reportage darüber zu schreiben. Doug, mein liebenswerter britischer Kollege, fliegt gemeinsam mit mir nach Melbourne. Er schreibt für eine Nachrichtenagentur und geht als asketisch lebender Vegetarier bestimmt keinen frivolen Lastern nach. Das Glücksspiel jedenfalls ist ihm zuwider.

Der Cup lässt die Nation stillstehen. Arbeiter in den Fabriken legen für ein paar Minuten die Werkzeuge nieder, Banken schließen ihre Schalter, Politiker ihren Mund. Zumindest für eine halbe Stunde. Ganz Australien schaut fern, wenn auf der Rennbahn im Stadtteil Flemington die Besten der Besten unter den Pferden um den Pokal rennen. Das Siegertier, sein Reiter – der Jockey – und der Trainer sind für ein paar Tage die Helden der Nation. Und das, obwohl Millionen von Glücksspielern während des Rennens Millionen von Dollar verlieren. Ökonomen rechneten aus, dass Spielverluste und Produktionsausfälle am Tag des Melbourne Cups die australische Wirtschaft Hunderte von Millionen Dollar kosten. Doch kein Arbeitgeber würde es wagen, seinen Angestellten zu verbieten, das Rennen am Fernseher zu verfolgen. Er würde von den Gewerkschaften geteert und von den Medien gefedert. Einmal hatte ich vergessen, welcher Tag war, und rief in totaler Ignoranz während des Rennens einen Börsenbroker in Sydney an. Ich benötigte eine Stellungnahme zur Entwicklung einer Aktie. Die Empörung des Brokers über meine Frechheit, ihn in diesem »wichtigsten Moment des Jahres« anzurufen, hallt bis heute nach. Es sei völlig »unaustralisch«, diesen »für uns heiligen Moment« zu stören, meinte er und legte auf.

Auf der Pferderennbahn Flemington gehe ich erst mal in die Ställe. David Hall streichelt der Stute »Tennessee Madness« zärtlich über das braune Fell. Das Tier ist eines von mehreren Dutzend Rennpferden im Gestüt des Spitzentrainers. Für 100 Euro am Tag füttert und trainiert er die Tiere für ihre Besitzer. »Es sind in der Regel reiche Geschäftsleute, die sich hier ein Pferd halten«, erzählt mir Hall, während er einen blauen Futtersack zurechtrückt, dessen Inhalt in puncto Qualität und Preis mit jedem organischen Frühstücksmüsli mithalten könnte. Rennpferde sind teure Investitionen: »Tennessee Madness« wäre für eine halbe Million Euro zu haben. Der Besitzer wird allerdings nicht verkaufen wollen. Er hofft auf den größten Triumph, den Sieg des Melbourne Cups.

Doug und ich haben, wovon die meisten »Punter«, wie man die Spieler nennt, nur träumen können. Als Mediengäste des Bundesstaates Victoria haben wir eine Einladung ins Marquee erhalten. Statt uns mit Hunderttausenden von Zuschauern auf den Tribünen drängeln zu müssen, dürfen wir in die VIP-Zone. Bewacht von einer halben Armee von Sicherheitsleuten, abgeschirmt vom Pöbel, kann man es sich hier gutgehen lassen. Hier unterhalten Unternehmen ihre besten Kunden bei Kaviarhäppchen und Dom Pérignon, für 3000 Euro Eintrittsgebühr pro Kopf. Man trinkt in riesigen Zelten, und dann, wenn die Stunde der Wahrheit kommt, geht's zum Zaun, um die Pferde beim Galopp zu sehen.

Doch bereits vor dem Eingang des Stadions befinden wir uns in einer Art parallelem Universum.

Frauen mit riesigen Hüten und viel zu engen Kleidern kommen uns entgegen. Viele Monate vor dem Melbourne Cup nehmen australische Hutmacher Aufträge für die verrücktesten Hut-Entwürfe an. Echte Früchte in einem Bastkorb, Pfauenfedern, sogar ein Spanferkel, noch am Spieß – es gibt nichts, was die Frauen beim Melbourne Cup nicht auf ihrem Kopf tragen würden. Dagegen sind die Männer in beige-schwarzen Nadelstreifenanzügen mit Perlennadel in der Krawatte und Rose im Knopfloch geradezu dezent gekleidet. Obwohl es erst elf Uhr früh ist, torkeln uns vom Haupteingang ein paar völlig betrunkene Frauen entgegen. »Um Gottes willen«, seufzt Doug, der Asket. Eine junge Blonde, in knallrotem Minidress, barfuß und die High Heels in der linken Hand, torkelt auf ihn zu und fällt ihm in die Arme. »Hallo, mein Liebster«, lallt sie und greift dem bedauernswerten Kollegen zwischen die Beine. Er versucht, sich aus dem Klammergriff der Frau zu befreien. Sein Kopf ist knallrot. »Bloß weg von hier«, zischt er.

Im Marquee geht es um einiges zivilisierter zu. Armani statt Anzüge aus dem Kaufhaus. Hier trifft man Prominente, mit denen man sonst kaum je sprechen könnte. Doug und ich beginnen zu zählen. Wir sehen vier australische Filmstars, drei ehemalige Premierminister, sechs Minister, die Chefs der vier größten australischen Unternehmen und natürlich Sportstars. »Hi Warnie«, ruft ein Gast dem legendären Cricketspieler Shane Warne zu, als er mit seiner neusten Eroberung Liz Hurley vorbeistolziert. »Warnie« dürfte das Model nicht mit seiner Intelligenz beeindruckt haben. Wie viele Spitzensportler hatte er in seiner Jugend wenig Zeit für Schulbildung, und wie viele Sporthelden ist er stolz darauf, es nur dank seiner Muskeln zum Millionär gebracht zu haben. »Ich habe in meinem ganzen Leben noch nie ein Buch gelesen«, sagte er einmal.

Doug und ich haben genug von diesem Zirkus. Wir kämpfen uns durch Horden von Betrunkenen zum Ausgang, schnappen uns ein Taxi zum Airport und fliegen nach Hause.

Ein paar Tage später, in Sydney, treffe ich Callum. Der 42-Jährige ist Krisenberater bei einer Organisation, die sich auf Hilfe für Spielsüchtige spezialisiert. Ein Mann mit einem Gesicht wie ein Auto nach einer Frontalkollision, gezeichnet von Jahren des Alkoholmissbrauchs. »Aber ich bin jetzt okay«, meint er. Vor zwei Jahren stand er »an der Klippe«, im wahrsten Sinne des Wortes. »Ich war kurz davor, mich umzubringen. Ich war schon auf dem Weg zu den Klippen in Sydney«, sagt er, dann habe er es sich nochmals überlegt und begonnen, sein Leben unter Kontrolle zu bringen. Die Organisation, für die er heute als Freiwilliger arbeitet, habe ihm dabei geholfen. Der Mann weiß, wovon er spricht, wenn er andere Spielsüchtige berät. Jahrelang habe er gespielt, vor allem an Automaten, und dabei Hunderttausende von Dollar verloren. »Erst ging die Frau, dann gingen die Kinder, dann der Job.« Und dann verlor Callum das Haus. Er habe Schulden von über einer halben Million Dollar. Es werde wohl bis zum Ende seines Lebens dauern, bis er die abbezahlt habe, klagt Callum.

Glücksspiel ist in Australien ein Volkssport. Wer nicht zumindest ab und zu zum Wettzettel greift, kann fast kein »Aussie« sein. »Es ist normal, dass Politiker im Vorfeld einer Rede zum Thema Spielsucht sagen: ›Wie jeder Australier spiele ich gerne gelegentlich‹«, sagt Tim Costello, Priester und der wohl bekannteste Kritiker der australischen Spielkultur. »Es gehört einfach dazu.« Doch Hunderttausende könnten genau das eben nicht: nur gelegentlich wetten oder den Arm des Pokerautomaten ziehen und dann wieder aufhören. Spielsucht ist eines der folgenschwersten Probleme der australischen Gesellschaft und der teuersten. Offiziellen Zahlen zufolge sind über eine halbe Million Australier krankhafte Spieler, Menschen, die ihre Sucht nicht mehr unter Kontrolle haben. Frauen, die ihr Haushaltsgeld in den Automaten lassen und deren Kinder zu Hause hungern müssen. Männer, die von ihrem Arbeitgeber Geld unterschlagen, nur um es am Pokertisch auch noch zu verlieren. Die Folgen der Spielsucht kosten die australische Gesellschaft bis zu fünf Milliarden Euro pro Jahr. Konkurse von Geschäften, der Zusammenbruch von Familien, Scheidungen, Alkoholismus, Selbstmorde. Problemspieler, wie sie genannt werden, sind sechsmal häufiger geschieden als Menschen, die nicht spielen. Problemspieler rauchen und trinken viermal häufiger exzessiv als der Durchschnitt. Kinder von Spielern werden zehnmal häufiger selbst spielsüchtig als Kinder von Nichtspielern.

Spielsucht frisst sich durch die australische Gesellschaft wie ein Krebsgeschwür. Sie betrifft – wenn nicht direkt, dann zumindest am Rande – fast jede Familie, jeden Freundeskreis, die Nachbarn. Jahre später sollte mir Mick erzählen, er habe jahrzehntelang gespielt und sich »zum Schluss nicht mehr unter Kontrolle gehabt«. Mehrere hundert Dollar pro Woche habe er ausgegeben, in erster Line für Wetten auf der Pferderennbahn. Hunderttausende habe er verloren in 30 Jahren. »Und dann, eines Tages, ohne einen bestimmten Grund, hörte ich einfach auf«, meinte er. Seither gehe es ihm gut.

Christine und mich hat dieser Spielvirus nie gepackt. Nur ein einziges Mal, kurz nach unserer Ankunft in Australien, versuchten wir unser Glück an einem Pokerautomaten. Ich warf eine Dollarmünze ein. »Mini-Jackpot«, leuchtete es auf der Tafel, als unten am Apparat 18 Dollar in die blecherne Auffangschüssel fielen. »Jetzt müssen wir aufhören«, sagte Christine. Wie eigentlich immer hatte sie auch diesmal recht.

KAPITEL 15

Coxi schnürt den Stahldraht, als wäre er aus weichem Plastik. Der Mann hat Hände wie Schraubstöcke. Ich kann den Draht gerade mal um einen Millimeter biegen. Es ist 36 Grad heiß, tausend Fliegen surren mir um den Kopf. Ich kann so viel Wasser trinken, wie ich will, und bleibe trotzdem durstig. Wenn wir so weitermachen, falle ich ins Delirium. »Komm, streng dich noch etwas an, dann haben wir es für heute«, versucht Coxi, mich anzuspornen, und macht ein »Figure 8«. Die Nummer 8 ist das A im ABC des Zäunens. Der wichtigste Knoten, den australische Zaunbauer kennen müssen, ein Knoten, mit dem man einen Draht an einem Eckzaunpfosten festmacht und der 100 Jahre halten soll. »Jedes Kind kann ihn«, sagt Coxi. Jedes Kind, aber ich nicht. Ich schaffe es gerade noch, mit Hilfe von zwei großen Zangen aus dem drei Millimeter dicken Draht eine Schlaufe zu winden. Coxi macht das mit den Fingern. »Hier«, sagt er, »so geht es.« Zum zehnten Mal schaue ich Coxi zu, und zum zehnten Mal fühle ich mich wie ein kompletter Idiot.

Bin ich froh, als blutiger Anfänger in der Landwirtschaft einen derart geduldigen Lehrmeister zu haben. Coxi ist etwa 60 Jahre alt, trägt Glatze und gegerbte

Haut, von Jahrzehnten unter der australischen Sonne. Eigentlich heißt er Brian Cox, aber die Australier lieben es, alles abzukürzen, vor allem Namen. *Aussie* etwa steht für Australien. Aus Brisbane wird *Brissie*, aus Christmas *Chrissie*. Selbst im Fernsehen hat man keine Scheu davor abzukürzen. Kaum im Land, hörte ich einmal, wie der Moderator auf einem Sender erklärte, weshalb seine Kollegin Christiane an dem besagten Tag nicht in der Sendung sei. »Chris ist über Chrissie in Brissie.« Und Millionen hatten verstanden, was er meinte. Nur ich nicht.

Seit ein paar Monaten mache ich einen selbstverordneten Schnellkurs im Bauerwerden. Außer ein paar Monaten in meiner Jugend auf einem Schweizer Bauernhof habe ich null Vorbildung und null Ahnung in landwirtschaftlichen Dingen. Aber Mick meinte, man könne so ein Stück Land nicht einfach brachliegen lassen. »Kauf dir ein paar Schafe«, sagte er, »die sind leicht zu pflegen, und du machst noch etwas Geld mit der Wolle.« Wir verbringen inzwischen jedes Wochenende auf unserem Grundstück, manchmal hängen wir noch ein, zwei Tage an. Doch der kleine Wohnwagen, den wir in den Anfangstagen in Australien gekauft hatten, erwies sich bald als zu klein. Denn inzwischen waren wir zu viert. Unser zweiter Sohn David hatte sich nicht so viel Zeit gelassen wie sein älterer Bruder. Diesmal schaffte es Doktor Harding rechtzeitig zum Golfplatz.

Wir fanden den größten Wohnwagen, den ich je gesehen hatte. Er stammt aus den sechziger Jahren, und ich sah ihn im Vorgarten eines Nachbarn stehen. Fast sechs Meter lang und drei Meter breit – ich habe keine

Ahnung, wie so ein Monster überhaupt auf die Straße gelassen werden konnte. Doch früher sollen diese fahrenden Einfamilienhäuser in Australien sehr beliebt gewesen sein. So ließen wir das Teil auf einen Sattelschlepper laden und bei uns auf dem Land abliefern. Von einer Minute auf die andere hatten wir eine kleine Wohnung mitten in der Wildnis. Wir fühlten uns wie Könige in einem Schloss aus Aluminium, Sperrholz und Glas. Komplett mit Küche, Schlafzimmer, zwei Kajütenbetten für die Kinder, einer Dusche und einer Toilette. Nicht dass wir Letztere hätten benutzen können. Denn auf unserem Land gab es ja weder einen Wasseranschluss noch Kanalisation. Stattdessen grub ich im Wald ein tiefes Loch. Darüber stellte ich eine Plumpskiste, komplett mit Klodeckel. Auf Wände konnte ich verzichten. Denn es gab niemanden, der uns hier sehen konnte. So saß ich da, manchmal länger, als die Natur verlangte, und genoss auf unserem wirklich stillen Örtchen die Aussicht ins Tal. Bis ich mich daran erinnerte, dass sich unter dem Deckel solcher Außenklos gerne Rotrückenspinnen verstecken. Einen Biss dieser Schwarzen-Witwen-Spinne vergisst man so schnell nicht. Wie ich ein paar Jahre später am eigenen Leib erfahren sollte.

Es sind Menschen wie Coxi und Mick, denen wir es zu verdanken haben, dass wir uns auf unserem Land sehr schnell zu Hause fühlen. Ihre Unterstützung und ihre Geduld, mit der sie auch die dümmsten Fragen von uns Städtern beantworten, sie sind ein Beispiel für das, was ich an unseren australischen Mitbürgern so schätze: ihre generelle Hilfsbereitschaft. Vor allem auf dem Land steht man sich in der Regel gegenseitig bei, hilft sich aus, gibt Ratschläge. An Gelegenheiten, Fehler zu machen, fehlt es nicht. Selbst das Zäunen des Grundstücks kann sich zur Katastrophe entwickeln, wenn man es nicht von Anfang an richtig macht. Zäunen ist nicht einfach ein Handwerk und eine Notwendigkeit. Zäunen ist eine Kunst.

»Jeder Landbesitzer ist verpflichtet, sein Grundstück dort abzuzäunen, wo es an öffentlichen Grund und Boden grenzt«, heißt es im Gesetz. Jeder Landbesitzer ist verantwortlich für die Tiere, die er hält. Wenn ein Schaf oder ein Rind ausbricht, auf eine Straße spaziert und dort einen Unfall verursacht – der Besitzer ist in jedem Fall verantwortlich. Für den Schaden an den Fahrzeugen, für die Verletzten, für die Toten. Die Kosten können schnell in die Millionen gehen. Doch auch wenn die Tiere auf ein Nachbargrundstück wandern und Schäden anrichten oder in einen Nationalpark, kennt das Gesetz keine Gnade. Nicht nur flattert einem eine Rechnung ins Haus, in der Regel sieht man seine Tiere nie wieder. Kein Wunder also, dass australische Bauern das Zäunen sehr ernst nehmen und einen Stolz auf ihre Arbeit entwickelt haben. Für Kenner – und ich bin inzwischen einer – ist ein schnurgeradegesetzter Zaun, der sich manchmal über Hunderte, wenn nicht Tausende von Metern durch die Landschaft zieht, ein Produkt höchster Handwerkskunst. Wann immer ich im Land unterwegs bin, wann immer ich auf meinen Reisen einen perfekt gesetzten Zaun sehe, fotografiere ich ihn. Zum Amüsement meiner kopfschüttelnden Journalistenkollegen.

Zäune gehören so zur australischen Landschaft wie Eukalyptusbäume, Koalas und Kängurus. Australierinnen und Australier sind besessen von der Idee, alles und jedes abzuzäunen, einzuschließen, auszugrenzen. Nicht nur dort, wo ein Zaun wichtig und gar notwendig ist – wie eben auf dem Land –, sondern auch dort, wo er eigentlich keinen Sinn macht, ja kontraproduktiv ist, destruktiv, menschenverachtend. Mickrige Gärten in den Suburbs sind von fast zwei Meter hohen Blechzäunen umgeben, als Schutz gegen ungewollte Gespräche mit redseligen Nachbarn. Asylantenlager sind von elektrischen und mit Stacheldrahtrollen besetzten dreifachen Schutzwällen umgeben, komplett mit Todesstreifen. Diese Zäune tragen mit dazu bei, dass Flüchtlinge nach Jahren der Internierung mit schweren psychischen Schäden entlassen werden.

Vielleicht hängt dieser Zaunwahnsinn zumindest unterbewusst damit zusammen, dass die Australier einst im größten Knast der Welt lebten. Schließlich hat das moderne Australien als Sträflingskolonie begonnen. Zäune gehören seit der ersten Stunde der weißen Besiedelung zum Landschaftsbild, sie waren die ersten von den Neuankömmlingen errichteten permanenten Anlagen, noch vor Häusern. Kaum im Land, grenzten die ersten Siedler auf dem Gebiet des heutigen Sydney ihre kleinen Grundstücke ab, auf die sie primitive Zelte stellten. Erst mit grobgeschnittenen Holzpflöcken und grobgeflochtenen Seilen, später mit Draht, hielten sie ihre Tiere unter Kontrolle und versuchten, sich gegen die Aborigines zu schützen, zu denen sich das Verhältnis bald verschlechtern sollte. Die Einführung von Draht führte zu einem wahrhaftigen Boom im Zaungeschäft. Die australische Eisenerzindustrie, die Stahlwirtschaft, heute global tätige australische Unternehmen wie BHP Billiton – sie hätten sich wohl kaum so rasch entwickelt, hätte Australien nicht einen Bedarf gehabt, Millionen von Kilometern Land einzuzäunen. Eine prominente Rolle in diesem Geschäft spielt der sogenannte *Starpicket* (Sternpfosten), eines der wohl erfolgreichsten Massenprodukte überhaupt. Für Australien ist er zu einem Nationalsymbol geworden, das eigentlich seinen eigenen Feiertag verdient hätte.

Der Starpicket ist ein 1 Meter 60 langer Zaunpfahl aus drei parallel aneinandergeschweißten Stahlschienen. In einer der Schienen sind auf genau vorgegebenen Höhen und Abständen Löcher angebracht, durch die Draht gezogen werden kann. Den Namen hat der Starpicket vom Bild, das sich dem Betrachter von oben bietet, wenn er ihn in den Boden rammt: ein Stern mit drei Strahlen. Von den besiedelten Gebieten an der Ostküste bis in die menschenleere Weite des Outback: Hunderte von Millionen dieser Zaunpfosten stecken im australischen Boden. In mehrfacher Hinsicht verkörpern sie Eigenschaften, die sich australische Farmer gerne selbst zuschreiben. Sie sind praktisch unzerstörbar, trotzen Wind und Wetter. Sie verbiegen sich selbst in der sengenden Hitze eines australischen Hochsommers nicht, sie zerbrechen auch bei Minustemperaturen im Winter nicht, und sie trotzen sogar einem direkten Blitzschlag (dabei dürfte allerdings auch der zäheste Farmer an seine Grenzen stoßen). Starpickets, die vor 70, 80 Jahren eingeschlagen wurden, stehen noch heute, als wären sie erst gestern eingeschlagen worden. Doch sie in einen steinharten Boden zu hauen, das ist die Hölle. Vor allem für einen untrainierten Städter wie mich, der den Großteil des Tages damit verbringt, vor einem Bildschirm zu sitzen.

»Noch fünf Stück, dann haben wir es«, spornt Coxi mich an. Mit letzter Kraft setze ich den sechsundachtzigsten Starpicket dieses Tages an. Dann stülpe ich eine am oberen Ende zugeschweißte Stahlröhre darüber. Ich halte sie an zwei Griffen und hebe sie so hoch wie möglich. Dann haue ich die Röhre mit voller Wucht auf den Pfahl. Nach Jahren der Trockenheit, mitten in einer Jahrhundertdürre, ist der Boden so hart, dass ich zehn-, zwanzigmal zuschlagen muss, bis der Pfosten endlich sitzt. »Zwanzig Zentimeter im Boden, ohne Ausnahme.« Coxi meint es ernst. Ein paar Zentimeter zu tief oder zu hoch, und der Draht, den wir anschließend durch das unterste Loch ziehen, würde falsch sitzen. Und das für die nächsten hundert Jahre. Unakzeptabel. Kaum habe ich einen Starpicket gesetzt, kommt Coxi mit den Drähten. Drei zieht er durch: einen durch das Loch fünf Zentimeter über dem Boden, einen auf mittlerer Höhe des Pfahls und einen ganz oben. Dann werden die Drähte mit einem speziellen Werkzeug zwischen zwei wuchtigen Holzpfosten gespannt, an die wir – oder eher Coxi – sie mit einer »Figure 8« befestigt haben. An die Drähte befestigen wir mit speziellen Klammern einen Gitterzaun, eine fingerbrechende Geduldsarbeit. »Fertig!« Coxi trinkt einen Schluck Tee aus seiner Thermoskanne. Heißer Tee, bei 36 Grad! »Das ist das Beste gegen Durst«, erklärt er mir. Ich kann kaum noch auf den Beinen stehen. Meine Hände sind gefühllos. Noch nie zuvor in meinem Leben habe ich körperlich derart hart gearbeitet. Coxi lacht nur und meint, ich würde mich schon noch ans Zäunen gewöhnen. Im Moment kann ich mir das nicht vorstellen. Am Abend lege ich mich im Wohnwagen auf die Bank und schlafe sofort ein. Am nächsten Tag habe ich einen derart starken Muskelkater, dass ich mich kaum bewegen kann.

Es ist mir unverständlich, wie man so einen Knochenjob jeden Tag machen kann. Doch viele Bauern haben keine andere Wahl. Einige kämpfen nicht nur um ihre Existenz. Sie kämpfen um ihr Leben.

KAPITEL 16

Über lange, schnurgerade Straßen fahre ich, stundenlang, in den Südwesten des Bundesstaates New South Wales. Ich finde John Rileys Farm schnell. In einem dünnbesiedelten Gebiet wie diesem, flach wie eine Bratpfanne, da kann man auch ein kleines Farmhaus nicht übersehen. »John, der Journalist ist da«, höre ich seine Frau rufen. John Riley begrüßt mich auf der Veranda, eine Tasse dünnen Schnellkaffee in der Hand. Ich habe kaum Zeit, meinen Notizblock aus der Tasche zu nehmen, und schon beginnt er zu erzählen. Von damals, als er an einem Morgen im September aufwachte und hustete. »Ich konnte kaum mehr aufhören.« Seither hustet der 55-Jährige alle paar Minuten. »Der Staub frisst sich in meine Lunge.« John ist einer von Tausenden australischen Landwirten, die gesundheitlich unter der schlimmsten Dürreperiode in 100 Jahren leiden. In Teilen Ostaustraliens ist seit Jahren kaum ein Tropfen Regen gefallen. Winde wirbeln Staub vom knochentrockenen Boden auf und tragen ihn Hunderte von Kilometern übers Land und schließlich ins Meer. Was nicht bis an die Küste kommt, lagert sich auf Dächern ab, in Häusern, in Schlafzimmern, in den Menschen.

Doch die Gesundheit seiner Lungen ist für John Riley im Moment die geringste seiner Sorgen, sagt er. Wichtiger sei, dass seine Farm überlebe, seine Frau und seine Kinder zu essen hätten und er die Schule bezahlen könne. »Das Internat ist teuer«, erzählt er mir. Seit 125 Jahren führt die Riley-Familie bei einem Städtchen 600 Kilometer südwestlich von Sydney einen landwirtschaftlichen Betrieb. Auf 4000 Hektar pflanzt John mit seinen Söhnen Weizen und Raps an, züchtet Rinder und Merino-Wollschafe. »Unsere Vorfahren kamen als Pioniere in diese Gegend«, sagt er stolz. »Wir haben sogar unseren eigenen Friedhof.«

Graue Haare hat John, fast weiße. Er sieht alt aus für seine 55 Jahre. Die tägliche körperliche Arbeit, die Angst um die Existenz haben ihn gezeichnet. Mit dem alten Kleinlaster fahren wir über eine steinige Sandpiste. »In guten Zeiten ist das eine grüne Weide«, klagt Riley. Die groben Reifen des Fahrzeugs werfen Staub auf. Blökend rennen uns ausgezehrte Schafe entgegen. Nur Haut und Knochen. Die Tiere stürzen sich auf das trockene Heu, das John ihnen hinwirft. Er lebe hier seit seiner Geburt, kenne sein Grundstück wie den Rücken seiner Hand. »Ich habe schon einige Dürren erlebt«, sagt der Bauer, »aber so schlimm war es noch nie.« Ausgerechnet in den landwirtschaftlich wichtigen Gebieten im Westen des Bundesstaates New South Wales und im Süden von Queensland herrsche in diesem Jahr totale Trockenheit. Die ganze Region hat sich in eine gigantische Wüste verwandelt – durchsetzt mit kleinen Städten und Dörfern voller verzweifelter Menschen. Die Prognosen zu den wirtschaftlichen Konsequenzen der Dürre tönen jeden Tag dramatischer. Riley hört jeden Morgen Nachrichten. »Die landwirtschaftliche Produktion wird im laufenden Finanzjahr um 80 Prozent niedriger ausfallen als im Vorjahr«, meint er. Die Getreidesilos sind leer. Zum ersten Mal seit Beginn der weißen Besiedelung des Kontinents muss Australien wieder Weizen aus Großbritannien einführen, ausgerechnet vom ehemaligen Mutterland. »Wir hatten gute Zeiten. Umso schlimmer ist jetzt der Schock.«

Fette Jahre, dürre Jahre – sie sind ein Symbol der australischen Landwirtschaft. Feuer und Flut. Auf jede Hoch-Zeit folgt irgendwann der Fall. Dieser jüngste, sagt Riley, sei ganz besonders schmerzhaft.

Am Boden eines ausgetrockneten Weihers lässt John den zu Staub gewordenen Schlamm durch seine Finger sickern. »Das gab es schon lange nicht mehr«, sagt er. Am Ufer liegen die ausgebleichten Gebeine eines Schafes. Seit der letzten Dürre 1994 hatten australische Landwirte viele gute Ernten und damit die Möglichkeit, Geld zurückzulegen für schlechte Zeiten. Doch diese Mittel seien fast aufgebraucht: Riley hat in den letzten Monaten 60 000 Euro für Heu und Futter ausgegeben. »Die wirklich harte Phase beginnt in den nächsten Wochen, wenn die Zeit des Säens kommt«, sagt der Landwirt. Dann würden viele Bauern zu den Banken gehen und um Kredite für den Kauf von Saatgut bitten. Doch viele werden abgewiesen, weil den Banken die Sicherheitsgarantien fehlen. »Das kann für einen Betrieb das Ende bedeuten.« Fehlt einmal die Saat im Boden, hat ein Bauer kaum noch Aussicht, sich wirtschaftlich erholen zu können. Der durchschnittliche australische Landwirtschaftsbetrieb soll in diesem Jahr einen Verlust von 54 000 Euro schreiben, hat Riley im Radio gehört. Im letzten Jahr war es noch ein Gewinn von 51 000 Euro.

John Riley weiß nicht, was der Grund für diese Trockenheit ist. An Klimawandel, der vom Menschen verursacht ist, will er nicht glauben. »Grüne Propaganda«, sagt er mir. »Das Klima in Australien hat sich immer gewandelt.« Doch in seiner Stimme schwingt Zweifel. Die Dürreperioden waren früher nie so hart, nie so lange, sagt er und wechselt abrupt das Thema. »Ist mir alles zu politisch.« Ob er an Klimawandel glaubt oder nicht: Wie den meisten Bauern bleibt auch Riley nur das Warten auf den nächsten großen Regen. Und der könnte erst in ein paar Monaten kommen, trotz gelegentlicher Niederschläge in einigen Gebieten. Er hoffe, es bis dann »zu machen«, durchzuhalten. Wie die meisten australischen Farmer ist Riley zäh. Es liegt in seinem Blut, weiterzukämpfen. Doch die Dürre frisst sich ins Gemüt der Menschen. Die Furcht vor dem Bankrott ist für viele seiner Freunde kaum zu ertragen. 80 der 500 Bauern in seinem Bezirk nähmen Medikamente gegen Depression, hatte ihm der Arzt im Dorf erzählt. »Nein, nein, ich nicht«, sagt Riley und hustet.

»Ein Mann am Rande der Verzweiflung«, sollte ich später in der Zeitung schreiben.

Zehn Jahre später. Ich weiß nicht, was aus John und seiner Familie geworden ist. Irgendwann werde ich ihn wieder besuchen, diesen zähen Mann, draußen auf seiner großen Farm. Falls er noch dort ist, falls ihn der Staub in seiner Lunge nicht getötet hat oder die Verzweiflung. Leichter ist sein Leben in den letzten Jahren bestimmt nicht geworden. Seit unserem Interview wurde der Osten Australiens mehrfach von Trockenperioden heimgesucht, von viel intensiveren. Dürren, die Tausende von Landwirten in den Bankrott getrieben haben. Und Hunderte in den Freitod.

Ob John Riley seine Zweifel an der Ursache für die extremen Trockenperioden inzwischen abgelegt hat – ich würde es bezweifeln. Und das, obwohl heute kein westliches Land bereits so direkt und in vielfacher Form unter den Folgen des Klimawandels leidet wie Australien. Hitzewellen, Ernteeinbrüche, Flutkatastrophen, unkontrollierbare Waldbrände – sie haben in den letzten Jahren an Intensität und Häufigkeit dramatisch zugenommen. Und das ist erst der Anfang. Forscher sagen, die Zukunft werde viel schlimmer werden.

Trotzdem ist Klimawandelskepsis heute, im Jahr 2013, in Australien noch immer endemisch. Klar, eigentlich hatte John Riley recht, damals, vor zehn Jahren. Dürreperioden kommen und gehen. Sie gehören zum natürlichen Klimazyklus in Australien, dem nach der Antarktis trockensten Kontinent der Erde. In der Regel ist El Niño verantwortlich für die Trockenheit, sagen die Experten. El Niño ist das Phänomen der Veränderungen von Meeresströmungen im Pazifik, das sich etwa alle drei bis acht Jahre wiederholt. Die Umwälzungen im Meer werden durch signifikante Veränderungen im Klima begleitet, die in vielen Regionen der Welt spürbar sind. In Australien zeigt sich ein El-Niño-Zyklus in Form von Trockenperioden, die schließlich von heftigen, flutartigen Regenfällen abgelöst werden.

So weit, so normal.

Doch Länge und Intensität der Dürreperioden und

der anschließenden Fluten, sie haben sich in den letzten Jahren dramatisch verschärft. »Jahrhundertdürren«, »Jahrhundertfluten« – plötzlich gibt es sie alle paar Jahre. Für den größten Teil der Wissenschaftler ist klar: Von Menschen verursachter Klimawandel ist für die Eskalation der natürlichen Wetterextreme verantwortlich. Trotzdem spaltet kaum ein Thema die Bevölkerung in Australien so wie die Frage, ob der Einfluss des Menschen auf die Natur tatsächlich so groß ist, so groß sein kann. Während in Europa heute jedes Kind über Klimawandel Bescheid weiß, dominieren in Australien Klimawandelskeptiker und -leugner die Debatte.

Es brauchte den heißesten Sommer in der Geschichte – Januar 2013 –, es brauchte die höchsten je in Australien gemessenen Tagestemperaturen von über 50 Grad, bis es wissenschaftliche Berater der australischen Regierung zum ersten Mal wagten, öffentlich einen Zusammenhang zwischen den Wetterextremen und dem Klimawandel zu ziehen. Die globale Erwärmung, so international anerkannte Experten, sei mit ein Grund für den »wütenden Sommer« gewesen. »Klimawandel verschärft die Gefahren für Waldbrände«, so auch Professor Tim Flannery, der Präsident der Klimakommission. Doch diese Schreckensbotschaft wurde einmal mehr abgeschmettert – von den üblichen Kritikern. Von einem ganzen Heer konservativer Kommentatoren, von Politikern, von der australischen Rohstoffindustrie, einem der größten Verursacher und Exporteure von Klimagasen auf der Welt. Zuoberst auf der Liste der Schuldigen aber stehen die Medien. Ich lese: »Von 800 Artikeln zum Thema ›Wetter‹, die in australischen Zeitungen während der heißesten Woche im Januar 2013 veröffentlicht wurden, diskutierten nur gerade zehn die Problematik der globalen Erwärmung.« Die offensichtliche Manipulation der öffentlichen Meinung zu einem Problem, das langfristig die Existenz der Nation bedroht, und die daraus folgende Ignoranz weiter Teile der Bevölkerung – sie sollten mich nicht nur beruflich beschäftigen, sondern zunehmend auch ganz privat. Nicht nur wird in Zukunft die harte Arbeit auf dem Land bei den steigenden Temperaturen noch härter. Die Gefahr von Buschfeuern ist für uns nichts, über das man einfach nur in der Zeitung liest. Unser Grundstück besteht zum größten Teil aus trockenem Eukalyptuswald. Und unser Wohnwagen steht mittendrin.

KAPITEL 17

Mick ist am Telefon. »Ich gratuliere«, sagt er, »du bist stolzer Besitzer von 90 Schafen.« Ich steige ins Auto und fahre los. Ein Lastwagen hatte die Tiere auf unserer Wiese abgeladen. Ohne mich, wie eigentlich abgemacht, zu benachrichtigen, um mir Zeit zu geben, die Schafe in Empfang zu nehmen. Schafe, die von einem Laster geladen werden, sind in der Regel schwieriger zu kontrollieren als ein Sack Flöhe. Doch zum Glück war Mick zu Hause. Er konnte gerade noch alle Tore unseres Grundstücks schließen, sonst wären die Tiere wohl abgehauen. Mick ist wirklich der beste Nachbar, den man sich nur wünschen kann.

Zwei Stunden später werde ich von einer Herde gutgenährter Merinoschafe empfangen. Die Tiere grasen ruhig und schenken mir wenig Beachtung. Ein gutes Zeichen. Die Schafe sind offenbar gesund, haben keine Flöhe oder Würmer, die sie nervös machen würden. Und sie scheinen sich vom Stress des Transports gut erholt zu haben. 20 Euro habe ich pro Tier bezahlt, ein guter Preis. Bei hoher Nachfrage kann ein qualitativ hochwertiges Wollschaf durchaus auch für 50 Euro den Besitzer wechseln. Doch die Dürre zwingt viele Bauern dazu, ihre Herden zu verkleinern. Der Überschuss an Tieren geht auf die Wochenmärkte, von wo der Großteil direkt in die Schlachthöfe transportiert wird. Schafe, die nicht im Supermarkt enden, werden von einem Viehhändler im Auftrag eines Käufers ersteigert. Auch in Greentown findet jede Woche eine Auktion statt. Meine Schafe stammen, so stelle ich später fest, von einem Nachbarn. Hätte ich die Tiere direkt von ihm gekauft, hätte ich wohl nur etwa 10 Euro bezahlt. »You win some, you lose some. That's life«, sagt Mick. Mal gewinnst du, mal verlierst du. So ist das Leben. Mick verkörpert totale Geduld und Gelassenheit. Bewundernswert. Den Mann kann nichts erschüttern, nichts ärgern. An einem Herzinfarkt wird er wohl nicht sterben.

Wir kontrollieren noch einmal meinen Zaun, reparieren ein Loch und machen es uns anschließend auf Micks Veranda gemütlich. Ich habe einen Kasten Bier mitgebracht. Ich erinnere mich an meine Kindheit in der Schweiz, an den alten Mann, der bei uns hinten im Tal 20 Schafe hielt. Ich habe 90. Eine große Zahl im Vergleich zu Herden in Europa vielleicht, ein Klacks aber in Australien. Ich müsste noch 21 910 Schafe mehr haben, um von der Wollproduktion leben zu können. 22 000 Tiere brauche es, um eine Schaffarm kommerziell betreiben zu können, lerne ich später. Und natürlich das entsprechende Land. Die wirklich großen Schaffarmen liegen denn auch in den kaum besiedelten Gebieten Australiens, dort, wo Land billig ist und reichlich. Doch dort ist der Boden in der Regel mager. Je nach Qualität der Futtergräser braucht ein Farmer mehrere Hektar Weideland, um ein einziges Tier ernähren zu können.

»Jetzt bist du ein richtiger Australier«, sagt Mick. Das würde ich zwar nicht behaupten, ganz unrecht hat er aber nicht. Australien ritt schließlich »auf dem Rücken der Schafe«, wie ein bekanntes Sprichwort sagt. Seit den ersten Tagen der Kolonie spielten Schafe eine zentrale Rolle bei der Erschließung des Landes. Die ersten Tiere kamen 1788 mit der sogenannten »First Fleet« auf den Kontinent, der ersten Flotte von Schiffen; gemeinsam mit den ersten Strafgefangenen und deren Bewacher. Die Tiere hatten allerdings keine große Zukunft. Schon am Ende des Jahres waren sie tot, gegessen von den ersten weißen Bewohnern Australiens, die nicht wussten, wie sie in einer ihr völlig unbekannten und unwirtlichen Umwelt Nahrung finden können. Ein paar Schafe sollen auch den Speeren der Aborigines zum Opfer gefallen sein, sagen Historiker. Da Ureinwohner keinen Eigenbesitz kannten, war es für sie unverständlich, dass diese Neuankömmlinge kein Verständnis dafür hatten, dass die ersten Bewohner des Kontinents gelegentlich Lust auf eine Lammkeule hatten. Bald verteidigten die Europäer ihre Schafe mit der Muskete. Der »Diebstahl« von Nutztieren der Europäer durch die Aborigines war ein wesentlicher Grund, weshalb sich im frühen Sydney das Verhältnis zwischen den Invasoren und den Urbewohnern rasch und unwiderruflich verschlechtern sollte.

Erst 1797 ging es mit der Schaf- und Wollproduktion richtig los, als der geschäftstüchtige Offizier John Macarthur und der Geistliche Samuel Marsden ein Dutzend spanischer Merinoschafe aus Südafrika einführten. Die ersten Schafzüchter waren hervorragende Genetiker – lange bevor die Welt wusste, was

Gene sind. Durch strikte Auswahl schafften sie es, eine australische Form des Merinoschafes zu züchten. Es ist ein Tier, das sich den zum Teil extremen klimatischen Bedingungen anpasst, die in Australien herrschen. Große Hitze, eisige Kälte. Und gleichzeitig liefert es Wolle von höchster Feinheit.

Aber es mag keinen Stress.

Hinter dem Zaun herrscht plötzlich Unruhe. »Ein Fuchs«, sagt Mick. Ich sehe, wie das Tier zwischen den Schafen herumrennt. Füchse wurden – wie Kaninchen – von den ersten Europäern eingeführt. Eine Tierart von vielen, die jedes Jahr Milliardenschäden an der Landwirtschaft anrichten. Frühe Siedler hatten sie aus der Heimat gebracht, um sie in britischer Tradition jagen zu können, zu Pferd, begleitet von Rudeln von Hunden und dem Ton des Jagdhorns. Doch Füchse fressen neugeborene Lämmer, sie greifen kleinere Kängurus an, sie töten einheimische Vögel, Reptilien, Säugetiere. In den Augen der Bauern sind sie Ungeziefer – nur eine Kugel ist gut genug für einen Fuchs. Mick und ich springen von der Veranda, über den Zaun, zur Herde. Wir müssen versuchen, die Schafe zu beruhigen, sie zusammenzuhalten. Als wir näher kommen, ist der Fuchs bereits mitten in der Gruppe. Die Schafe – nüsternschnaubend in der Luft – haben Todesangst. »Geh links«, ruft Mick, »ich komme von der anderen Seite.« Der Fuchs flieht. Doch es ist zu spät. Die Schafe sind in Panik. Das Leittier – jede Herde hat ein dominantes Schaf – rennt los, und die Gruppe folgt ihm. Schnell, immer schneller. Fliehende Schafe haben ein erstaunliches Tempo. Ein Mensch hat kaum eine Chance, sie einzuholen. Als sich Mick den Tieren in den Weg stellt, wendet sich der Leithammel abrupt ab. Der Rest der Herde folgt ihm. Dann sehe ich das Loch im Zaun, eines, das wir vorher übersehen hatten. In Sekunden hat das Leittier die Lücke erreicht und zwängt sich durch. Ihm folgen elf weitere Schafe. Wie Torpedos, die aus einem U-Boot schießen, zwängen sich die Tiere durch den Zaun. Ich renne los und stelle mich davor. Die restlichen Tiere wenden sofort. Sie jagen zurück auf mein Grundstück. Und plötzlich bleiben sie stehen, von einer Sekunde auf die andere. Als wäre nichts gewesen, grasen sie wieder.

Unten im Tal sehe ich, wie die zwölf Ausreißer im Wald verschwinden. »Mach dir keine Hoffnungen«, sagt Mick. »Die finden wir nie wieder.« Zwölfmal 20 Euro, das sind 240 Euro. Der teuerste Kasten Bier meines Lebens. Statt auf der Veranda zu sitzen und uns zu besaufen, hätten wir besser den Zaun nochmals kontrolliert, denke ich. »Mal gewinnst du, mal verlierst du«, sagt Mick, »so ist das Leben.« Darauf trinken wir noch einen.

Ein paar Wochen später habe ich meine Chance zur Rache. Es ist mitten in der Nacht, als ich vor dem Wohnwagen Geräusche höre. Durch den Spalt im Vorhang sehe ich im Licht des Halbmondes, wie ein Fuchs unsere Abfalltüte aufreißt, die wir am Abend neben unseren Wagen gestellt hatten, um sie am Morgen zu entsorgen. Es sind etwa 15 Meter zwischen Wohnwagen und Auto. Vorsichtig greife ich zu meinem Kleinkalibergewehr, entsichere es und öffne die Türe. Es ist das erste Mal in meinem Leben, dass ich meine Waffe auf etwas Lebendes richte. Und es ist kein gutes Gefühl.

Lange habe ich mein Gewehr noch nicht in Australien. Es ist eine von zwei Waffen, die ich aus der Schweiz geholt habe. Seit ich ein kleiner Junge war, hatte ich diese beiden Gewehre. Meine Kumpel und ich nutzten sie zum Präzisionsschießen, auf Zielscheiben. Da man als Landbesitzer in Australien zwangsläufig früher oder später eine Waffe benötigt – für einen Fall wie diesen –, entschloss ich mich, bei meinem nächsten Besuch in der Schweiz die Gewehre mitzunehmen. Das ist einfacher gesagt als getan. Der bürokratische Aufwand war enorm. Ich benötigte eine Ausfuhrgenehmigung der Schweizer Behörden und eine Einfuhrgenehmigung der Australier. Außerdem brauchte ich eine Umschlagsgenehmigung der Behörden von Singapur, denn die beiden Gewehre mussten auf dem dortigen Flughafen von bewaffneten Begleitern von einem Flugzeug zum andern gebracht werden. Endlich in Sydney gelandet, war es ein ganz besonderes Erlebnis, morgens um sechs Uhr beim Zoll meine zwei Waffen auszupacken – vor den Augen von drei Jumboladungen übermüdeter und nervöser Passagiere. »Die müssen wir konfiszieren«, sagte der Beamte, holte ein paar Formulare aus der Schublade, und ich schrieb zum sechsten Mal in einer Woche meine Adresse auf ein Papier. Ich sah die Gewehre erst Wochen später wieder, als sie mir über einen lizenzierten Waffenhändler in Greentown ausgehändigt worden waren – und ich ihm dafür ein paar hundert Dollar »Bearbeitungsgebühr« ausgehändigt hatte. Im Gegensatz zu den Vereinigten Staaten hat Australien extrem scharfe Waffengesetze. Sie sind die Folge eines der folgenschwersten Attentate der Geschichte. 1996 tötete ein Amokläufer auf der Insel Tasmanien mit mehreren halbautomatischen Gewehren 35 Menschen und verwundete 23 weitere, bevor er verhaftet werden konnte. Daraufhin verbot der damalige Premier John Howard nicht nur voll- und halbautomatische Gewehre, er schränkte auch den Besitz von Waffen deutlich ein. Nur Sportschützen dürfen Gewehre besitzen und Landwirte – oder, wie in meinem Fall, Leute, die Agrarland besitzen.

Es ist schwierig, mitten in der Nacht zu zielen, mit dem Mond als einziger Lichtquelle. Die Gefahr, dass ich danebenschieße, besteht. Ich versuche es trotzdem. Aber nur, weil ein hoher Erdhügel direkt hinter dem Tier einen Fehlschuss sofort auffangen würde. Blattschuss – der Fuchs ist auf der Stelle tot. Meine Ausbildung in der Schweizer Armee scheint doch für etwas gut gewesen zu sein. Unangenehm ist es mir trotzdem, ein Tier getötet zu haben. Obwohl der Fuchs ein Schädling war. Allerdings habe ich dem Räuber wahrscheinlich ein wesentlich schmerzhafteres Ende erspart. Wenige Tage später legen die Wildhüter im ganzen Gebiet um Greentown Giftköder aus, um die Zahl der Füchse zu reduzieren. Jedes Tier, das einen mit Gift versetzten Hühnerkopf frisst, stirbt einen langsamen Tod.

KAPITEL 18

Das Leben in einer Kleinstadt, es gefällt uns, auch wenn wir nur Wochenendbesucher sind. Greentown ist übersichtlich, nicht zu groß, nicht zu klein, und hat alles, was man braucht: Schulen, Einkaufszentren, ein Krankenhaus. Doch immer häufiger denke ich, dass diese Stadt eine Identitätskrise hat. Wie so viele Städte oder Dörfer in Australien, deren beste Zeit vorbei ist und die nicht wissen, was die Zukunft für sie bereithält. Wo man hinhört, hört man Gejammer. Viele junge Menschen verlassen die Stadt, weil sie hier nichts hält, es keine Arbeitsplätze gibt, keine Chance, etwas aufbauen zu können. So klammern sich die Einwohner an Strohhalme. Kein Vorschlag, der den wirtschaftlichen Wiederaufschwung »garantiert«, ist zu absurd, um hier auf Gehör zu stoßen. Ein zweiter internationaler Flughafen für Sydney solle hier gebaut werden, ist eine der Ideen. Experten schütteln nur den Kopf. Hier steht in den Wintermonaten jeden Morgen bis zehn Uhr früh dicker Nebel.

Die Hoffnung auf eine Rückkehr zu den »goldenen Zeiten« macht die Menschen blind.

Greentown hatte einst eine gute Zeit, eine goldene Zeit. Wuchtige, architektonisch feinste Gebäude zeugen von einer Epoche, in der es an Geld nicht fehlte, in der Optimismus dominierte. Denn Greentown ritt, wohl wie keine andere Stadt Australiens, »auf dem Rücken der Schafe«. Die Gegend um Greentown galt – und gilt bis heute – als eines der besten Gebiete für die Produktion von erstklassiger Wolle. Millionen Tonnen Wolle wuchsen in 150 Jahren auf großen Farmen rund um Greentown. Die Stadt war das Dienstleistungszentrum für diese Farmen, der wirtschaftliche, soziale und politische Mittelpunkt der Region. Hier kauften Bauern ein, hier ließen sie ihre Maschinen reparieren, hier kauften und verkauften sie ihre Tiere, hier schickten sie ihre Kinder zur Schule. Und von hier wurde die Wollfaser in die ganze Welt exportiert. Mit der Erfindung von chemisch hergestellten Textilien verlor Wolle aber rapide an Bedeutung. Polyester, Teflon, PET, Lycra, Trevira, Nylon und Polyamid – sie läuteten in Greentown den Anfang vom Ende des Wachstums ein. Doch nicht nur hier. Ganz Australien konnte nicht mehr auf dem Rücken der Schafe reiten, so wie es das mehr als ein Jahrhundert lang getan hatte.

Ich fahre in die Stadt. Eine viertel Stunde bin ich unterwegs, davon sieben Minuten auf unserer unbefestigten Straße. Greentown ist nach demselben Muster gebaut wie viele der frühen australischen Städte und Dörfer: eine zentrale Straße, an der die meisten Geschäfte und Verwaltungsgebäude angesiedelt sind, dahinter ein paar Parallelstraßen, ein Park, ein imposantes Postgebäude. Danach die Wohnquartiere, meist in geraden Linien angeordnet, gelegentlich aber auch scheinbar willkürlich platziert. Einfamilienhäuser meist, ab und zu auch mal ein modernes Apartmentgebäude. Anfang 2013 wurde die Stadt 150 Jahre alt, ein Fossil geradezu in einem Land, das es in der modernen Form gerade mal etwas über zwei Jahrhunderte gibt. Aborigines hatten im Gebiet des heutigen Greentown über Zehntausende von Jahren gelebt. Der Ort, wo heute der Bahnhof steht, war ein bedeutender Versammlungsplatz. Hier wurden Corroborees abgehalten, riesige Treffen benachbarter Clans, mit Hunderten, Tausenden von Teilnehmern. Es war ein Ort des Austauschs, des Tauschhandels, des Debattierens, des Kämpfens, der Versöhnung, des Liebens. Heute zeugt noch eine Tafel im Wartesaal von der Wichtigkeit dieses Platzes, etwas gleichgültig platziert über einem Gasofen. Daneben ein Ständer mit vergilbten Broschüren von den Zeugen Jehovas. Der Großteil der Ureinwohner verschwand, kurz nachdem die ersten Siedler in die Region vorgedrungen waren. Die Aborigines wurden vertrieben, zum Teil mit brutaler Gewalt, viele aber starben an Krankheiten, die sie nicht kannten und mit denen ihre Körper nicht zurechtkamen: Masern, Grippe, Typhus. Für ein paar Jahre zogen sich einige der Ureinwohner in eine kleine Siedlung an einem Billabong, einem Wasserloch in der Nähe der Stadt, zurück. Doch 1930 trocknete es aus. Und die letzten Ureinwohner der Region, die letzten Überlebenden, sie zogen weg. »Wir haben eine beschämende Geschichte, wenn es um Aborigines geht«, erzählt mir Linda, eine Hobby-Historikerin. »Wir haben sie nicht nur getötet und vertrieben, wir haben ihre heiligsten Stätten mit den Füßen getreten.« Nach dem Ersten Weltkrieg entschieden sich die Bürgerinnen und Bürger von Greentown, den Gefallenen der Region ein Denkmal zu setzen. Gegen den Willen der letzten überlebenden Aborigines suchten sie sich als Bauplatz ausgerechnet die heiligste Stätte der Ureinwohner aus: einen felsigen Hügel, direkt neben der Stadt. »Es war ein Ort, den früher nur eingeweihte Mitglieder des Clans sehen durften, ein Berg mit großer religiöser, mythologischer Bedeutung für die Aborigines«, sagt Linda. Doch die Bewohner von Greentown kümmerte das nicht. Mit Spitzhacken schlugen sie den Felsen ab und transportierten das Gestein in ihren Schubkarren auf den Berg. Dort bauten sie einen Turm. »War Memorial« heißt das Gebäude, eine Art viereckiger Leuchtturm. Jede Nacht sollte der Strahl eines starken Scheinwerfers die Menschen von Greentown daran erinnern, welche Opfer die jungen Männer aus ihrer Mitte gebracht haben, die in den Weltkriegen gefallen sind. Für mich hat das Mahnmal eine andere Bedeutung. Wann immer ich am Abend das Licht des Kriegsdenkmals kreisen sehe, denke ich an die Missachtung der Wünsche einer einst stolzen Kultur, an ihre Entwürdigung, die bis heute anhält.

In Greentown treffe ich Ray. Wenn der Mann lacht, schaut man in eine gähnende Leere. Entweder hat er Angst vorm Zahnarzt, oder er ist einer von Tausenden von Australiern, die es sich nicht leisten können, zum Zahnarzt zu gehen. Eine Versicherung für Zahnbehandlung kostet ein Vermögen, und das öffentliche System ist so überladen, die Warteschlangen so lang, dass zähe Leute wie Ray sich den schmerzenden Zahn oft lieber selbst ziehen, bevor der Doktor Gelegenheit hat, zum Bohrer zu greifen. Ich habe selbst in armen Gegenden Asiens und Afrikas nicht so viele Menschen mit Zahnlücken gesehen wie im ländlichen Australien.

Aber ein harter Arbeiter braucht schließlich keine Zähne. Etwa sechzig und fit wie ein Olympiasprinter sei er, »genau der Mann, den du brauchst. Zuverlässig und exakt«, sagt David, der schwergewichtige Verkäufer von »qualitativ hochwertigen Gebäuden für die Landwirtschaft«, wie seine Visitenkarte sagt, über Ray. In Greentown, wie eigentlich überall auf dem Land, laufen alle Jobs über Empfehlungen. »Klar, mach ich gerne«, sagt Ray. So engagieren wir den besten Shed-Bauer in Greentown.

Wir wagen einen großen Schritt: Wir stellen zum ersten Mal etwas auf unser Grundstück, das wir nicht einfach verkaufen können, an ein Auto hängen oder auf einen Laster laden, wenn wir es uns plötzlich anders überlegen sollten. Oder wenn uns das Heimweh überkommen sollte und wir nach Europa zurückkehren wollen.

Ein Shed ist – wenn man das Wort korrekt übersetzt – ein Schuppen, eine Scheune, ein Verschlag sogar. In unserem Fall soll es mehr sein als ein Schuppen: ein kleines Häuschen, ein Cottage, in dem wir leben wollen. Wir haben uns entschieden, unser Haus in Campbelltown zu verkaufen und aufs Land zu ziehen. Zumindest probeweise.

»Stahl, alles guter australischer Stahl«, sagt David. Das Shed ist – nach dem Starpicket – das zweite heimliche Symbol Australiens. Es gibt kaum ein Grundstück in Australien, auf dem nicht ein solches Gebäude steht. In den frühen Jahren des modernen Australiens waren Sheds die erste Form von dauerhafter Unterkunft, die sich viele Menschen leisten konnten.

Heute leben Australier in der Regel nur für begrenzte Zeit in einem Shed, etwa bis das Haus fertig ist, das sie daneben bauen. Oder wenn die Frau sie aus dem Haus geworfen hat. Die meisten Sheds aber dienen vor allem einem Zweck: als Rückzugszone für Männer. Eine kleine Garage mit zwei Kühlschränken, wie Mick sie hat, oder ein Riesengebäude für die Maschinen und die Werkstatt, wie es mein Nachbar Bill gebaut hat. Bill und Helene leben auf dem nächsten Grundstück. Sie haben sich dort ihren Lebenstraum verwirklicht. Nach Jahrzehnten in der Stadt sind sie im Alter von 55 Jahren aufs Land gezogen. Helene konnte ihre Liebe für Tiere endlich ausleben. Sie hat drei Pferde und eine ganze Herde von Rindern, die sie als Kälber aufgelesen hatte und hochpäppelte. Heute führen die zu schweren Rindviechern herangewachsenen Tiere auf Bills und Helenes Weide ein paradiesisches Dasein. Nie im Leben würde es Helene in den Sinn kommen, die Tiere zu Rumpsteak und Hackfleisch zu verarbeiten.

Bill wurde es schon wenige Monate nach der Ankunft in Greentown langweilig. Er nahm den ersten Job an, den es gab. Er wurde Gefängniswärter im Hochsicherheitstrakt des Gefängnisses von Greentown. Hier sind die gefährlichsten Verbrecher des Bundesstaates eingesperrt. Diejenigen Täter, die als besonders ausbruchsgefährdet oder gewalttätig gelten, werden in einen »Knast im Knast« eingesperrt, ein Sicherheitstrakt im Gefängnis, der als einer der sichersten der Welt gilt. Hier arbeitet Bill. Und wie es der Zufall will, gehört ein alter Bekannter zu seinen

Schützlingen: der Backpacker-Mörder Ivan Milat. Wann immer ich mit Bill spreche, frage ich ihn, wie es dem Verbrecher geht. Bill darf natürlich aus rechtlichen Gründen nicht viel sagen. Aber in seiner Mimik kann ich lesen, dass Milat im Gefängnis kein einfaches Leben hat.

Wenn Bill sich mal nicht gerade um Mörder, Vergewaltiger und Kinderschänder kümmert, arbeitet er in seinem Shed. Die Scheidungsrate in Australien wäre um einiges höher, wenn Männer nicht ihr Shed hätten. Es ist fast ein ungeschriebenes Gesetz, dass Frau ein Shed nur betritt, wenn sie unbedingt muss. Sonst ist Mann dort alleine, vielleicht noch mit seinen Kumpeln, um Bier zu trinken, auf einem kleinen Fernseher Rugby zu schauen, die Angelrute zu flicken oder in der Nase zu bohren. Ohne dass jemand nörgelt.

Früher waren Sheds kaum mehr als ein paar Stücke Wellblech, die mit Schrauben an ein Holzgerüst befestigt wurden. Heute werden sie mit modernster Computertechnik unter Einhaltung der Bauvorschriften gezeichnet, gefertigt, verpackt. »Kann vom Heimwerker leicht selbst aufgebaut werden«, steht auf der Packung. Was für ein Unsinn. Wer nicht schon als Kleinkind täglich mit Baukästen gespielt hat und in der Schule in Metallarbeit Bestnoten erreichte, der hat keine Chance, ein solches Projekt durchzuführen, ohne dass es beim nächsten Windstoß zusammenfällt. Die Anleitung für den Aufbau ist in der Regel derart komplex und mit Fehlern behaftet, sogar Einstein hätte seine Mühe, sie zu verstehen. Ich habe einmal versucht, ein kleines Garten-Shed selbst zusammenzubauen. Es war ein wirklich kleines Gebäude, nicht viel mehr als eine Unterkunft für meine Spaten und Schaufeln. Was ein Job für ein paar Stunden an einem gemütlichen Samstagnachmittag hätte werden sollen, entwickelte sich zu einem dreitägigen Dauerstress für meine ganze Familie. »Hier halten, nein da. Pass doch auf! Wo sind denn jetzt die Schrauben, verdammt noch mal?« Wer sich mit der Absicht trägt, sich scheiden zu lassen, dem kann ich nur raten, gemeinsam mit der Ehefrau ein Shed zu bauen. Einer sofortigen Trennung sollte danach nichts mehr im Weg stehen.

So sind wir froh, dass wir die Verantwortung für den Bau unseres Sheds, immerhin 12 Meter lang und vier Meter breit, in die Hände von Ray legen können. David hat nicht übertrieben: Der Mann ist spitze – und wie Coxi unglaublich widerstandsfähig. Bei Wind und Wetter hievt er eigenhändig Stahlträger in die Höhe, schraubt Wellblechplatten aufs Gerüst, fällt mindestens dreimal von der Leiter, flucht kurz, steht wieder auf und arbeitet weiter. Vier Wochen später steht unsere neue Bleibe. Wir haben einen Hauptraum mit Holzofen, ein Schlafzimmer und ein Kinderzimmer. Klein, aber gemütlich. Joe, der Klempner, kommt. Ein Vietnamveteran, die Arme voller Tattoos. Wie die meisten seiner Kollegen spricht er nicht gerne über seine Erfahrungen im Krieg. Er schließt das Wasser aus dem Regentank an, zwei Gasflaschen für eine kleine Kochplatte und den Warmwasserkessel, und die Kanalisationsröhre in eine Sickergrube. Zum ersten Mal haben wir auf unserem Land ein Klo, das man spülen kann. Leider nicht mehr mit Aussicht ins Tal, sondern auf den Duschvorhang.

Rund 30 000 Euro hat uns der Bau dieses Sheds gekostet – eine Menge Geld und trotzdem eigentlich wenig, wenn man bedenkt, dass wir eigentlich ein kleines

Haus gebaut haben. Mit dem Geld, das wir für unser Haus in Campbelltown bekommen haben, können wir einen Teil der Schuld für den Kauf des Grundstücks abbezahlen, es bleibt aber noch eine heftige Restschuld. Für mich bedeutet das, dass ich noch mehr arbeiten muss. In unserem Schlafzimmer richte ich mir ein kleines Büro ein, mit Aussicht auf die Kängurus, die am Morgen vor dem Shed den Morgentau vom Gras lecken.

Die Nähe von Greentown zur Hauptstadt Canberra hat große Vorteile. Eine Stunde Fahrt. Am Morgen sehe ich meine Kängurus, am Nachmittag den Premierminister. Sydney ist zwar für die Wirtschaft die heimliche Hauptstadt Australiens. Die Politik spielt sich aber weitgehend in Canberra ab. Alle Botschaften sind dort, wichtige Departements, Forschungsinstitute, Universitäten. So verbringe ich bald mehr Zeit in Canberra als in Sydney. Ich habe im Verlauf der Jahre Canberra schätzen gelernt. Die hohe Konzentration von interessanten und intelligenten Leuten – Akademiker, Diplomaten, Wissenschaftler, und es gibt sogar ein paar gescheite Politiker – und das große kulturelle Angebot, das sind Vorteile, die man erst mit der Zeit in einer Stadt entdeckt, die mit Abstand die am wenigsten geliebte Australiens ist.

KAPITEL 19

Meinen ersten Kontakt mit Canberra werde ich nie vergessen. Es war kurz nach unserer Ankunft in Australien, und ich war zu einer Journalistenreise eingeladen worden. Mit mir fuhr Greg, ein Kollege, der Reiseexperte für eine der größten amerikanischen Tageszeitungen war. Er sei eine Koryphäe unter den Reisejournalisten dieser Welt, wurde mir gesagt. Das mag sein. Für mich war der Typ in erster Linie ein Snob. Er beklagte sich gleich zu Beginn, weil wir in Sydney mit dem Taxi zum Flughafen fahren mussten, statt mit der Limousine abgeholt zu werden. Aber er konnte etwas, was ich bis heute nicht hinkriege: leicht reisen. Obwohl er insgesamt vier Wochen unterwegs war und in dieser Zeit durch fünf Länder reiste, hatte er nur einen kleinen Bordkoffer dabei. Darauf geschnallt war ein fast doppelt so großes Kissen. »Ich nehme es immer mit, wohin ich auch reise«, erklärte Greg mir. Erlesenste Gänsefeder natürlich.

Als wir in Canberra ankamen, begrüßte uns am Flughafen Jim, unser Fahrer. Greg war schon wieder verstimmt. Weißer Toyota-Minibus statt schwarzer Mercedes. »Bin ich nicht gewohnt«, meinte er schnippisch. Wie viele Reisejournalisten namhafter Zeitungen wird Greg von den Gastgebern umsorgt, als wäre er der britische Thronfolger oder ein Supermodel. Er setzte seine Gucci-Sonnenbrille auf und sprach während der ganzen Fahrt kein Wort. Im Hotel sah ich, wie er sich mit dem Manager darüber stritt, weshalb er nur ein normales Zimmer habe und keine Suite. »Wissen Sie, wer ich bin?«

Morgens um vier warteten Jim und ich auf Seine Majestät, den Starjournalisten. Als Greg endlich kam, mit der Sonnenbrille auf der Nase, würdigte er uns keines Blickes. Wir fuhren zum Platz vor dem alten Parlamentsgebäude. Dort bot sich uns ein spektakuläres Bild: mindestens ein Dutzend riesige Heißluftballone, jeder bereit zum Abheben, in allen Farben und Formen. Canberra führt einmal im Jahr ein Ballonfestival durch. Die Thermik über der Hauptstadt macht die Region ideal für diesen Sport. Auf uns warteten fünf andere Journalisten, unter ihnen ein Kamerateam eines australischen Fernsehsenders. Lisa, die Medienbeauftragte der Tourismusbehörde von Canberra, war auch da. Eine blonde junge Frau mit hellblauen Augen. Wir stiegen in den Korb. »Los geht's«, sagte Pilot Kerry, ein Mann mit einem Schnurrbart wie Schimanski in einem »Tatort« aus den achtziger Jahren.

Diese Stadt lässt niemanden kalt, auch wenn hier im Winter die tiefsten Temperaturen aller australischen Städte herrschen. Entweder man liebt Canberra, oder man hasst die Stadt. »Hier könnte ich nicht leben«, hatte mir mal eine deutsche Kollegin gesagt, als sie mit dem damaligen Außenminister Joschka Fischer im Land war, »hier möchte ich nicht tot über dem Zaun hängen.« Ich kann ihre Haltung bis zu einem gewissen Grad verstehen. Canberra ist eine künstliche Stadt, eine junge Stadt, kein Vergleich mit anderen Hauptstädten wie Berlin, Moskau oder London. Im März 2013 konnte Canberra gerade mal sein hundertjähriges Bestehen feiern. Ein Fliegendreck im Geschichtsbuch. »Canberra ist das Ergebnis eines Kompromisses«, erklärte uns Lisa, während ihr der Fahrtwind die langen Haare in den Mund wehte, »eines Kompromisses zwischen Sydney und Melbourne, die sich nicht einigen konnten, wer die Hauptstadt der jungen Nation Australien sein sollte.« So fanden die damaligen Landesväter – Landesmütter hatten zu der Zeit noch nichts zu sagen – einen Platz genau auf halbem Weg zwischen den zwei Städten. Eine Schaffarm. Und vorher, über Jahrtausende, ein wichtiger Corroboree-Platz, ein Versammlungsort für die dortigen Aborigines vom Stamm der Ngunnawal. »Canberry« hatten sie den Platz genannt. Die amerikanischen Architekten Walter Burley Griffin und seine Frau Marion Mahony Griffin gewannen schließlich einen Wettbewerb für das Design der Stadt. Canberra und seine Vororte decken etwa ein Drittel der Gesamtfläche des Australian Capital Territory ab (ACT). Es ist ein Territorium, eine Art Bundesland zwar, aber eben doch nicht. Es hat weniger politische Rechte als Bundesländer wie Victoria, New South Wales und Queensland. Aber es hat ein eigenes Parlament, eine eigene Justiz. Das Northern Territory, mit der Hauptstadt Darwin, ist auch nur ein Territorium.

Das gelborange Licht der aufgehenden Sonne legte sich über die Stadt. Die Szene ließ mich beinahe die Kälte vergessen, die sich bis in meine Knochen fraß.

Zum Glück hatte mir Lisa geraten, ein »Beanie« mitzubringen. »Beanie?«, hatte ich sie am Telefon ratlos gefragt. Es sollte nicht das letzte Mal sein, dass ich in Australien mit Begriffen konfrontiert wurde, die ich vorher noch nie gehört hatte. »Ein Beanie ist eine Wollmütze, die du dir über den Kopf stülpen kannst – über deine Bohne [englisch Bean]«, erklärte Lisa geduldig. Bis zum heutigen Tag denke ich beim Aufsetzen meines Beanie an Lisa, die nette Canberranerin.

Greg, der in der halben Stunde seit unserem Ballonstart noch kein Wort gesagt hatte, konnte der Szenerie offenbar nichts abgewinnen. Er wirkte nur gelangweilt. Wahrscheinlich sah der Mann einfach zu viel Schönes. Heute Aperitif auf dem Eiffelturm, morgen Barbecue im Grand Canyon, danach eine Bootstour auf dem Amazonas. Zu bedauern, der Arme. Mir begegneten später immer mal wieder professionelle Reisejournalisten, die dieses Problem hatten. Dauernd zu den schönsten Orten der Welt eingeladen zu werden, mit Unterkunft, Wein und gutem Essen, kann abstumpfen. Und gewisse »Travel Writer« scheinen mit den Jahren zu vergessen, dass sie nicht wegen ihrer gewinnenden Persönlichkeit eingeladen werden, sondern einzig, damit sie etwas Nettes schreiben. Das tun in der Regel dann auch die meisten. Man will ja wiederkommen.

Als wir an dem neuen Parlamentsgebäude mit seinem 81 Meter hohen Fahnenmast vorbeiglitten, öffnete Greg endlich den Mund. »Ich möchte einen Espresso«, meinte er zu Lisa mit fordernder Stimme. Die Frau erwiderte mit bemerkenswerter Geduld, dies sei derzeit leider nicht möglich, da wir in einem Korb aus Bast 200 Meter über der Erdoberfläche schwebten. Nach der Landung erwarte uns aber ein schönes Frühstück. Greg schmollte still weiter. Der Mann nervte uns alle.

Dieses Parlamentsgebäude ist ohne Zweifel imposant. Als es 1988 eingeweiht wurde, war es das teuerste je in Australien gebaute Objekt. Über eine Milliarde Dollar legten australische Steuerzahler dafür auf den Tisch, und das, obwohl das alte Parlamentsgebäude – gerade mal einen Steinwurf entfernt – noch immer in bestem Zustand war. Das neue mit seiner gleichzeitig pompösen wie gradlinigen, gelegentlich kühl oder sogar abstoßend wirkenden Konstruktion symbolisiert für mich zwei Dinge. Einerseits den Glauben der Australierinnen und Australier, eine weltweit führende Demokratie zu sein – eine Illusion, wie ich bald erkennen sollte –, andererseits aber auch die zunehmende Isolation der Politiker vom Volk, von den Wählern, den Menschen, die sie eigentlich vertreten sollten, es aber in vielen Fällen nicht tun.

Wir glitten über Burley Griffin, einen riesigen, von Menschen geschaffenen See, der die Stadt in zwei Teile trennt. Die ersten Autos waren schon unterwegs. Canberra ist eine Stadt des Kreisverkehrs. In keiner anderen Metropole der Welt gibt es wohl so viele Kreisel. Wer sich hier nicht auskennt und die falsche Spur erwischt oder gar die Ausfahrt verpasst, muss unter Umständen ein Dutzend Kilometer fahren, bis er wieder auf den richtigen Weg zurückfindet. Dazu kommt die schlechte Beschilderung der Straßen, der Mangel an Wegweisern, die frühzeitig vor einer Abfahrt warnen. Und nicht erst, nachdem man bereits abgebogen ist. Wehe dem, der sich in die Außenbezirke wagt. Ein Wirrwarr von stark gebogenen Seitenstraßen, überraschenden Sackgassen und gelegentlich mal einem Straßenschild. Mit dieser miserablen Beschilderung ist Canberra nicht alleine. In fast allen australischen Städten scheint die Regel zu gelten: Wer nicht weiß, wo es durchgeht, soll erst gar nicht kommen. Für viele Reisende aus dem Ausland war das Fahren durch australische Großstädte bis vor kurzem ein absoluter Alptraum. Dann wurden GPS-Geräte erfunden.

Kerry, der Pilot mit dem Schnurrbart, zog am Seil. Er öffnete das Ventil der Gasflasche, das Gas schoss mit lautem Zischen in den Ballon. Diesen Vorgang wiederholte er mehrere Male. Doch der Ballon schien weiterzusinken, und Kerry sah zunehmend besorgt aus. Plötzlich schwebten wir nur noch etwa fünf Meter über dem See. »Haltet euch fest«, rief Kerry, inzwischen ziemlich nervös. Ich hielt mich am Rand des Korbes fest. »Das wird lustig«, dachte ich. Der Kameramann vom australischen Fernsehen war kreideblass. Er hielt seine 100 000 Euro teure Kamera fest, als wäre sie sein erstgeborener Sohn. Dann hatten wir nasse Füße. Während Kerry verzweifelt versuchte, heiße Luft in den offenbar zu kalten Ballon zu jagen, stieg uns das Wasser bis an die Knie. Es war eiskalt. »Es tut mir so leid, so leid«, sagte Lisa, den Tränen nahe. Die Marketingfrau erlebte den ultimativen Alptraum eines jeden Public-Relations-Verantwortlichen: ein Korb, voll mit Journalisten, der abzusaufen droht. Was für eine Schlagzeile! Greg hatte sich auf den Rand des Ballons gesetzt und versuchte krampfhaft, nicht nach hinten ins Wasser zu fallen. Für seine teuren Timberland-Stiefel war es zu spät. Die trieften vor Wasser. Ich konnte mir ein bisschen Schadenfreude nicht verkneifen. Und ich war wohl nicht der Einzige.

Das Fußbad dauerte nur ein paar Sekunden. Dann schaffte es Kerry, uns wieder in die Höhe zu ziehen. »Gott sei Dank«, sagte Lisa. Langsam gewannen wir wieder an Höhe. Doch das Drama war noch nicht beendet. Aus dem Nichts kam eine Windböe und drängte uns in Richtung Ufer. Verzweifelt versuchte Kerry, Höhe zu gewinnen. Stattdessen prallten wir mit den Bäumen zusammen, die den See säumen. Zum Glück nur der Korb. Wäre auch der Ballon in die Äste geraten, wären wir wohl abgestürzt. Kerry schaffte es rasch, die Situation zu retten. Wir flogen wieder hoch und landeten 100 Meter weiter, unverletzt und unbeschädigt. Niemand sagte auch nur ein Wort.

Ich habe nie erfahren, was mein amerikanischer Journalistenkollege über seinen Besuch in der australischen Hauptstadt geschrieben hat. Die australischen Fernsehleute waren gnädig und berichteten nicht über den Vorfall. Lisa rief mich später an und entschuldigte sich nochmals. Sie habe genug von Fußbädern und von exzentrischen Journalisten. Sie werde ihren Beruf wechseln und Gattin eines »Ministers« werden, wie sie meinte. Lisa wurde die Frau eines Pfarrers, nicht zu verwechseln mit der Berufsbezeichnung für Politiker. Und von denen gibt es in Canberra wahrlich genug. Doch die Hauptstadt hat noch einen anderen wichtigen Wirtschaftszweig.

So führt mich meine nächste Reportage an einen der ungewöhnlichsten Schauplätze meiner Journalistenkarriere: in den Puff.

KAPITEL 20

»In der Folterkammer kostet es mehr«, sagt Denise. So nennt sich die Frau mit den langen schwarzen Haaren und den kurzen roten Strapsen. Das Festbinden mit Eisenketten auf der Streckbank, das Schlagen mit einer sechsschwänzigen Peitsche sei dreimal so teuer wie das »Normalprogramm«, erklärt sie mir. Trotzdem herrsche im dunklen Raum im Bordell »Goldfingers« immer reger Verkehr. »Wir haben in diesem Raum oft Politiker«, sagt Denise. Die Domina ist Herrscherin über die Herrscher. Im Zentrum der Macht Australiens sehnt man sich offenbar danach, machtlos zu sein.

Die meisten Politiker verheimlichen nicht, dass sie nur in Canberra sind, weil sie müssen, und dass sie sich konstant auf den Heimflug nach Sydney oder Perth freuen. Canberra gibt es schließlich nur wegen der Politik. Die Verwaltung ist Wirtschaftsfaktor Nummer eins. Alles und jeder lebt direkt oder indirekt vom Geschäft mit der Politik: Schreibwarenläden und Restaurants, Blumenläden, Hotels und Leichenbestatter. Und am Abend ist die Stadt tot. Fast tot, denn gegen 21 Uhr erwacht Canberra zu einem zweiten Leben, dem Leben unter der Gürtellinie.

Ich fahre weiter, in ein umgebautes Lagerhaus. Dort sitzt Fiona Patten. »Wir haben 16 Bordelle in der Stadt«, erklärt mir die Präsidentin der Eros Foundation und Gründerin der Australischen Sexpartei. Patten weiß, wovon sie spricht: Sie war selbst ein »Working Girl« – eine Sexarbeiterin, eine Prostituierte, wie sie erzählt, und zwar mit Stolz. Heute ist sie das Gesicht der Lobbyorganisation der australischen Sexindustrie. Poweranzug und Laptop statt Kondom und Vibrator. Sie vertritt nebst Bordellen auch Sexshops und Produzenten von Pornovideos. Dass die Eros Foundation ihren Sitz in Canberra hat, ist nicht nur der Nähe zu den politischen Entscheidungsträgern zu verdanken. Canberra ist das Herz der Sexindustrie, »die hier von den liberalsten Gesetzen in Australien profitieren kann«, so Patten. Das liberale Denken der Territoriumsregierung zahlt sich für das Volk in Dollar und Cent aus. Sex ist neben der Politik einer der wichtigsten Wirtschaftszweige in Canberra. Die Nachfrage nach käuflicher Liebe unter den Politikern, Beamten und Diplomaten sei derart groß, sagt Fiona, dass – rein statistisch gesehen natürlich – jeder der 90 000 Männer in ACT zweimal im Jahr ein Bordell besucht. Bei einer Gebühr von durchschnittlich etwa 150 Euro pro Stunde kommt da einiges zusammen. Während der Großteil der anderen Städte über die Kriminalisierung gewisser Bereiche der Prostitution versucht, das Gewerbe unter Kontrolle zu halten, wird die Sexindustrie in ACT nicht nur geduldet, sie ist über liberale, aber strikte und sehr detaillierte Vorschriften genauestens geregelt. So unterliegt der Besuch im Bordell klaren Richtlinien, was Hygiene, Sicherheit und die Art der angebotenen Leistungen angeht, erklärt mir

Fiona und nennt Einzelheiten, die mir die Schamröte ins Gesicht treiben. Sogar Geldbußen gibt es. Wer im Bordell Sex ohne Kondom fordert, muss mit einer Strafe von 5000 Euro rechnen. Die Einhaltung der Bestimmungen wird von der Eros Foundation selbst kontrolliert, etwa über Bordellbesuche mit verdeckten Ermittlern. »Wir haben schon alleine wegen der Sicherheit unserer 150 Sexarbeiterinnen und -arbeiter ein großes Interesse an einer sauberen, gewaltfreien Industrie«, erklärt Patten. Trotzdem gebe es auch »unsinnige, ja lächerliche Bestimmungen«. Beispielsweise müssten gebrauchte Kondome als Sondermüll entsorgt werden. Zudem sind Bordelle und Sexshops in den industriellen Randgebieten Canberras angesiedelt.

Also doch: aus den Augen, aus dem Sinn. Die geographische Isolation der Puffs zeigt die ambivalente Beziehung, die viele Politiker in Australien zur Sexindustrie haben. Immer wieder versuchen konservative Kräfte, sie zu limitieren. Im Zeitalter des Internets ein hoffnungsloses Unterfangen, sagt Robbie Swan, Gründer des australischen Sexmuseums. Er sieht eher aus wie mein ehemaliger Mathematiklehrer, nicht wie der Antichrist. Als den sehen ihn viele Konservative und Kirchenvertreter jedoch. In einem unscheinbaren Haus in einem Vorort von Canberra zeigt mir der etwa 50-Jährige seine Sammlung. Eine überwältigende Vielfalt von Dildos und Vibratoren, in allen Formen und Farben, von pornographischen Bildern aus der Frühzeit der Fotografie. Dazu aufblasbare Sexpuppen, erotische Kunst. Er sehe sich regelmäßig den Angriffen konservativer Kräfte ausgesetzt, erzählt mir Swan. Seit Jahren gibt es in Canberra eine Gruppe religiöser Parlamentarier, denen Abgeordnete sowohl der Laborpartei als auch den Liberalen angehören. Sie beten jeden Morgen gemeinsam. Für die moralische Sauberkeit Australiens.

Dabei bestätigen Umfragen, dass Australierinnen und Australier keine Bevormundung wünschen, wenn es um den Konsum von gewaltfreiem Sex zwischen mündigen und willigen Erwachsenen geht. So kämpft Fiona Patten weiter für mehr Freiheit im Bett und auf der Streckbank. Denn in den meisten Bundesländern ist der Vertrieb von Pornographie entweder eingeschränkt erlaubt oder ganz verboten. Auch der Betrieb von Bordellen ist je nach Region und Regierung mehr oder weniger stark limitiert. »Schon alleine aus wirtschaftlicher Sicht ein kompletter Unsinn«, schimpft Fiona. Berechnungen von Eros hätten ergeben, dass eine landesweit freiere, strikt regulierte Sexindustrie pro Jahr mindestens 200 Millionen Euro zum Bruttoinlandsprodukt beitragen könnte.

Doppelmoral. »Nirgendwo zeigt sie sich deutlicher als im Puff«, erklärt mir Denise. Es passiere durchaus, dass ein Politiker nach der Domina frage, der eine Stunde zuvor im Parlament noch für eine Straffung der Sexindustrie geworben habe. Namen will man aber auch in »Goldfingers« keine nennen. Politik und Sex sind in Canberra diskrete Bettgenossen.

Zurück in Greentown, liegt mir Christine wieder mal in den Ohren. »Es gibt fast kein Holz mehr«, klagt sie. Wir haben uns entschlossen, nur mit Holz zu heizen. Nicht nur produziert ein moderner, hocheffizienter Holzofen relativ wenige Schadstoffe und kaum noch Rauch, es fehlt uns an einem bestimmt nicht: Holz. Auf unserem Grundstück steht ein Eukalyptuswald.

Das Holz der Bäume ist ideal als Brennstoff. Es ist ein sehr »dichtes« Holz, das lange und mehr oder weniger komplett verbrennt, ohne viel Asche.

Christine und ich haben schon frühzeitig abgemacht, dass die Holzbeschaffung zu meinen Pflichten gehört. Während sie im Shed nach dem Rechten schaut, bin ich dafür verantwortlich, dass es warm ist. Im Winter, wenn die Temperaturen weit unter die Nullgradgrenze fallen können, ist das für mich ein Job, der mindestens einen Tag pro Woche in Anspruch nimmt.

Von den paar Monaten als Knecht bei einem Schweizer Bauern in meinen jungen Jahren weiß ich ungefähr, wie man mit einer Kettensäge umgeht. Trotzdem habe ich mich von Ted genauestens instruieren lassen, als er mir eine »Stihl Farm Boss« verkaufte, eines von wenigen Produkten in Australien, auf denen nicht »made in China« steht. »Deutsche Qualität«, meinte Ted. Zu meiner Freude attestierte er mir eine »natürliche Begabung«, als ich im Hinterhof seines Ladens probeweise einen Baumstamm durchsägte. Trotz meiner scheinbaren Begabung habe ich einen riesigen Respekt vor diesen Maschinen. Mit einer Kettensäge Holz zu schneiden ist so ziemlich die gefährlichste Arbeit, die ich auf unserem Land zu verrichten habe. Und ich fälle ja nicht mal Bäume, sondern schneide einzig solche, die bereits vor Jahren gefallen und entsprechend trocken sind. Doch auch bei dieser Arbeit kann man sich mit einer Kettensäge katastrophale Verletzungen zufügen. Eine besonders große Gefahr ist der Rückschlag einer Säge – der »Kickback« –, wenn die Maschine unerwartet auf ein Hindernis stößt. Oder wenn ein gebogener Ast beim Sägen seine Spannung verliert und hochprallt. Unzählige Male habe ich schon solche Situationen erlebt, sie aber immer gut überstanden. Moderne Sägen blockieren in der Regel sofort die Kette, wenn sie auf Unregelmäßigkeiten stoßen. Das war früher nicht so. Eine Frau aus Greentown erzählte mir, wie sich ihr Vater in den sechziger Jahren wegen eines »Kickbacks« buchstäblich in zwei Teile geschnitten habe – vor ihren Augen, als sie gerade mal sieben Jahre alt war. Obwohl solche Tragödien heute nicht mehr möglich sind, weil Sägen nur laufen, wenn man gleichzeitig zwei Knöpfe drückt, gehe ich nie ohne komplette Schutzausrüstung in den Wald: Helm, Gehörschutz, spezielle Handschuhe, Schuhe mit Stahlkappen. Ohne diese würde ich heute wohl hinken. Als ich die Stiefel zum ersten Mal anzog und zu sägen begann, rutschte die Kettensäge ab – genau auf meinen rechten Fuß. Die Funken flogen, als die Kette das Leder zerfetzte und begann, die Stahlkappe aufzumeißeln.

Es war nicht das erste Mal, dass es auf unserem Land beinahe einen ernsthaften Unfall gegeben hätte. Und es sollte nicht das letzte Mal sein.

KAPITEL 21

»Langsam!«, rufe ich. David rennt schon wieder. Und das, obwohl unsere beiden Jungs praktisch seit ihrer Geburt wissen, dass sie nur langsam durch hohes Gras gehen sollen, nicht laufen. Und obwohl sie eigentlich immer schauen, wo sie hintreten. Aber Kinder vergessen sich gelegentlich, sie vergessen die Gefahr. Tigerschlangen, Schwarze Rotbauchschlangen und natürlich Braunschlangen. Wir müssen mit ihnen leben, hier auf unserem Grundstück. Wir sehen sie zwar selten, aber sie sind da. Gemessen an der Stärke ihres Giftes, sind Braunschlangen die zweitgiftigste Schlangenart der Welt. In Laborversuchen reichte eine Dosis Gift, um fast 200 000 Mäuse zu töten. Nur der Inlandtaipan ist noch tödlicher. Der schafft es auf 250 000. Der Inlandtaipan kommt zum Glück nur in einer kleinen Wüstenregion im Grenzgebiet zwischen den Bundesstaaten Queensland, Südaustralien und dem Nordterritorium vor. Die Braunschlange dagegen ist in verschiedenen Unterarten in weiten Teilen Australiens endemisch. Deshalb kommt sie auch häufig in Kontakt mit Menschen, selbst in den Suburbs, und deshalb gilt sie als gefährlichste Schlange überhaupt. Hier, bei uns auf dem Land, lebt die Östliche Braunschlange, bis zu zwei Meter dreißig lang und längst nicht immer braun. Wie das australische Salzwasserkrokodil, das auch im Süßwasser lebt, trägt die australische Braunschlange ihren Namen eigentlich zu Unrecht. Sie ist oft eher cremefarben, beige, gelegentlich fast schwarz.

Egal, in welcher Farbe, auf jeden Fall ist die Pseudonaja textilis, wie die Wissenschaftler das Reptil nennen, eine ernstzunehmende Gefahr. Leute auf dem Land fürchten sie ganz besonders. Denn die Braunschlange versucht als eine von wenigen Schlangenarten auf der Welt nicht, in jedem Fall instinktiv zu fliehen, wenn man sie aufschreckt. Statt abzuhauen, wenn ihnen Gefahr droht, greifen Braunschlangen oft erst mal an. Eine solche Attacke kann spektakulär aussehen.

An einem heißen Sommertag vor ein paar Wochen war ich mit meinem Auto auf unserer Straße unterwegs. Ich sah die Schlange bereits aus mindestens 20 Metern Entfernung. Ein massives Tier, weit über zwei Meter lang und für die normalerweise eher schlanken Braunschlangen ungewöhnlich dick. Wahrscheinlich hatte sie erst kürzlich gefressen. Das Reptil lag mitten auf der Straße, sonnte sich, tankte Wärme. Ich trat auf die Bremse, in der Hoffnung, dass die Schlange die Erschütterungen des Fahrzeugs im Boden spüren und sich aus dem Staub machen würde. Weit gefehlt. Ich rollte langsam auf sie zu. Noch immer keine Bewegung. Als noch etwa fünf Meter zwischen uns waren, schnellte sie plötzlich hoch und jagte – wie die Schnur einer wild geschwungenen Peitsche – auf mein Fahrzeug zu. Auf Höhe der Kühlerhaube biss das Tier mehrfach zu, in frenetischer Aggressivität. Der Angriff dauerte nur einen kurzen Augenblick. Ein paar Sekunden später, und die Schlange war im Gras am Straßenrand verschwunden. Gäbe es einen Guinnessbuch-Rekord für das schnellste Hochkurbeln eines Seitenfensters an einem Fahrzeug – ich hätte ihn an diesem Tag mit Sicherheit gebrochen.

Bis zu viermal pro Sekunde kann eine Braunschlange zubeißen. Wen es erwischt, selbst wenn die Zähne nur die Haut ankratzen, dem stehen Stunden der Agonie und Angst bevor, Wochen auf der Intensivstation oder der Tod. Der Kreislauf bricht zusammen, je nach Dosis des Gifts schon nach wenigen Minuten, manchmal nach Stunden. Wer zu spät ins Krankenhaus kommt, dem kann auch eine Dosis Gegengift kaum noch das Leben retten. Das Gift dieses Reptils hat nämlich eine doppelte Schlagkraft: Es blockiert die Blutgerinnung – das Opfer verblutet innerlich. Und es hat eine nervenzerstörende Wirkung: Die elektrischen Impulse zwischen den Nerven und den Muskeln werden gestört. Es kommt rasch zu einer Lähmung der Muskulatur – auch der Atemmuskeln. Man erstickt. Wenn man nicht vorher schon innerlich verblutet ist, wenn nicht die Nieren versagen.

Sei es bei Spaziergängen auf unserem Land, wie heute, oder wenn wir draußen arbeiten: Der Gedanke an diese zwar latente, aber allgegenwärtige Gefahr ist immer in meinem Hinterkopf. Ich habe einmal gelesen, im australischen Busch sei man nie mehr als zehn Meter von einer Schlange entfernt. Man sehe sie nur nicht. Diese Behauptung halte ich für übertrieben. Aber es schadet nicht, sich daran zu erinnern, wenn man unterwegs ist.

Wir spazieren heute zum »Creek«, zu unserem Bach. Er zieht sich durch einen großen Teil des Grundstücks. Es ist ein besonderer Tag. Tauftag. Wir haben einen Namen für unser Land gefunden, und den wollen wir feiern. »Wombat Creek« – der Bach, an dem die Wombats wohnen. Wombats sind die wohl am wenigsten bekannten Nationaltiere Australiens. Zu Unrecht, finde ich, denn sie sind genauso attraktiv und einzigartig wie Kängurus und Koalas. Wombats werden etwa 25 bis 40 Kilo schwer und sind ausgewachsen so groß wie ein kleiner Pitbull-Hund. Nur fester und runder – wie ein überdimensioniertes Meerschweinchen. Damit endet die Ähnlichkeit mit europäischen und südamerikanischen Tieren aber. Wombats sind uraustralische Beuteltiere. Fossilienfunde im Mungo-Nationalpark bei Broken Hill 1000 Kilometer westlich von Sydney zeigen, dass diese Tiere einst bis zu drei Meter groß wurden, in der Zeit der »Megafauna«. Sie gesellten sich zu 90 anderen Riesentieren, unter ihnen drei Meter große Kängurus und ein Löwe mit Bauchbeutel. Spätestens vor 50 000 Jahren, nach der Ankunft der ersten Menschen auf dem Kontinent, starben diese Monster aus. Jüngste Studien gehen davon aus, dass eine deutliche Abkühlung des Klimas für einen Zusammenbruch der Nahrungskette der Megafauna-Tiere verantwortlich war. Zuvor hatte man angenommen, Aborigines hätten sie bis zur Ausrottung gejagt. Die heute lebenden, deutlich kleineren Wombats sind hervorragend für das Leben unter dem Boden eingerichtet. Bei den Weibchen zeigt die Öffnung ihres Bauchbeutels nach hinten. So kann keine Erde in den Beutel eindringen, in dem das Jungtier heranwächst und Muttermilch trinkt. Wombats sind lebende Bulldozer. Sie graben jede Nacht. Stundenlang. Sie bauen unterirdische Tunnelsysteme, bis zu 18 Meter lang, in denen sie sich bei Gefahr verstecken, in denen sie schlafen, in denen sie ihre Jungen aufziehen. Ihre Körper sind auch für diesen Job hervorragend ausgerüstet. Kraftvolle Arme, Pfoten wie Schaufeln. Der Schädel ist mit einem besonders dicken Stirnknochen ausgerüstet. Das erlaubt den Tieren, Erde vor sich her zu stoßen oder so ziemlich jedes andere Hindernis, das sich ihnen in den Weg stellt. Wenn sie nicht graben, gehen sie grasen und lassen sich dabei von nichts aufhalten. Schon gar nicht von einem Zaun. Wombats sind Gewohnheitstiere: Sie gehen gerne immer auf demselben Weg. Wenn ein Bauer glaubt, er müsse über eine Wombatstraße einen Zaun ziehen, zieht er in der Regel den Kürzeren. Schon am nächsten Morgen ist der Draht zerrissen, oder der Wombat hat sich drunter durchgegraben. So sind die Tiere selten die besten Freunde der Bauern. Obwohl gesetzlich geschützt, werden sie gejagt, abgeschossen, vergiftet. Eine früher weitverbreitet lebende Unterart, mit dem großartigen Namen »Haarnasenwombat«, ist aus genau diesem Grund vom Aussterben bedroht.

Unser »Creek« ist ein Paradies für Wombats. Dutzende von Tieren leben entlang des Baches, eine richtige Wombatkolonie. Sie wohnen in einer Vielzahl von Höhlen, die den Rand des Baches säumen. Wir haben uns entschieden, den Großteil unseres Grundstücks abzuzäunen und der Natur zu überlassen, als eine Art privater Nationalpark. Somit sind die Wombats ungestört und natürlich auch die Kängurus und andere Tiere.

Aber eben auch die Braunschlange. Plötzlich sehe

ich sie auf dem Pfad liegen, keine zwei Meter vor David. Der Kleine rennt direkt auf sie zu. »Achtung, David«, schreie ich, »Schlange!« Der Dreijährige springt hoch – mindestens einen Meter in die Luft – und hechtet über das Tier, das sich erschreckt aufgerichtet hat wie eine Kobra. Kaum setzt David auf dem Boden auf, springt er wieder hoch – noch einmal über die inzwischen sichtlich irritierte Schlange – und fliegt mir direkt in die Arme. Diese akrobatische Glanzleistung dauert im besten Fall drei Sekunden – für mich eine Ewigkeit. David klammert sich an mich wie das Krabbenmonster im Gruselfilm »Alien«. Ich renne davon, so schnell ich kann, weg von der Schlange. Auch als wir endlich stehen bleiben, halte ich David fest und will ihn nie mehr loslassen.

An diesem Tag werfe ich ein Prinzip über Bord. Ich werde eine Braunschlange töten, wenn ich sie erwische. Wenn's um die Sicherheit meiner Familie geht, muss Tierschutz in der zweiten Reihe stehen. Bis heute musste ich diesen Plan nie umsetzen, zum Glück. Denn selbst wenn es mir gelänge, eine Schlange zu stellen, hätte wohl eher ich das Nachsehen, nicht das Tier. Die meisten tödlichen Schlangenbisse sind das Ergebnis eines Versuches, das Reptil zu erschlagen. Oder die Folge von Ignoranz. Nicht alle Begegnungen mit Schlangen laufen so glimpflich ab. Im Frühjahr 2013 sah ein junger Hockeyspieler auf dem Rasen seines Clubs eine Schlange liegen, von der er glaubte, es handle sich um eine ungiftige Python. Er hob sie hoch, sie biss ihn. Nicht weiter tragisch, dachte er, trug das Tier in den nächsten Wald und machte sich auf zum Joggen. Zwanzig Minuten später brach er bewusstlos zusammen. Am nächsten Tag war der Sportler tot.

Das Tier war keine Python gewesen, sondern eine Braunschlange. Der bedauernswerte Mann hatte genau das getan, was man in einer solchen Situation unter keinen Umständen tun sollte: Er rannte und pumpte auf diese Weise das Gift durch den ganzen Körper. Sein Todesurteil.

Ich habe mich oft gefragt, weshalb australische Schlangen mit derart starken Giften ausgerüstet sind, eigentlich viel zu stark, um eine Maus zu töten oder eine kleine Echse. Es gibt dazu viele Theorien, aber die logischste ist diese: Australische Schlangen können es sich schlicht nicht leisten, dass ihnen die Beute davonrennt. In der unwirtlichen Weite des australischen Outbacks haben die Reptilien nur sporadisch Gelegenheit für einen Fang. Beutetiere leben weit verstreut in einer oft kargen und in der Regel trockenen Landschaft. Nur ab und zu spüren Schlangen eine potentielle Beute auf. Das Opfer zu beißen, und danach zu verlieren, ist schlicht keine Option. Denn es könnte Wochen dauern, bis die Schlange wieder Gelegenheit zum Fressen hat. Deshalb das extrem starke Gift. Die Schlange beißt zu, das Beutetier ist tot. Innerhalb von Sekunden.

Dass sie hocheffiziente Überlebenskünstler sind, macht Schlangen in der Bevölkerung allerdings auch nicht populärer. Kein Lebewesen ist in Australien wohl weniger beliebt als Schlangen.

Mit einer entscheidenden Ausnahme: Politiker.

KAPITEL 22

Ich erinnere mich gut an meinen ersten, indirekten Kontakt mit der australischen Politik, in den ersten Tagen nach unserer Ankunft. Wir hatten auf dem Trödelmarkt einen Schwarzweißfernseher gekauft, für fünf Euro. Es lief eine Komödie. Sie spielte im Parlament in Canberra, das im Studio offensichtlich bis in alle Einzelheiten nachgebaut war. Auch die Schauspieler glichen den Originalen perfekt. Da war ein Typ, dem damaligen Premierminister Paul Keating wie aus dem Gesicht geschnitten, der die Opposition mit den unflätigsten Worten beschimpfte. Doch auch die Schauspieler der Gegenseite, die Konservativen, hielten sich nicht zurück. Rüpelhaft wie freche Schuljungen räkelten sie sich in den grünen Ledersitzen des Studios, das das Unterhaus darstellen soll. Zwischenrufe und Angriffe unter der Gürtellinie – ein Kabarett erster Klasse. »Eine australische Form der Muppet Show«, dachte ich. Sogar Statler und Waldorf schienen nicht zu fehlen. Wie damals die beiden alten Knacker auf dem Balkon das Geschehen auf der Bühne mit zynischen Bemerkungen und gackerndem Gelächter quittierten, klopften sich hier die Zuschauer auf die Schenkel und grölten.

Es dauerte fünf Minuten, bis ich realisierte, dass ich keine Komödie sah, sondern das echte Parlament. Das Programm war keine Slapsticksendung, sondern die Direktübertragung der sogenannten Fragestunde im Nationalparlament in Canberra.

»Robust« sei sie, die australische Form der Demokratie, sollten mir im Verlauf der Jahre Politiker während Interviews immer mal wieder zu Protokoll geben. Ich habe dafür einen anderen Namen: Rugbydemokratie. Im politischen System in Australien gilt traditionell: Es gibt nur Gewinner und Verlierer. Genauso eben wie beim australischen Nationalsport. Blutige Nase oder goldener Pokal. Schwarz oder Weiß. Feuer oder Wasser. Kompromisse, Konsens gar, werden als Schwäche gewertet, als Einknicken vor dem Feind. Die Folge ist, dass ein wesentlicher Teil der politischen Energie, der größte wahrscheinlich, für den gegenseitigen Schlagabtausch verschwendet wird. Es ist eine Entwicklung, die in den zwanzig Jahren seit unserer Ankunft stetig zugenommen hat, parallel zur Politikverdrossenheit der Bevölkerung. »Ich wage zu bezweifeln, dass 80 Prozent unserer Parlamentarier in der freien Marktwirtschaft überleben könnten«, erzählte mir einmal ein prominenter australischer Unternehmer hinter vorgehaltener Hand. »Als wichtigste Qualifikation, um bei der sozialdemokratischen Laborpartei aufsteigen zu können, gilt, dass man früher Gewerkschaftsfunktionär gewesen ist. Bei den Konservativen muss man die richtige Privatschule besucht haben«, meint er. Politiker zu sein ist in Australien ein Beruf, ausgezeichnet bezahlt, mit generöser Altersvorsorge und einer Vielzahl von Privilegien, die in der Wirtschaft sonst nur Unternehmensführern zustehen – von der Limousine bis zu kostenlosen Flügen um die Welt für Frau und Kinder. Kein Wunder: Die Begünstigten, die Politiker, machen diese Regeln selbst. Regelmäßige Gehaltserhöhungen sind eine der wenigen Vorlagen im Parlament, bei denen sich links und rechts einig sind. Sie werden meist in Windeseile verabschiedet, kurz vor Mitternacht, ohne langatmige Kampfdebatten wie sonst üblich.

Im Volk ist kaum ein Job so schlecht angesehen wie der des Politikers. Wenn es darum geht, die Glaubwürdigkeit und Ehrlichkeit verschiedener Berufe zu bewerten, schneiden Politiker in Umfragen regelmäßig fast so schlecht ab wie Gebrauchtwagenhändler, Versicherungsvertreter und Journalisten. Die Berufe Politiker und Journalist gelten in Australien als die »korruptesten« überhaupt, so eine andere Studie.

Einer der fundamentalen Gründe für die endemische Unzufriedenheit des Volkes mit seinen Vertretern ist wohl, dass Australien von oben nach unten regiert wird statt umgekehrt. Die Nationalregierung in Canberra hat umfassende Macht, die einzelnen Bundesstaaten deutlich weniger – und danach kommt eigentlich nichts mehr. Bürger, Gemeinden – sie werden zu Bittstellern, sie müssen um Rechte feilschen, die ihnen eigentlich zustehen. Dazu kommt ein hochkomplexes Wahlsystem, das unter dem Strich die bereits Mächtigen bevorzugt und »eine Illusion von Demokratie kreiert«, wie es der bekannte unabhängige Parlamentarier Ted Mack einmal ausgedrückt hat. Es ist das Gegenteil von dem, was ich aus der Schweiz gewohnt bin, mit ihrer direkten Demokratie, in der Bürgerinnen und Bürger selbst bei den scheinbar banalsten Entscheiden mitreden können und in der die Gemeinden zu einem wesentlichen Teil ihr eigenes Schicksal bestimmen. Demokratie von unten nach oben eben. Im australischen System dagegen kann, wie wir in den kommenden Jahren erleben sollten, ein Premierminister die Nation sogar gegen den erklärten Willen der Öffentlichkeit in den Krieg führen. Und niemand kann wirklich etwas dagegen tun. John Howard folgte dem damaligen amerikanischen Präsidenten George W. Bush 2003 gegen den ausdrücklichen Wunsch der Bevölkerung in den Irak-Krieg. Er wusste genau: Sind australische Soldaten einmal vor Ort, wird jede Kritik am Einsatz als Kritik an den Truppen interpretiert. Und die Soldaten kritisieren will auch in Australien niemand.

Politiker werden nicht müde, den Bürgerinnen und Bürgern zu sagen, welch großen Einfluss das Volk auf die Gestaltung des Schicksals der Nation habe. »Wir haben die beste Demokratie der Welt« ist ein Spruch, den ich in 20 Jahren unzählige Male hören sollte, im Fernsehen, im Radio, bei Veranstaltungen – von Politikern. Aber nie vom Mann auf der Straße. Dort fühlt man sich sehr oft machtlos. Denn in Tat und Wahrheit stellen Bürger ihren Vertretern mit dem Wahlzettel alle drei Jahre einen Persilschein aus.

Dabei diente die australische Demokratie sogar als Vorbild für andere Länder. Als sich die sechs ehemaligen britischen Kolonien 1901 zusammenschlossen, übernahm das neue Commonwealth of Australia ein schon von Kolonialparlamenten verfolgtes Grundprinzip: Jeder Bürger solle eine Stimme haben. Zu Beginn hatten die Kolonien – heute sind es die Bundesstaaten – noch ein wesentlich weniger demokratisches System gehabt: das Wahlrecht für Mitglieder gewisser sozialer Klassen, für Wohlhabende, Adlige, Grundstückbesitzer. Wie im Mutterland Großbritannien. Nach Amtsmissbrauch, Korruption und der Einschüchterung von Wählern kamen schließlich Reformen. Die Kolonie Victoria führte 1855 als Erste die geheime Wahl an der Urne ein, ein System, das als »die australische Wahl« rund um den Globus bekannt wurde und Schule machte. Südaustralien schaffte die Bevorzugung privilegierter Personen bei der Machtzuteilung ab und gab zuerst allen erwachsenen Männern eine Stimme, dann, im Jahr 1892, auch den Frauen. 1899 folgte Westaustralien dem Beispiel. Im Jahr 1902, ein Jahr nach der Gründung des modernen Bundesstaates Australien, erhielten alle Australierinnen das Recht, sich für das nationale Parlament aufstellen und wählen zu lassen. Außer die Aborigines natürlich. Die mussten noch sechs Jahrzehnte warten, bis sie die gleichen Rechte hatten wie nicht-indigene Australierinnen und Australier.

Heute basiert das australische Regierungssystem, wie das vieler Länder, auf einem Zweikammernprinzip. Australien hat ein Repräsentantenhaus und einen Senat. Abgeordnete aus diesen beiden Kammern, die der Partei angehören, die am meisten Wählerstimmen erhält, bilden automatisch die Regierung – gelegentlich in Koalition mit Unabhängigen oder Mitgliedern kleinerer Parteien. Minister – selbst der Premierminister – bleiben trotz ihres Amtes Abgeordnete ihres Wahlkreises. Im Senat spielen Minderheitsparteien oft das Zünglein an der Waage. Das ist durchaus im Sinne des Erfinders: Das Oberhaus soll als Prüfstelle für Gesetzesentscheide dienen, die im Unterhaus getroffen werden. Im Gegensatz zu Mitgliedern des Repräsentantenhauses, die alle drei Jahre gewählt werden müssen, genießen Senatoren eine Amtsperiode von sechs Jahren.

Auch sonst gleicht das australische System in vielem dem anderer Demokratien. Auch im australischen Regierungskabinett gelten Verschwiegenheit und Solidarität: Was sich dort abspielt, wie Entscheide getroffen werden, welche Minister dagegen opponierten, welche sie begrüßten, darf nicht nach außen dringen. Damit soll die Stabilität der Regierung garantiert werden. Wie die Vereinigten Staaten, aber im Gegensatz zum ehemaligen Mutterland Großbritannien hat Australien eine geschriebene Verfassung. Sie regelt die Verantwortlichkeiten der nationalen Regierung, die Außenbeziehungen, den Handel, die Verteidigung und die Einwanderung. Den Regierungen der einzelnen Bundesstaaten bleibt der Rest: Verkehr etwa, Ausbildung, Gesundheitsversorgung. »Das amerikanische Modell des Föderalismus, wie es James Madison zwei Jahrhunderte vorher beschrieben hatte, beeinflusste die Autoren der Verfassung stark«, erklärt Richard Eccleston, Politologieprofessor an der University of Tasmania. Doch trotz des Engagements von führenden Politikern, die sich für die politische Unabhängigkeit und Vielfalt der damaligen Kolonien einsetzten, »entwickelte sich der australische Föderalismus nicht so, wie sie es sich vorgestellt hatten«, sagt Eccleston. Denn Canberra wacht über den Geldhahn. Die Gliedstaaten sind finanziell abhängig von der Nationalregierung. Das jährliche Treffen der Premierminister der Bundesländer mit der Nationalregierung degeneriert regelmäßig in einen heftig politisierten Schlagabtausch, genüsslich ausgeschlachtet durch die Medien. Der

Konflikt ist besonders übel, wenn in der Hauptstadt eine politische Partei regiert und in der Mehrheit der Bundesstaaten die Gegenseite. Das Treffen gleicht einem Kuhhandel, bei dem es um Milliarden Dollar geht. Rugbypolitik vom Übelsten.

Vielleicht haben Australierinnen und Australier die Hoffnung längst aufgegeben, ihr Schicksal über die Politik beeinflussen zu können. Vielleicht aber hatten sie diese Hoffnung auch nie. Denn in Australien entwickelte sich zumindest auf breiter Basis traditionell kein wirkliches Bewusstsein für die Verantwortlichkeit und die Macht des einzelnen Bürgers. Australierinnen und Australier lieben es zwar, sich als autoritätskritisch zu bezeichnen, als Individualisten. Als Rebellen sogar, die sich gegen die Obrigkeit auflehnen und immer ihren eigenen Weg gehen. Wohl aus diesem Grund wird Ned Kelly von vielen als Nationalheld gefeiert, obwohl er nichts anderes war als ein Dieb, Wegelagerer und schließlich Polizistenmörder. Weil er sich aber jahrelang dem Zugriff der Behörden entziehen konnte und am Galgen endete, wird er noch immer als Symbol des Widerstands des sogenannten »kleinen Mannes« gegenüber dem Staat zelebriert. Doch die meisten Australier sind keine Revolutionäre. In keinem anderen Land, das ich besucht oder in dem ich gelebt habe, habe ich die Menschen als derart autoritätsgläubig empfunden wie in Australien. Viele Menschen fluchen zwar täglich über Politiker, über absurde Vorschriften, über unfaire Regeln. Doch am Ende des Tages werden auch schlechte Gesetze akzeptiert. Und verhängnisvolle Entscheidungen der Politiker werden mitgetragen.

Eine der Ursachen für die Apathie liegt vielleicht in

der Geschichte. Seit mehr als zwei Jahrhunderten sind in Australien die Rollen zwischen den Politikern und dem Volk klar verteilt: Machtgeber und Machtnehmer. Seit die ersten Sträflinge, Siedler und Huren 1788 um den Hafen des heutigen Sydney ihre Zelte und Hütten aufstellten, gibt es in Australien jene, die befehlen, und jene, die gehorchen. Politiker sind heute, was in den Anfängen der Sträflingskolonie Gouverneure, Soldaten und Polizisten waren. Seit dem ersten Tag der jungen Kolonie Australien war es das Bestreben der Machthabenden, den Pöbel unter Kontrolle zu halten. Klagen können sie gerne, aufbegehren aber nicht. Es galt das Prinzip von Zuckerbrot und Peitsche. Und das im wahrsten Sinne des Wortes. In den Kolonien gab es für die Gehorsamen als Belohnung ein paar Becher süßen Rum. Die Rebellen, oder auch nur die, die sich beklagten, schlossen Bekanntschaft mit der Peitsche, der »sechsschwänzigen Katze«. Benannt nach den sechs Schnüren, die das Strafinstrument der Wahl so gefürchtet machten. Manchmal waren ihre Spitzen mit Blei beschwert. Nach drei Hieben hatte man keine Haut mehr auf dem Rücken. Nach fünf Hieben lagen die Rippen frei. Für viele Delikte gab es Dutzende von Hieben. So mancher Verurteilter flehte den Richter an, ihn lieber am Galgen sterben zu lassen.

»Bullshit! Politik ist uns ganz einfach egal. Solange wir am Abend unser Bier haben, können die Politiker doch machen, was sie wollen!« Das war die Antwort, als ich vor ein paar Jahren mal mit einem Australier, mit dem ich bei einer Veranstaltung in Canberra zufällig ins Gespräch kam, über diese Theorie sprach. Zuckerbrot und Peitsche sind aber auch heute noch wichtige Instrumente im Arsenal australischer Politiker. Wer die Gunst des Volkes will, verspricht ein neues Stadion, billigeres Benzin und eine Autobahn. Bier, Barbecue, amerikanische Seifenopern und am Samstag Rugby in der Glotze. Auf der anderen Seite wächst der Berg von Vorschriften, Regeln und lächerlichen Verordnungen. Verbotsschilder überall. »Kein Alkohol« hier, »kein Skateboardfahren« da, »doppelte Strafpunkte im Feiertagsverkehr«. Das Land ist eigentlich bekannt für »Easy Going«, die lockere, unbeschwerte Art. Weit gefehlt, sagt ein Kenner. »Das Land ähnelt einem Polizeistaat«, schrieb der frühere Südostasienkorrespondent der Frankfurter Allgemeinen Zeitung, Jochen Buchsteiner, nach einem Besuch in Sydney resigniert. Wer mit seinem Kind in ein Pub geht und es aus Versehen mit an den Tresen nimmt, um sich ein Bier zu bestellen, dem drohen nicht nur böse Blicke, eine Schelte des Wirtes, sondern Tausende von Dollar Buße. Paternalismus extrem in einem Land, das die Kontrolle seiner Bürger im Blut hat. Australien hat einige der intrusivsten Sicherheitsgesetze der Welt. Ein Australier hat eine 26-mal höhere Chance, von der Polizei oder vom Geheimdienst abgehört zu werden, als Bürger in anderen westlichen Staaten.

Der Polizist traut dem Sträfling noch immer nicht.

KAPITEL 23

Corina ist überall. In einem halben Dutzend Vereinen engagiert, jeden Abend unterwegs. Einen Flohmarkt für das Altersheim organisieren, Geld sammeln für drogenabhängige Jugendliche. Selbstlos, respektvoll, immer im Einsatz. Immer da für andere, die Seele der Gemeinde. Zwischendurch fährt sie noch ihre kranke Mutter zum Arzt. Und die Jugendlichen, um die sie sich kümmert, die machen auch immer Ärger. Immer wieder muss sie einen von der Polizeistation abholen, mitten in der Nacht. Eigentlich leitet Corina ein Immobiliengeschäft in der Hauptstraße von Greentown. »Dieses Haus ist zu teuer. Bekommst du 10 000 Dollar billiger«, höre ich sie sagen. Die 55-Jährige muss die ehrlichste Liegenschaftenhändlerin des Landes sein. Jeder kennt Corina, sie gilt in Greentown sozusagen als Eingeborene, ihre Familie lebt schon in der fünften Generation in der Region. Also seit Beginn der weißen Besiedlung des Landes. Corina ist ein Landei, wie wohl die Mehrheit der Bürgerinnen und Bürger von Greentown, und sie steht dazu. Nur einmal sei sie im Ausland gewesen, erzählt sie. In Vietnam, für ein Hilfsprojekt von Rotary. Sie kam mit einer Magenverstimmung zurück.

Und dann ich. Weltenbummler mit mehr Magenverstimmungen, als ich zählen kann. Schweizer. Ausländer. Eben gerade erst angekommen. Corina und ich haben eigentlich nichts gemeinsam. Und doch verstehen wir uns sofort. Wir treffen uns alle paar Tage zum Kaffee. Ich erzähle ihr, dass wir nun hier wohnen, in unserem Shed, probeweise.

»Wieso Greentown?«, fragt sie ungläubig.

»Wieso nicht?«, antworte ich.

»Du könntest doch in Sydney leben«, meint sie.

»Wieso sollte ich, wenn ich doch hier wohnen kann, im Paradies?« Ich bin kein Stadtmensch, und für mich war immer klar, dass Greentown eine phantastische Zukunft haben könnte. Corina steigen Tränen in die Augen. Es ist für sie kaum fassbar, dass ein Außenstehender, und dann noch ein Ausländer, etwas Schönes sehen kann an ihrem Städtchen. Sie liebt Greentown, auf eine Art, wie wohl jeder Mensch den Ort liebt, in dem er seit seiner Geburt gelebt hat. Aber Corina macht sich keine Illusion darüber, dass man hier in der Provinz ist. Sie weiß, dass sie in einer Gemeinde lebt, die nicht wirklich weiß, welchen Weg sie gehen soll, die sich an jede Hoffnung klammert. Hoffnung auf ein Wiederaufleben der »guten alten Zeiten«. Hoffnung auf neuen wirtschaftlichen Wohlstand, wie damals, als man glücklich auf dem Rücken der Schafe reiten konnte, ohne viel denken zu müssen. Jeder, der die Rückkehr zu solchem Glück verspricht, wird hier mit Handkuss begrüßt. Auch wenn das Versprechen noch so absurd ist, die Pläne noch so überschwenglich sind, unglaubwürdig.

»Wir müssen etwas tun«, sage ich zu Corina. Am Tag zuvor war bekanntgeworden, dass ein Unternehmer direkt neben der Stadt, auf der anderen Seite der Autobahn, eine gigantische Industrieanlage bauen will. Corina ist eine von wenigen, die nicht in die kollektive Euphorie eingestimmt haben. »Mindestens 300 Arbeitsplätze«, hatte der Industrielle vor versammelter Gemeinde versprochen. Corina sieht in erster Linie Zerstörung. Wo heute bestes Farmland ist, sollen künftig Hunderte von Lagerhallen stehen. »Das Logistikzentrum südlich von Sydney« werde Greentown werden, sagt der Unternehmer, ein gigantisches Warenumschlagszentrum. Beschlossene Sache. Mehrere Farmen hat er bereits aufgekauft, mit Hilfe finanzkräftiger Partner. Land, bereit für den Bulldozer. Beton statt Wiesen. Lastwagenverkehr, 24 Stunden am Tag. Bilder aus meiner Kindheit flackern auf. Der Ort im Norden der Schweiz, in dem ich aufgewachsen bin. Eine Situation vergleichbar mit Greentown. Ein liebliches Landstädtchen, ein Dorf eigentlich, ebenfalls verkehrsgünstig gelegen, ebenfalls südlich einer großen Stadt. Bis die Bulldozer kamen. Heute fährt man auf der Autobahn an meinem Heimatdorf vorbei und merkt nicht einmal, dass es da ist. Statt Wiesen Lagerhallen, Einkaufszentren und Billighotels. Und Lastwagenverkehr, 24 Stunden am Tag. »Das darf hier nicht geschehen«, sage ich zu Corina. »Wir haben die Chance, nicht dieselben Fehler zu machen wie in Europa.« Corina ist begeistert. »Ja, aber wie?«

Zum ersten Mal bin ich ganz persönlich in diesem Konflikt, der auf die eine oder andere Art fast alle Aspekte des Lebens in Australien bestimmt: Auf der einen Seite besteht ein starker Wunsch nach Erhaltung und Schutz einer einzigartigen und wertvollen Umwelt, für die Australien weltweit bekannt ist. Auf der anderen Seite ruft die Wirtschaft nach Arbeitsplätzen, Wohlstand, Gewinn und »Shareholder Value« – und das in vielen Fällen ohne jegliche Rücksicht auf die Konsequenzen.

Meine nächste Reportagereise führt mich nach Tasmanien. Passender geht's nicht. An kaum einem anderen Ort dominiert dieser Konflikt seit Jahren in derart dramatischer Weise das Leben der Menschen wie auf dieser Insel. Tasmanien ist ein Konzentrat dessen, was sich in anderer Form und Intensität an unzähligen Orten des Landes abspielt: der Kampf gegen die hemmungslose Ausbeutung der natürlichen Ressourcen, von denen Australien unendlich viele zu haben scheint. Etwa zwei Stunden Flug sind es von Sydney bis Launceston. Als ich aus dem Flughafengebäude trete, bereue ich, keinen Schirm dabeizuhaben.

Der Regen ist so fein, dass er kaum spürbar ist auf der Haut. Und doch ist man nach einer Minute völlig durchnässt. »Wir lieben Regen«, sagt Annabel, die mich abholt. Sie ist von der tasmanischen Regierung beauftragt, mir die Schönheiten dieses Teils der Insel zu zeigen. Wir fahren in den äußersten Nordwesten Tasmaniens. Regen hat eine ganz besondere Bedeutung hier. Er fällt oft, zuverlässig. Er macht diese Ecke zu einem der landwirtschaftlich produktivsten Orte Australiens. Ein eigentlicher Brotkorb der Nation, voll mit den besten Produkten, die man sich vorstellen kann. Hier atmet man die sauberste Luft auf dem Globus. Findet man im Rest der Welt pro Kubikzentimeter Luft im Durchschnitt zwischen 5000 und 500 000 Schmutzpartikel, seien es hier nur zwischen 10 und 600, sagen die Experten. Die Geschäftsleute hier oben und die

Bauern, sie wissen um ihren Konkurrenzvorteil. »Sie machen das Beste aus der Einzigartigkeit, die ihnen die Isolation bringt – vom Rest Tasmaniens, vom Kontinent Australien, von der Welt«, sagt Annabel. Auf grünen Wiesen weiden Kühe, deren Milch in alle Welt exportiert wird. So gar nicht das Australienbild, das man kennt. Bayern oder Graubünden statt Outback und Wüste. Käse, Butter, alles erster Klasse. Nischenprodukte. Exklusiv. Kleine Mengen, große Margen. Die Leute hier oben verkaufen sogar ihren Regen. Flaschenweise wird das Wasser nach Europa exportiert, in die Vereinigten Staaten, Japan und den Nahen Osten.

Tasmanien, eine kleine Insel, die am unteren Ende des australischen Kontinents hängt. Hier kann man das Beste finden, was Australien bieten kann. Und das Schlechteste. Wie kein anderes Land hat es Australien geschafft, in nur 200 Jahren zu einer der reichsten Industrienationen auf dem Globus zu werden, deren Bevölkerung einen rekordhohen Lebensstandard genießt. Und wie kein anderes Land hat es Australien geschafft, in nur 200 Jahren einen wesentlichen Teil seiner Tier- und Pflanzenwelt auszurotten oder an den Rand der Existenz zu treiben, seine Flüsse und Bäche zu vergiften, seine Regenwälder abzuholzen, seine Korallen auszubleichen.

Unterschiede – sie sind in Tasmanien extrem und auf ein kleines Gebiet konzentriert. Auf der einen Seite der Straße findet man eine Wildnis, die von den Vereinten Nationen als Weltkulturerbe anerkannt ist und jedes Jahr Tausende von gutbezahlenden Touristen anlockt. Auf der anderen Seite der Straße dröhnt die Kettensäge. Kahlschlag, Umweltvandalismus, wie in einem Drittweltland. Gier und Macht.

Ich verabschiede mich von Annabel, ihrem kleinen Paradies, dem Regen, der Butter und den Kühen. Ich fahre nach Süden. Und das Klima ändert sich schlagartig.

Westlich von Hobart, der Hauptstadt Tasmaniens, bin ich mit Vica Bayley unterwegs. Er ist Ökologe, ein Aktivist der kleinen Umweltorganisation Wilderness Society. Über kurvige Straßen, entlang grüner Wiesen fahren wir ins Styx-Tal. Die dichten Regenwälder sind seit Urzeiten Heimat einer bunten Palette von Pflanzen und Tieren. Viele sind streng geschützt. Über den Wipfeln der Bäume suchen Keilschwanzadler nach Beute. In den Asthöhlen leben Opossums und Sittiche. Moos bedeckt den feuchten Boden. Zwischen hohen Farnen grasen Wallaby-Kängurus. Wir lassen unser Fahrzeug stehen. Ein paar hundert Meter zu Fuß in den Wald, und wir stehen vor einem Sumpfeukalyptus, einem Baum von atemberaubender Dominanz. Mit bis zu 95 Metern Höhe und einem Umfang von 15 Metern ist der »Eucalyptus Regnans« der höchste Hartholzbaum der Welt und die größte blühende Pflanze, erzählt mir Vica. Bis zu 400 Jahre alt sind die Urwaldriesen im »Tal der Giganten«. Nur zehn Prozent aller tasmanischen Sumpfeukalypten haben die 200 Jahre überlebt, seit die ersten britischen Sträflinge nach Tasmanien kamen und die Abholzung der Wälder begannen. »Ich will, dass mein Kind diese Bäume auch noch sehen kann«, sagt der 31-Jährige. In ein paar Wochen wird er Vater, erzählt er mir stolz. Bayley ist ein ruhiger junger Mann, fast etwas schüchtern, mit rotem Haar und Pferdeschwanz.

Wir fahren weiter, tiefer in den Urwald. Auf einer Anhöhe parken wir unseren Wagen, hinter einem Gebüsch, außer Sichtweite. »Ich hoffe, sie sehen uns nicht«, meint Bayley. Wir gehen ein kurzes Stück durch den Wald. Ohrenbetäubender Lärm. Dieselabgase brennen in den Augen. Wir verstecken uns hinter zwei großen Eukalyptusbäumen.

Mit der Kraft von 250 Pferden donnert der Bulldozer durch das dichte Unterholz. »Rodungsplatz 27« ist eine riesige Wunde mitten im Urwald. Bäume knicken um wie Streichhölzer. Ich sehe, wie mannshohe Farne, Hunderte von Jahren alt, unter den mächtigen Stahlketten zerquetscht werden. Daneben ist ein »Baumverarbeiter« im Einsatz, eine gewaltige Maschine, die den letzten Eukalyptusbaum auf dem Platz packt, fällt, entrindet und auf einen Lastwagen legt. Alles in zwei Minuten. Dann ist Feierabend. Motoren aus. Die Arbeiter stecken sich Zigaretten an und fahren weg. »Versteck dich«, sagt Vica, »wenn die uns sehen, gibt's Ärger.«

Plötzlich Totenstille. Was ich sehe, erinnert mich an die schwarzweißen Bilder von einem Schlachtfeld im Ersten Weltkrieg. Aus entwurzeltem Gebüsch und aufgewühlter Erde ragen gebrochene Äste zerschmetterter Bäume wie die abgerissenen Gliedmaßen gefallener Soldaten. In ein paar Tagen werden Hubschrauber Tausende von Benzinkugeln abwerfen und das Rodungsgebiet in ein Inferno verwandeln, erklärt mir Vica. »Die Hitze ist so intensiv, dass sich ein Rauchpilz entwickelt wie bei einer Atomexplosion.« Für die Tiere in diesem abgelegenen Stück Wald habe das Grauen erst gerade begonnen, erklärt er mir. »Ist die Feuerapokalypse vorbei und die verkohlte Erde kühl, kommt der Mann mit den Karotten. Er wirft sie zwischen die toten Baumstümpfe, auf die Wege, ins Gebüsch. Aus dem umliegenden Wald kommen Kängurus und Opossums und genießen die Leckerbissen.« Zwei Tage lang. Am dritten Tag seien die Karotten vergiftet. »Es ist ein grausamer Weg in den Tod: Krämpfe, Erblindung, Lähmungen, Panik«, sagt Bayley. Vergiftet werden die Tiere vor der Aussaat neuer Baumsamen. So soll verhindert werden, dass Sprösslinge gleich wieder gefressen werden. Denn die Pflanzung von Monokulturen von Eukalyptusbäumen ist das Endziel der Rodungen in Tasmanien.

Mein nächster Interviewpartner hat keine Zeit für Sentimentalitäten. Die Bäume würden »auch so irgendwann mal sterben«, meint er. Auf 220 Millionen Euro schätzt Evan Rolley den Wert des »erntefähigen« Holzes im Styx-Tal, wie er es im Industriejargon nennt. Der 50-Jährige führt mich stolz durch ein Rodungsgelände. Rolley ist Chef von Forestry Tasmania, der Behörde, die mit der Betreuung der tasmanischen Wälder beauftragt ist – und ihrer wirtschaftlichen Nutzung. Mit Rundglatze, knappgeschnittenem Bart und einem kragenlosen weißen Hemd sieht er aus wie ein Mönch. 1,5 Millionen Hektar Forst sind unter der Kontrolle von Forestry Tasmania. Sie hat laut Gesetz die Aufgabe, die Wälder zu schützen. Doch sie erteilt auch den privaten Holzverarbeitern Lizenzen zur Rodung, nicht nur in Forstplantagen, sondern auch in jungfräulichen Urwäldern. Größter Nutznießer ist die Firma Gunns, einer der größten Holzverarbeiter der Welt. Ihr Chef ist John Gay. Ein Mann, der im Fernsehen kaum einen zusammenhängenden Satz zustande bringt. Doch Gay hat eine Macht, »größer als die des Premiers von Tasmanien«, sagen Kritiker. Er hat sich hochgearbeitet, vom Säger zum Chef der Firma. Er kontrolliert in diesem Staat das Wertvollste überhaupt: Jobs. Gay ist bestens mit den führenden Persönlichkeiten der tasmanischen Politik verbunden. Vetternwirtschaft, Handschlagabkommen, sie sind in diesem Geschäft Alltag. Die Methusalem-Bäume sterben nicht etwa, um als edle Wandschränke oder teurer Bodenbelag zu enden: 90 Prozent des Holzes werden zu Holzschnitzeln verarbeitet – zu sogenannten Woodchips. Die zentimeterkleinen Faserstücke dienen Firmen in Japan als Rohstoff für die Herstellung von Einkaufstüten und anderem Verpackungsmaterial.

Wirtschaftlich gesehen spreche vieles für die Rodung von Urwäldern in Tasmanien, erklärt mir später Terry Edwards, Sprecher des Tasmanischen Forstverbandes in Hobart. Die Holzindustrie schaffe Jobs. Nur einen Steinwurf von Edwards' Büro entfernt, in einer alten Villa mit einem verwilderten Garten, brütet sein Erzfeind über den Akten seiner Anwälte. Geoff Law, Chefkoordinator der Wilderness Society. Die Holzfäller genössen dank ihrer »unheiligen Allianz mit der Regierung und den Gewerkschaften« eine überaus großzügige Position, was die Nutzung »unserer Urwälder« angehe. »Man darf nicht vergessen«, sagt Law, »die Bäume sind Eigentum aller Tasmanier.«

In den Wäldern von Tasmanien zeigt sich beispielhaft ein Phänomen, das Australien prägt und das Schicksal dieses Landes bestimmt: ein extrem kurzfristiges Denken der Entscheidungsträger. Kurzfristiger Gewinn – politisch oder wirtschaftlich – hat fast immer oberste Priorität, selbst wenn er auf Kosten der Umwelt geht und der wirtschaftlichen Zukunft kommender Generationen. Nachhaltigkeit ist für viele Politiker ein Fremdwort. Hier in Tasmanien wird das

Sprichwort vom Menschen, der den Ast absägt, auf dem er sitzt, wahr. Der durchschnittliche Urwaldriese – zu Holzschnitzeln verarbeitet – bringt gerade mal 180 Euro ein. In einem Gebiet Tasmaniens aber, das touristisch erschlossen ist, legen Gruppen von Reisenden aus Japan und Korea jede Stunde ein Mehrfaches dieser Summe auf den Tisch, nur um einmal in ihrem Leben einen solchen Baum sehen zu können und vielleicht sogar zu berühren. »Für viele Besucher ist es ein tiefes emotionales, ja lebensveränderndes Erlebnis, ein 400 Jahre altes Lebewesen zu sehen und zu berühren«, erzählt mir der Ranger. Wieder bin ich mit Vica Bayley unterwegs, diesmal in einem Rodungsgebiet, das dem Ziel, eine Plantage zu werden, schon näher gekommen ist. Zwei Tage nach dem Inferno. Zwischen verkohlten Ästen sehen wir ein Echidna, ein australisches Stacheltier. Es sucht in der toten Landschaft nach Futter. »Hier wird ein ganzes Ökosystem vernichtet«, erklärt Bayley. Kahlschlag ist unglaublich verschwenderisch. Tonnen von brauchbarem Holz bleiben als »Abfall« liegen. Regelmäßig kommt es zu Konflikten zwischen Holzfällern und Aktivisten, die sich den Bulldozern und Erntemaschinen in den Weg stellen. Schlägereien, eingeschlagene Autoscheiben, aufgeschlitzte Reifen, Zucker im Tank. Trotzdem ist Geoff Law überzeugt: »Wir werden siegen.«

*

Einige Jahre sind seit dieser Reise vergangen. Geoff Laws sollte recht behalten – zwar nicht ganz, aber auf ganz spektakuläre Weise. Der langjährige Druck der Umweltorganisationen auf die Käufer der Holzschnitzel führte dazu, dass sie ihre Verträge mit Gunns kündigten. Gleichzeitig brachen weltweit die Preise für Holzschnitzel ein. 2012 meldete Gunns Konkurs an. Ihr mächtiger Chef John Gay, der König Tasmaniens, verlor seine Krone. Nach dem Zusammenbruch des Aktienpreises seiner Firma wurde er auf Druck der Aktionäre gefeuert.

Anfang 2013 einigen sich die tasmanischen Forstbehörden und die Umweltschützer auf einen Kompromiss: der Schutz von mehr Urwäldern gegen die Zusicherung, dass es in zur Abholzung vorgesehenen Gebieten keine Proteste mehr gebe. Und im Juni 2013 erklären die Vereinten Nationen 170 000 Hektar tasmanischen Wald zum Weltkulturerbe. Doch sicher vor dem Zugriff skrupelloser Politiker und einer profitgierigen Industrie ist die tasmanische Natur trotzdem nicht. Wochen später meldete die konservative Oppositionspartei, sie werde das Fällen auch in diesen Schutzgebieten erlauben, sollte sie gewählt werden.

KAPITEL 24

Die Erlebnisse in Tasmanien haben mich noch entschlossener gemacht, bei uns in Greentown einen Raubbau an der Natur, an der Umwelt zu verhindern. Corina und ich treffen uns oft. Langsam gesellen sich weitere Leute zu unseren morgendlichen Diskussionen am Kaffeetisch. Trish, die Frau eines Hausarztes, etwa. Sie teilt unsere Ideen: Greentown muss umdenken, und zwar radikal, um wieder groß zu werden. Keine Lagerhallen, keine flächenmäßige Zerstörung mit dem Bulldozer, sondern nachhaltige Jobs. Qualität statt Quantität. Doch wie das geschehen soll, das wissen wir nicht. Und wie wir das den konservativ denkenden Menschen von Greentown beibringen wollen, das wissen wir schon gar nicht. Wir entscheiden uns, eine kleine Gruppe zu gründen. Ich nenne sie »The Greentown Group« oder TGG. Simpel, dafür sind unsere Ziele spektakulär. Wir wollen nicht weniger als die Welt verändern, jedenfalls unsere Welt. Hier, vor unserer Haustür. Demokratie von unten, Macht dem Einzelnen. Kein Rezept, um sich Freunde zu machen in diesem Land.

Unsere Kinder wachsen, und unser Shed scheint zu schrumpfen. Meine Büro-»Ecke«, die ich mir eingerichtet hatte, nimmt inzwischen unser halbes Schlafzimmer in Beschlag. Ein Büchergestell, zwei riesige Aktenschränke, dazwischen unser Bett. Und das alles auf 20 Quadratmetern. Christine klagt, die letzten Töne, die sie am Abend vor dem Einschlafen höre, seien nicht ein zartes »Schlaf gut« ihres Mannes, sondern das Tippen meiner Finger auf der Computertastatur. »Zum Glück bin ich auf einem Ohr taub«, witzelt sie. So könne sie sich umdrehen und habe ihre Ruhe. Ehefreundlich ist das Leben auf kleinem Raum sicher nicht. Auch das Kinderzimmer wird immer enger. »Wir müssen was tun«, sage ich. »Bauen oder abhauen«, antwortet Christine.

Abhauen sicher nicht.

Für uns ist inzwischen klar, dass wir hierbleiben wollen, zumindest auf absehbare Zeit. Samuel geht in die Primarschule, David in den Kindergarten. Entwurzeln wäre keine Option. Weshalb auch? Zum ersten Mal in meinem Leben, nach drei Jahrzehnten des Wohnens hier und des Lebens da, habe ich das Gefühl, zu einer Gemeinde zu gehören. Den Menschen in TGG sei Dank. Christine geht es genauso, als Gemeindekrankenschwester. Sie ist sehr beliebt bei ihren Patienten. »Die Blonde mit dem deutschen Akzent« nennen sie sie. Sogar die alten Soldaten, die im Zweiten Weltkrieg an der Seite der Briten gegen Deutschland gekämpft haben. Einige hatten anfänglich Schwierigkeiten damit, dass plötzlich ein *Kraut* ihnen die Insulininjektion gab. »Aber Christine ist ja nicht Hitler«, meinte einer. Nur einmal lehnte ein alter Mann kompromisslos ab, von ihr behandelt zu werden.

Unser Alltag ist so wie der vieler Familien, die auf dem Land wohnen. Jeden Morgen die Kinder aus dem Bett jagen, frühstücken, hetzen und dann sieben Kilometer fahren. Wo unsere Straße in eine Hauptstraße mündet, hält jeden Morgen der Schulbus. Dort stehen in Reih und Glied die Briefkästen all der Leute, die an unserer Straße wohnen. Aber nicht wie in Europa genormt, sondern in einer chaotischen Vielfalt von Formen, Farben und Größen. Unser Postbote fährt jeden Tag über 200 Kilometer, um seine Runde zu machen.

Das ist allerdings nichts im Vergleich zu der Strecke, die Tom zu bewältigen hat, den ich für eine Reportage im Sonnenbundesstaat Queensland begleite. Scharfer Seitenscheitel, frisch gebügeltes weißes Hemd und schwarz-goldene Schulterabzeichen. Der junge Australier gleicht eher einem Filmstar als einem Postboten. Und doch ist Tom genau das: Er liefert die Post. Allerdings ist sein Transportmittel nicht ein kleines Auto oder gar ein Fahrrad, sondern eine viersitzige Cessna. Das kleine Propellerflugzeug steht auf dem Flugfeld vor dem Privathangar in Cairns. Tom bedient einen der längsten Postlieferkreise der Welt: 1250 Kilometer, fünf Starts und Landungen, die meisten davon in einer der unwirtlichsten Gegenden, die man sich nur vorstellen kann. Ein langer Tag.

Es ist fünf Uhr früh, aber Tom ist hellwach. »Es lohnt sich, wenn man sein Gerät sehr gut checkt«, sagt er und montiert sich die Sonnenbrille. Keine teure »Ray-Ban Aviator« wie die Starpiloten im Fernsehen, sondern ein Billigmodell aus dem Supermarkt. Trotz ihrer Verantwortung und trotz der nicht unwesentlichen Gefahren, denen sie sich aussetzen, sind australische Buschpiloten generell schlecht bezahlt. Aber den Job als Outback-Pilot macht man nicht wegen des Geldes, sondern wegen der Erfahrung, die er bietet. Innerhalb weniger Monate kann Tom so viele Kilometer fliegen, dass er seine Fluglizenz eine weitere Stufe anheben kann. Bis eben dahin, wo die meisten jungen australischen Piloten hinwollen: in den Captain-Sitz einer internationalen Maschine von Qantas, der australischen Fluglinie. »Hier fliege ich so viele Kilometer in einer Woche wie andere in drei Monaten. Das wäre niemals möglich, wenn ich in einer Großstadt wie Sydney leben würde.«

Mit seiner Hand fährt Tom über den scharfen Rand des Propellers, sorgfältig prüfend. Dann die Heckflosse. »Unebenheiten sind der Killer«, sagt er. »Selbst kleine Steine können einen verheerenden Schaden anrichten, und das kann hier draußen sehr schnell mal das Ende bedeuten.« Dann geht's zum Treibstofftank im Flügel, zu den Rädern, zum Motor. Ein Tropfen Öl, ein bisschen Schmiere, wo sie nicht hingehören sollte, und die Maschine bleibt am Boden. Doch Tom ist zufrieden. »Alles o.k.«, sagt er. Von einem kleinen Rollwagen heben wir die Postsäcke in den Frachtraum der Maschine. Hinter uns, in respektvoller Distanz und gekleidet in einen für die Situation gänzlich unpassenden Nadelstreifenanzug, steht Kim. Er ist ein Reporterkollege aus Korea und eindeutig kein Freund kleiner Flugmaschinen. Kim schaut die Cessna an, als wäre sie sein Sarg. »Ich bin nicht sicher«, stottert er in gebrochenem Englisch, »ob ich mich hier wohl fühle.« Der 28-Jährige ist eigentlich Finanzjournalist und nicht wirklich für dieses Abenteuer gerüstet. Er war für eine der größten Wirtschaftszeitungen Koreas bei einer Konferenz in Sydney. Dann sah sein Redakteur zu Hause in Seoul im Fernsehen zufällig einen Bericht über die fliegenden Postboten Australiens. »So bin ich eben noch nach Cairns geflogen.« Er klammert sich an seinen kleinen Rucksack, als wir in die Maschine steigen. Wir schnallen uns in die engen Sitze, ich im Copilotensitz, Kim hinter mir. Wir montieren die Kopfhörer. Jeder ist mit einem Mikrofon ausgerüstet. Das erlaubt uns, trotz des Motorenlärms in der Kabine miteinander zu sprechen. Wir hören auch den Funkverkehr mit, den Tom und der Kontrollturm führen. »You are okay for takeoff«, sagt eine kratzige Stimme. Kim atmet durch den offenen Mund. Schweiß steht ihm auf der Stirn. Dabei ist es doch noch gar nicht warm an diesem schönen Sommermorgen. Aber das soll sich bald ändern. Weit über 40 Grad sind heute angesagt.

Wir heben ab und fliegen mit einem leichten Bogen in Richtung Norden. Im Osten sehen wir das Meer und ein paar Schiffe, die an diesem Morgen unterwegs sind in Richtung Barrier Reef. Die Sonne blendet, je nachdem, wie das Flugzeug am Himmel steht. Ich bin erstaunt, wie stabil die Maschine gleitet. Kim scheint sich beruhigt zu haben. Mit seiner Kamera knipst er aus dem Seitenfenster. Die aufgehende Sonne taucht das Land unter uns in ein traumhaftes Licht.

Es ist nicht das erste Mal, dass ich in einem solch kleinen Flugzeug unterwegs bin, ich bin auf meinen Reisen pro Jahr mindestens ein halbes Dutzend Mal in diesen vier- oder sechssitzigen Maschinen unterwegs. Cessnas sind die Transportmittel der Wahl, wenn man in einigermaßen akzeptabler Zeit in die abgelegenen Regionen Australiens will, in Gebiete, die von den größeren Fluglinien nicht bedient werden. Hunderte von Kleinmaschinen fliegen jeden Tag zwischen den

Regionalstädten und den kleineren Siedlungen im Outback. Ich habe eigentlich kein Problem, in diesen Maschinen zu reisen, aber Christine macht sich jedes Mal wesentlich größere Gedanken um mich, als wenn ich in einem Krisengebiet bin. »Wenn du mal im Job stirbst, wird es in einem dieser kleinen Flugzeuge sein«, sagt sie vor jeder Abreise. Auszuschließen ist das nicht. Jedes Jahr kommt es zu Abstürzen, und sie enden fast immer tödlich. Oft dauert es Tage, bis das Wrack im unzugänglichen Gebiet gefunden wird. So ist es auf jeden Fall gut, wenn man sich vor jedem Abflug den Piloten genau anschaut, um zu sehen, ob man ihm sein Leben anvertrauen will.

Ohne Buschpostboten wären die Menschen im Outback noch isolierter vom Rest der Welt. Ob im Northern Territory, in Südaustralien, in Westaustralien oder eben hier in Queensland – der »Aerial Postal Service« ist für viele Bewohner von Rinderstationen im australischen Inland nicht nur ein unverzichtbarer Lieferservice von Briefen und Paketen, er ist ein wichtiger – oftmals sogar der wichtigste – Moment in der Woche. »Manchmal komme ich mir vor wie der Weihnachtsmann«, sagt Tom durchs Mikrofon, als wir über die südlichen Ausläufer des Daintree-Nationalparks in Richtung Westen fliegen. »Die Menschen erwarten mich sehnsüchtig, dabei bringe ich doch nur die Post.« Zweimal in der Woche fliegt Tom seine Route, jeweils mit weit über 200 Kilo Pakete, Briefe »und gelegentlich einer Eisbox mit Insulin«. Viele Bewohner im Inland nutzen seinen Dienst, um lebenswichtige Medikamente einzufliegen. Die meisten Farmer haben zwar selbst eine kleine Cessna, aber nach Cairns zu fliegen kostet Zeit und sehr viel Geld. So kommt es, dass Tom zum Lieferjungen für alles wird. »Ich habe schon mal einen Kasten Rum mitgenommen und einmal einen kleinen Hund, der im Tierspital war. Seine Besitzerin hatte derart Sehnsucht nach ihm, sie wollte nicht mehr warten.«

Nach einer Stunde Flug unsere erste Landung. In etwa 300 Metern Höhe setzen wir zum Abstieg an. Unter uns eine typische »Buschpiste«, eine Landebahn, herausgeschnitten, herausgepflügt aus der dürren Vegetation der Savanne. Wir sind im Süden von Cape York, einem der wildesten Gebiete Australiens, fast menschenleer, eine Halbinsel, die wie die breite Spitze einer Lanze nach Norden zeigt, nach Papua-Neuguinea. Im Osten das Korallenmeer, im Westen der Golf von Carpentaria. Doch im Zentrum der Halbinsel spürt man meist nur die Trockenheit. Genutzt wird Cape York vorwiegend zur Rinderzucht. Etwa 60 Prozent des Landes werden von Rinderfarmen kontrolliert, riesigen Gebieten, die auf sogenanntem »Crown Land« liegen. Das ist Land, das zwar dem Staat gehört, aber von Rinderzüchtern »geleast« werden kann, für 99 Jahre. Diese »Lease« kann genauso wie privater Grundbesitz gekauft und verkauft werden. Daneben spielt der Bergbau eine wichtige Rolle. Im Norden, bei der Stadt Weipa, wird Bauxit abgebaut, der Grundstoff für die Herstellung von Aluminium. Im Süden von Cape York gibt es einige Aboriginal-Gemeinden. Sonst ist das Land kaum bewohnt. Wildnis pur – Hunderte von Touristen nehmen jedes Jahr in Allradfahrzeugen die beschwerliche Strecke an die nördlichste Spitze des australischen Festlandes unter die Räder. Diese Reise gehört zu den letzten großen Abenteuern auf dem fünften Kontinent.

Wir setzen auf der staubigen Piste auf. Obwohl der Landeplatz flach ist und gut unterhalten, springt unsere Maschine zwei-, dreimal hoch. Kim schnappt nach Luft. Wir rollen hundert Meter und wenden dann scharf. Wir fahren in Richtung eines Autos. »Hey Jane, wie geht's«, fragt Tom die blonde Frau, die auf uns wartet. Sie trägt einen Akubra-Hut, fast so groß wie ein mexikanischer Sombrero. Kim und ich sind froh, dieser fliegenden Sardinendose entkommen zu können. Während Tom die Pakete und Briefe entlädt und in Janes Wagen legt, können wir die Frau interviewen. Sie lebe hier seit 15 Jahren, erzählt sie, auf einer 2000 Hektar großen Farm. »Meine beiden Mädchen sind im Internat in Brisbane«, sagt sie. Sie und ihr Mann seien jetzt alleine. Das Schicksal vieler Outback-Familien. Während die Grundausbildung über die »School of the Air« vermittelt wird, über Distanz, mit Hilfe von Funk und Internet, müssen die meisten Kinder aus den abgelegenen Regionen des Landes für ihre höhere Ausbildung, die »High School«, in eine größere Stadt ziehen. »Ja, das tat schon weh«, sagt Jane, als ich sie frage, ob die Trennung von ihren beiden Mädchen hart war. »Und es schmerzt noch immer. Die Kinder kommen nur während der längeren Ferien nach Hause, und sie haben immer Heimweh. Aber das ist halt unser Schicksal.« Ich schwöre mir selbst, meine Kinder nie ins Internat zu schicken.

Der Zwischenstopp hat gerade mal fünf Minuten gedauert, genügend Zeit für eine Tasse Tee aus der Thermosflasche und selbstgebackene Plätzchen. »Es wäre undenkbar, dass uns eine Outback-Frau nichts anbietet«, sagt Tom, als wir wieder abheben. Ich drehe mich um und schaue Kim an. »Outback-Gastfreundschaft«, sage ich, »deshalb liebe ich es hier so.« Kim nickt und lächelt verklemmt. Dem Mann geht es nicht gut.

Wieder auf Flughöhe, meint Tom, es werde »jetzt gleich etwas holpern«. Keine 30 Sekunden später treibt uns die Thermik schlagartig nach oben, dann gleiten wir ebenso rasch wieder runter. Wären wir nicht in unseren Sitzen festgeschnallt und praktisch bewegungsunfähig, wir wären wohl durch die Decke der Maschine geschossen. »Sorry«, sagt Tom. »Kim, der arme Kerl«, denke ich und drehe mich um. Doch es ist zu spät. Kim erwidert meine Fürsorge mit einem Schwall Erbrochenem. Über meinen Sitz, über meine Schulter. Koreanische Nudeln, dazu grüner Tee, überall. Ich ertrage eigentlich viel, aber Erbrochenes, das ist meine Grenze. Mit knapper Not kann ich verhindern, dass auch mir das Frühstück hochkommt. Tom öffnet einen kleinen Schieber am Fenster und lässt frische Luft in die Kabine. »Scheiße«, höre ich ihn durch den Kopfhörer sagen. Während ich verzweifelt gegen den Brechreiz kämpfe, versinkt Kim in Scham. »Sorry, sorry, sorry«, sagt er immer wieder. Mit einem Papiertaschentuch versucht er, seinen Mageninhalt vom Lammfellüberzug meines Sitzes aufzuwischen. Keine Chance. Es ist viel zu viel. Das müssen mindestens zwei Schalen Nudelsuppe gewesen sein.

Kollektives Aufatmen, als wir endlich zum nächsten Landeanflug ansetzen. Wieder dieselbe Prozedur. Diesmal warten ein Mann und eine Frau am Rand der Piste. Daneben gleich das Homestead, das Haupthaus der Farm. »Was ist denn mit euch passiert?«, fragt Emma, als wir bekleckert aus der Maschine klettern. Sie bietet uns an, die Kleider zu waschen, doch dafür reicht die Zeit nicht. So spülen wir die Nudeln behelfsmäßig aus Jeans und T-Shirt. Kim leert auch seine Kameratasche, die er in seiner Not als Kotztüte missbraucht hat. Ein Schluck Tee für mich und Tom, ein Glas Wasser für Kim, ein Wort des Dankes von uns allen. Und schon sind wir wieder in der Luft. Kim ist so erschöpft, dass er augenblicklich einschläft. Mit seinem Kopf lehnt er sich an die Scheibe. Eine gute halbe Stunde lang. Als er wieder aufwacht, ist die linke Seite seines Gesichtes knallrot. Sonnenbrand.

Der Tag wird einfach nicht besser für meinen Kollegen.

Wieder Landung, wieder problemlos. Wir fühlen uns schon fast wie Buschpiloten. Diesmal wartet niemand auf uns. »Die kommen schon«, sagt Tom, »sie sind immer zu spät.« Und tatsächlich. Als unsere Maschine zum Stillstand kommt und Tom den Motor ausmacht, sehen wir in etwa 200 Metern Distanz eine Staubwolke. Sie kommt rasch näher. Ein paar Sekunden später donnert etwas mit rasender Geschwindigkeit auf uns zu. Ein Monster, das den Namen Fahrzeug ausschließlich deshalb tragen darf, weil es fährt. Wie, das ist mir schleierhaft. Als sich die Staubwolke legt, steigen zwei Typen aus. »Jack und Jock«, sagt Tom. Wenn man so aussieht, kann man wohl nur so heißen. Beide sehen aus, als ob sie gerade von einem wilden Büffel angefallen worden wären. Jack hat nur ein funktionierendes Auge, das andere ist aus Glas, aber unglaublich schlecht eingepasst. Wenn Jack blinzelt, bewegt sich das Glasauge und ist plötzlich komplett weiß, oder es schaut in eine ganz andere Richtung als das andere Auge. Hochgradig irritierend, genau wie die Kleidung der beiden. Halbzerrissene Hemden

– oder zumindest glaube ich, dass es mal Hemden waren – und Shorts, so eng, dass Jock die Hälfte seines Familienglücks an der frischen Luft trägt. Beide Männer haben wohl schon seit Wochen keinen Rasierer gesehen, von einem Friseur ganz zu schweigen. Kim, mein bedauernswerter koreanischer Journalistenkollege, starrt mit offenem Mund zwischen Jocks Beine. Er muss glauben, er sei am Ende der Welt gelandet. Was ja eigentlich auch stimmt, wenn ich mir das so überlege. Ich stelle mir vor, welchen Kulturschock der arme Kerl gerade durchmacht. Letzte Woche war Kim ein erfolgreicher Finanzjournalist in der Innenstadt von Seoul, mit Maßanzug und Krawatte, der noch nie zuvor im Ausland gewesen war. Dann nippte er in Anwesenheit von Notenbankchefs und Starökonomen in einem Fünfsternehotel in der Innenstadt von Sydney teuren Chardonnay. Und jetzt steht er hier, mitten im buchstäblichen Nirgendwo, in einem gottverlassenen Ort, und schaut zwei Halbwilde an, von dem einer sein Geschlechtsteil zur Schau trägt, als wäre es das Normalste auf der Welt. »Jock und Jack, das sind Kim und Urs«, stellt uns Tom vor. Jocks Händedruck ist so stark, dass ich glaube, er müsse mir mindestens zwei Fingerknochen gebrochen haben. Jack und Jock wohnen seit vielen Jahren auf dieser isolierten Farm. Die beiden leben nicht nur von der Rinderzucht, sondern vom Einfangen wilder Büffel. Asiatische Wasserbüffel wurden schon vor Jahren eingeführt. Wie Pferde und Schweine, aber auch Kamele, vermehrten sie sich in der neuen Heimat wie Kaninchen. Mit allen negativen Folgen: Ihre harten Hufe zerstören den Boden, das fördert die Erosion, und mit ihrem Dung verbreiten sie die Samen von ebenfalls eingeführtem Unkraut. Büffel haben jedoch einen Vorteil: Man kann sie essen. Aber erst muss man sie erwischen.

Da kommt Jocks und Jacks »Fahrzeug« ins Spiel. Jock erklärt uns stolz, wie es funktioniert. Die Maschine war einst ein Jeep, heute hat das Ding kein Dach mehr. Eigentlich ist es nur noch ein Gerüst mit zwei Sitzen. Auf der Seite haben die beiden eine Art stählernen, gebogenen Arm angeschweißt, der sich heben lässt. Das ganze Fahrzeug ist umrahmt von alten Autoreifen, »gegen die Angriffe«, sagt Jack. Wenn Jock und Jack einen Büffel sehen, versuchen sie, parallel zum Tier zu fahren. Wenn ihnen das gelingt, senken sie den Stahlarm über das Tier. Er klammert sich um den Hals des Büffels. Das Auto bremst, der Büffel wird gefesselt und mit einer Seilwinde auf einen Wagen geladen. Von dort geht's dann in ein Gehege. Wenn genügend Büffel zusammen sind, werden die Tiere an einen Schlachthof verkauft.

So einfach ist es aber selten. Büffel sind extrem aggressive und starke Tiere. Große Bullen werden über eine Tonne schwer. Sie mit dem mechanischen Arm zu fangen, gelingt in den seltensten Fällen beim ersten Mal, erklärt Jock. Die Tiere laufen im Galopp davon. Wenn Jack und Jock mit ihrem Fahrzeug neben ihnen fahren, greifen die Büffel an. »Einmal hat einer den ganzen Jeep hochgehoben«, erzählt Jack. Das Fahrzeug überschlug sich und landete auf den beiden, »die Gangschaltung genau in meinem Auge«. Vier Stunden hätten sie unter dem Auto ausharren müssen, bis Hilfe gekommen sei. Während dieser ganzen Zeit habe Jack den Knopf des Schalthebels in seiner Augenhöhle gehabt. »Dann drehten wir das Fahrzeug wieder um, und es sprang an, als ob nichts gewesen wäre«, erzählt

Jock. Dass Jack bei dem Unfall ein Auge verloren hatte, scheint ihn weniger gekümmert zu haben als das Überleben seines Büffelfängers. Die Logik des Buschmanns im australischen Outback: Ein derart spezialisiertes Fahrzeug zu ersetzen ist ein teures Unterfangen und vielleicht sogar eine Frage der Existenz. Augen dagegen hat man schließlich zwei.

Weiter nach Normanton. Mittagspause. Die kleine Stadt am südlichen Ende des Golfes von Carpentaria dient in erster Linie als Versorgungsstation für die umliegenden Viehfarmen und für die Fischer, die in den reichen Gewässern des tropischen Nordens arbeiten. Es gibt nichts hier, außer ein paar Häusern, miserablem Kaffee und ein paar herumlungernden Straßenkötern. Doch wir sind froh, nach diesem turbulenten Morgen zwei Stunden entspannen zu können. Im Pub bestellen wir »Steak and Chips«. Was denn auch sonst, in einem Gebiet des Landes, in dem es deutlich mehr Rinder als Menschen gibt und wo die Schnitzel nicht nach Gewicht gemessen werden, sondern danach, ob sie auf den Teller passen? Als die Kellnerin mit den drei Steaks kommt, fällt Kim beinahe vom Stuhl. Jedes Rumpsteak ist so groß, so dick, dass man damit problemlos eine vierköpfige Familie versorgen könnte. »Ich habe noch nie in meinem Leben so ein Stück Fleisch gesehen«, flüstert Kim und rennt hinaus, auf die Toilette. Als er nach zehn Minuten wiederkommt und Tom und ich uns durch das erste Drittel unseres Steaks gearbeitet haben, zieht er eine Tüte aus seinem Rucksack. »Sind Sie brüskiert, wenn ich etwas anderes esse?«, fragt er Tom. An der Bar bestellt er sich einen Topf heißes Wasser. Darin löst er eine Tüte koreanische Nudelsuppe auf. Aus einem anderen Beutel zieht Kim ein Stück getrockneten Fisch, dazu etwas »Kimchi«, koreanisches Pökelgemüse. Er tunkt alles in die Suppe, Stück für Stück. Ganz wie zu Hause. Zum ersten Mal an diesem Tag sehe ich in Kims Augen so etwas wie Zufriedenheit. Langsam und in voller Lautstärke schlürft er die Nudeln in sich hinein. Die halbe Kuh bleibt unberührt auf seinem Teller liegen.

KAPITEL 25

»Ich muss mit Ihnen sprechen«, sagt Kylie, die Kindergärtnerin. Das hört sich nicht gut an. Während ich mich in der Wildnis herumgeschlagen hatte, waren Christine und die Jungs von einem vierwöchigen Besuch in Europa zurückgekommen. David war immer noch etwas erschöpft, als ich ihn heute Morgen in den Kindergarten gebracht hatte. Vom Haus meiner Eltern in der Schweiz bis zu uns nach Wombat Creek dauert die Reise immerhin gut 30 Stunden. Da fährt einem der Jetlag ganz schön in die Knochen. Hoffentlich hat sich David nicht verletzt, denke ich, so übermüdet und erschöpft, wie er ist.

»Nein, das Problem ist ein ganz anderes«, sagt die Kindergärtnerin. »Ich verstehe deinen Sohn nicht mehr. Er spricht nur noch Deutsch.«

Der kleine Bengel. Seit er ein Baby war, ist er ein Starrkopf. Wenn er nicht will, dann will er nicht. Basta. Keine Diskussion, keine Bestechungsversuche nützen etwas, nicht mal der größte Lutscher, nicht mal eine Stunde Sesamstraße. Christines Vater in Nürnberg und meine Eltern in der Schweiz waren natürlich überglücklich, nach Jahren endlich wieder ihre beiden Enkel aus Australien zu sehen. Vier Wochen totale

Verwöhnung, mit Besuchen im Europapark, im Zoo, im Spielwarenhaus. Die Jungs genossen die Zeit mit ihren Cousins, mit ihren Tanten und Onkeln. Die Kommunikation war kein Problem. Wir sprechen zu Hause Hochdeutsch und Schweizerdeutsch mit den beiden. Sowohl Samuel als auch David verstehen die Sprachen nicht nur, sie sprechen sie auch fließend. Wenn sie wollen.

David wollte nicht. Während des gesamten Besuchs in der Schweiz und in Deutschland kommunizierte der Kleine mit meiner Familie nur auf Englisch. Er trieb meine Mutter, die kein Englisch spricht, an den Rand der Verzweiflung. Einmal mehr zeigte kein Bestechungsversuch Wirkung, der Kleine gab nicht nach. Er verstand zwar jedes Wort, das meine Mutter sagte, doch die Antwort kam immer auf Englisch. Noch am Flughafen gab es ein »Bye« statt einem »Tschüs«. Und jetzt, endlich wieder zu Hause, scheint der Kleine den Spieß umgedreht zu haben. Das Problem ist, dass Kylie noch weniger Deutsch spricht als meine Mutter Englisch. »Ich hoffe nur, dass er wieder umschaltet«, meinte die Kindergärtnerin. Das tat er dann auch. Eine Woche später, von einem Tag auf den andern.

Vielleicht wird mir eines Tages ein Kinderpsychologe sagen, die Sprachverweigerung sei ein Zeichen für Davids Trauma gewesen, weil er plötzlich erkannte, dass er eine noch weitaus größere Familie hat als nur uns drei, und mit dem Schock nicht umgehen konnte. Ich glaube es zwar nicht wirklich, trotzdem würde eine solche Analyse unser schlechtes Gewissen nur vergrößern.

Wie viele Auswanderer fragen wir uns immer wieder, ob wir mit unserer Entscheidung, am Ende der

Welt zu leben und uns unseren Traum zu verwirklichen, nicht völlig egoistisch handeln. Australien ist ja nicht Frankreich oder Spanien, wo man sich einfach ins Flugzeug setzen kann oder in den Zug, und schon ist man wieder zurück in der Heimat. Wir verweigern unseren Kindern die Chance, mit Großeltern aufzuwachsen, mit Cousins, mit einer großen Familie. Kein noch so lieber älterer Nachbar kann komplett den Opa ersetzen oder die Oma. Und deren einzigartige Form der Vertrautheit, der Zuneigung, der Liebe.

Selbstverständlich gilt dasselbe auch umgekehrt. Sowohl Christines Vater als auch meine Eltern haben zwar viele Enkel – zwei aber fehlen immer am sonntäglichen Mittagstisch. Sie fehlen bei der Weihnachtsfeier, sie fehlen bei Wanderungen, sie fehlen auf der Kirmes. Ich weiß, dass unsere Eltern sie vermissen – und wohl auch uns. Doch sie würden uns nie kritisieren. »Wichtig ist, dass ihr glücklich seid«, sagt meine Mutter nur.

Wir versuchen, unseren Kindern ein Bewusstsein für die Herkunft ihrer Eltern zu geben. Die Sprache ist nur ein Beispiel, wie wir die Bindung nach Europa halten. Wir haben auch Essenstraditionen, an die wir uns mit gelegentlich absurder Striktheit halten. So gibt es jeden Samstagabend – sogar mitten im Hochsommer – Raclette. Das Schmelzen von Käse, das Schälen der Kartoffeln, dazu eingelegte Gurken – es ist eine urschweizerische Tradition, die in ähnlicher Form auch in Deutschland zumindest an Festtagen gepflegt wird.

Diese Gewohnheit ist in Greentown inzwischen schon so bekannt, dass sich gelegentlich sogar Gäste anmelden. Unsere Freunde und Bekannten lieben das Ritual am Racletteofen. Das Zubereiten, das langsame

Essen, die Gemeinschaft, die das Teilen von Platten, Tellern und Gewürzen am Tisch bietet; es ist das pure Gegenteil des üblichen australischen Familienessens vor der Glotze. Ein Steak, ein paar Fritten, und nach ein paar Minuten ist alles vorbei. Der Käse kommt hier aber nicht aus der Molkerei, sondern aus der Kühltheke bei Aldi. Seit über zehn Jahren mischt der deutsche Konzern erfolgreich den zuvor von den zwei australischen Großverteilern Woolworth und Coles kontrollierten Einzelhandelsmarkt auf. Das Aldi-Prinzip gilt auch in Australien: kleineres Angebot, alles auf Paletten, gute Preise. Wer in Greentown in die Aldi-Zweigstelle geht, wähnt sich in München oder Nürnberg. Dieselbe Aufteilung, dieselben Farben und oft sogar dieselben Produkte. Ich treffe in unserer Filiale immer wieder Australientouristen aus Deutschland, die große Umwege gefahren sind, um mit einem Einkauf bei Aldi ihr Heimweh lindern zu können. Und um deutsche Gummibärchen zu kaufen.

Raclette, Sprache und – natürlich auch für uns – Gummibärchen sind die einfachsten Möglichkeiten, unseren Kindern ein Bewusstsein für ihre zweite und dritte Heimat zu geben. Reisen nach Europa sind aber natürlich das Sahnehäubchen. Leider sind die Flüge so teuer, dass wir höchstens alle fünf Jahre losziehen können. Für die Kinder ist eine solche Reise aber jedes Mal ein Flug ins Paradies. Sie genießen die Schweizer Berge, sie lieben den Gang durch die Nürnberger Altstadt. »Die Kultur in Europa«, sollte Samuel als Zehnjähriger sagen, als wir einmal vor der Lorenzkirche auf dem Nürnberger Hauptmarkt standen, »ich liebe sie.«

*

Bier an einem lauen Sommerabend, auf der Veranda von Freunden. Ich unterhalte mich mit Keith. Ich sei Schweizer, erzähle ich ihm. »Ah, Schweden«, sagt er. »ABBA und Schokolade.« Einmal mehr erkläre ich, dass »Swiss« und »Swedish« nicht dasselbe sind. Und dass Christine Deutsche ist – nicht Ostdeutsche, nicht Westdeutsche, sondern Deutsche eben. Doch auch damit hat Keith Mühe. »Die Mauer ist schon 1989 gefallen«, erkläre ich dem 39-Jährigen. »Welche Mauer?«

Die unschuldige, fast kindliche Ignoranz, die so viele Australierinnen und Australier gegenüber dem Rest der Welt haben, und der scheinbare Mangel an Wissen und Weltblick, sie erstaunen mich bis zum heutigen Tag. Australien sei das »Arsch-Ende der Welt«, hatte der frühere Premierminister Paul Keating 1990 gesagt. Ein hartes Urteil, aber nicht ohne Substanz. Ist es der physische Abstand vom Rest der Welt, das Gefühl, auf einer riesigen Insel zu leben, das zur Ignoranz beiträgt? Früher wahrscheinlich schon. Doch heute? Internet, rund um die Uhr Nachrichten im Fernsehen, ein Ausbildungssystem, modern, weltoffen. Leider ist das Schulsystem in Australien jedoch schlechter als in den meisten anderen Industriestaaten – schlechter geworden. Seit Jahren geht es abwärts mit der Qualität. Ein Trend, der parallel zur rückläufigen Unterstützung von Schulen und Ausbildung durch den Staat verläuft. Das hat Konsequenzen. Im Durchschnitt – und ich sage das mit allem Nachdruck, denn spektakuläre Ausnahmen gibt es unzählige – verfügen australische Schüler in Mathematik über das Wissen, das in Asien zwei Jahre jüngere Kinder haben. Im Lesen und Schreiben beträgt der Abstand ein gutes Jahr.

Die Entscheidung, wo Samuel und David zur Schule gehen sollen, bereitet mir schlaflose Nächte. Es ist wohl die schwierigste, die wir seit unserer Ankunft in Australien treffen müssen. Nicht dass wir keine Auswahl hätten. Wie in den meisten Städten Australiens, selbst in kleineren, gibt es auch in Greentown eine Vielzahl öffentlicher und privater Schulen. Die öffentlichen werden vom jeweiligen Bundesstaat geführt und finanziert, der den Schulplan festlegt und kontrolliert, die Lehrer anstellt, die Gebäude unterhält. Die privaten Schulen werden in der Regel von einer Kirche geführt, der katholischen und der anglikanischen meistens. In den Großstädten gibt es vereinzelt auch jüdische und muslimische Schulen.

Alle Schulen – ob öffentlich oder privat – müssen aber dieselben Anforderungen erfüllen, dieselben Lernziele verfolgen. Am Ende der Ausbildung, am Ende der »High School«, steht das High School Certificate oder HSC. Es entspricht dem deutschen Abitur und der Matura in der Schweiz. Jeder Schüler muss es machen, egal, ob er auf eine öffentliche Schule geht oder eine private.

Doch damit hört die Gleichheit auf. Zwischen den Mitteln, die Kindern in vielen Privatschulen zur Verfügung stehen, und denen, die ein Kind in einer öffentlichen Schule genießt, können monumentale Unterschiede bestehen. »Im australischen Schulsystem zeigt sich am deutlichsten, wie sehr der vielgefeierte Egalitarismus, die Gleichheit aller Australier, die Klassenlosigkeit, ein Mythos ist«, erzählt mir Lynn. Sie muss es wissen. Sie hat 31 Jahre lang als Lehrerin gearbeitet. In öffentlichen Schulen und in privaten.

Bei Lynn holen wir Rat, als es darum geht, für Samuel die richtige High School zu finden, die Oberstufe. In der High School gehe es ums Eingemachte, sagt sie. »Wenn die nicht gut ist, kann sich das auf das Leben eurer Kinder negativ auswirken, auf ihre beruflichen Chancen und sogar auf ihre politische Karriere, sollten sie jemals eine wählen«, sagt Lynn. Mit der Primarschule hatten wir Glück gehabt. In Greentown gibt es eine kleine, ländliche Schule, die sich an den Philosophien von Maria Montessori und Rudolf Steiner orientiert. Eine auf das Kind fokussierte Ausbildung. Ohne aber so viel zu kosten wie andere spezialisierte Privatschulen. Nur ein paar hundert Dollar im Jahr. Nicht Zehntausende.

Die bekanntesten Privatschulen verlangen Gebühren, die mehr als der Hälfte des Durchschnittsgehalts in Australien entsprechen. Es versteht sich von selbst, dass Durchschnittsverdiener ihre Kinder nicht an eine solche Schule schicken können. Das garantiert, dass die Schulen exklusiv bleiben. Denn sie haben eine entscheidende Funktion in der australischen Gesellschaft, erklärt Lynn. »Etwa fünf Privatschulen in Sydney, Melbourne, Perth, Adelaide und Brisbane sind die Schmiede der politischen und wirtschaftlichen Elite der Nation. Wer nicht in einer dieser Schulen war, hat deutlich geringere Chancen, es wirklich zu etwas Großem zu bringen im öffentlichen Leben.« In den Privatschulen werden Beziehungen aufgebaut, die ein Leben lang halten, Seilschaften werden geformt, Gruppierungen gebildet. Kings School und Knox Grammar in Sydney, Scotch College in Melbourne: Wie in Eton in Großbritannien, wo künftige Premierminister und Prinzensöhne gemeinsam mit sauber gekämmten Jungs von Industriellen im Frack durch die Hallen wandeln und auf ihren exklusiven Status im Leben vorbereitet werden, wird in Kings, Knox und Scotch die herrschende Klasse Australiens gezüchtet, die höchste Kaste. Ab 20 000 Euro Grundgebühr – dazu kommen nochmals mindestens so hohe Nebenkosten – legen Eltern pro Jahr und Kind für das Privileg hin.

Doch gegen das, was der Steuerzahler beisteuert, sind diese Schulgebühren ein Klacks. »Der Fiskus privilegiert die Privilegierten«, klagt Lynn. Zwar erhält ein Kind, das eine staatliche Schule besucht, eine leicht höhere Grundunterstützung als ein Kind in einem privaten Institut. Entscheidend sind aber die Subventionen. Ganze 36 Milliarden Dollar flossen in den Jahren 2009 bis 2013 in die Kassen von ohnehin mehr als wohlhabenden Privatschulen – mehr noch, als der Staat den Universitäten zusteuert. Während der Fiskus Kinder an besonders benachteiligten öffentlichen Schulen mit jährlich etwa 500 Dollar zusätzlich unterstützt, kommt ein Schüler in einer Privatschule so in den Genuss von zwischen 3000 und 5000 Dollar. Die Befürworter hoher staatlicher Subventionen sagen, dass auf diese Weise auch Eltern mit geringem Einkommen die Möglichkeit haben, ihre Kinder in eine exklusive Privatschule zu schicken. Doch dieses noble Ziel wurde in den letzten Jahren selten erreicht. Denn die Schulen erhöhten gleichzeitig ihre Gebühren. Einige verdoppelten sie. Die Personalkosten seien höher geworden, so ihre offizielle Begründung. »Kompletter Unsinn«, sagt Lynn. »Der Grund für die Gebührenerhöhungen war einzig, zu garantieren, dass man unter sich bleibt. Das Privileg muss ein Privileg bleiben.«

Es ist kein Zufall, dass der raketenhafte Anstieg der Unterstützung von Privatschulen in der Zeit der

Regierung des konservativen Premierministers John Howard ihren Höhepunkt erlebte. Howard war ein Verfechter klassischen neoliberalen Gedankengutes: Wer eine gute Ausbildung will, soll dafür bezahlen. Derweil müssen viele staatliche Schulen um jeden Dollar kämpfen. Denn die vom Staat zur Verfügung gestellten Mittel reichen oft nicht. So kommt es, dass sich die wohlhabendsten Schulen Australiens luxuriöse Tennishallen leisten können, einen Barista in der Kantine und die neusten Computer im Technologielabor. Viele Staatsschulen müssen dagegen Flohmärkte organisieren und Kuchen backen, um mit dem Geld Bücher für den Unterricht kaufen zu können. Egalitarismus ade – in einem Land, dessen Gründer es trotz der tiefverwurzelten britischen Tradition als zwingend empfunden hatten, Schulbildung außerhalb des Klassendenkens anzubieten. Australien war der erste Kontinent, der öffentliche Schulen eingeführt hatte – kostenlos, säkular und obligatorisch für alle. Die Forderung der Kirchen aber, ihre eigenen Moralvorstellungen in der Gesellschaft zu festigen, machte diesem Prinzip der gleichen Chancen für alle den Garaus.

Christine und ich halten es mit der mitteleuropäischen Tradition: Schulausbildung ist ein Grundrecht, kein Privileg. Für alle Kinder und für alle Kinder gleich. Trotzdem sind wir pragmatischer als viele Kritiker. »Ich glaube, solche Eliteschulen haben schon ein Existenzrecht«, sage ich zu Lynn, »wenn die Leute glauben, dass es ihren Kindern dort bessergeht als in einer staatlichen Schule.« Und das ist erstaunlicherweise keineswegs immer der Fall. Trotz der Tennishallen, Bootsanlegestellen und Schulexkursionen nach London und Paris ist der durchschnittliche HSC-Abschluss von Privatschülerinnen und -schülern oftmals nicht besser als der von Kindern in öffentlichen Schulen. In vielen Fällen übertreffen sogar die Ergebnisse öffentlicher Schulen die der privaten. Offenbar fördern 500 Dollar teure Schuluniformen, die an die Gewänder aus den napoleonischen Kriegen erinnern, die Intelligenz der Kinder nicht in dem Umfang, wie sich das viele Eltern wohl erhoffen.

Unsere Entscheidung ist jedenfalls klar: Samuel und David werden in eine öffentliche Schule gehen, wie 70 Prozent der australischen Kinder. Greentown High. Sorry, Jungs: Faserpelzpullover, T-Shirt und Hose aus dem Supermarkt statt superfeiner Wolle, roten Schulterpaletten und Goldlametta. Für das Geld, das wir an Schuluniformen sparen – und an Schulgebühren –, bauen wir uns lieber ein besseres Haus.

KAPITEL 26

Es ist kein leichtes Unterfangen, zu entscheiden, welche Art von Heim man bauen will, wie groß es sein soll, wie strukturiert, welche Qualität man will und was man dafür bezahlen möchte oder kann. Eines aber ist klar: Wenn man im Busch wohnt, mitten in der Wildnis, herrschen andere Gesetze. Der Feind steht nur zwanzig Meter hinter dem Platz, wo unser Haus hin soll: ein Termitenhaufen. Fast zwei Meter hoch ist er, orange-braun und eigentlich ganz nett anzusehen. Doch für jeden Hausbesitzer ist er ein potentieller Alptraum. 300 Arten von Termiten gibt es in Australien, in den Tropen ebenso wie in den kühleren Landesgegenden. Die Insekten haben im australischen Ökosystem entscheidende Aufgaben. Sie fressen totes Holz, das reduziert die Feuergefahr in den Wäldern. Eine Vielzahl von Termiten ernährt sich zudem von Gräsern, allem voran dem im Outback weitverbreiteten Spinifex-Gras. Aber nicht bei uns. Unsere Termiten leben von Holz. Weichholz. Solches Holz, wie es hierzulande jedes Jahr millionenfach zum Bauen verwendet wird.

Christine und ich überlegen uns lange, ob wir das Risiko eingehen sollen, mit Weichholz zu bauen – Tannenholz, in der Regel importiert aus Neuseeland. Es ist einfach zu verarbeiten und billig. Der Preisunterschied zu Hartholz – australischem Eukalyptus – ist enorm. Bis zur Hälfte mehr würde das kosten. Wegen der Härte ist es viel schwieriger zu verarbeiten. Schrauben statt Nägel, Bohrer statt Hammer. Das dauert länger, das erhöht die Kosten ebenfalls. Dafür wäre es fast sicher vor Termiten. Einige Termitenarten schrecken auch vor einem gelegentlichen Stück Hartholz nicht zurück.

Also doch Tanne? Die Entscheidung wird uns abgenommen, als wir am Abend im Fernsehen die Geschichte einer Familie sehen, die vor fünf Jahren in Südaustralien ihr Traumhaus gebaut hatte. Als der Mann vor ein paar Wochen im Wohnzimmer ein Bild aufhängen wollte, bohrte er in die Wand – direkt in einen Balken, der zum Gerüst des Hauses gehörte. Er hoffte, die Schraube würde dort besseren Halt finden. Weit gefehlt. Nicht nur die Schraube sank ein, sondern der bedauernswerte Heimwerker, mitsamt seinem Bohrer. Der Mann fiel durch die Wand und blieb unter einer Wolke aus Staub und Gips am Boden liegen. Der Holzpfosten war nicht mehr da, und mit ihm der Rest des Hausgerüstes. Termiten hatten es aufgefressen. »Es ist ein Wunder, dass dieses Haus überhaupt noch steht«, gab der Inspektor der Fernsehreporterin zu Protokoll. Nur die Gipsplatten der Wände hätten dem Gebäude noch etwas Stabilität verliehen.

»Das soll uns nicht passieren«, sagt Christine deprimiert. »Tanne ist keine Option.« Ein Haus, gebaut aus Hartholz, das kommt auch nicht in Frage. Zu teuer. Dann erinnere ich mich an eine Broschüre, die in dem Haufen von Prospekten von Baufirmen steckt, den wir in den letzten Wochen auf unserem Küchentisch aufgetürmt haben: »Lassen Sie die Termiten sich die Zähne ausbeißen. Bauen Sie mit Stahl«, lautet die Überschrift. Auch nicht billig, aber günstiger als Hartholz. »Und einfach zusammenzubauen. Das kann jeder Heimwerker«, verspricht die Broschüre. Den Spruch kennen wir. Drei Tage später haben wir den Vertrag unterschrieben. Verkäufer Shaun verspricht: Die Firma baut in der Fabrik das Stahlgerüst zusammen und wird es, in handliche Teile zerlegt, komplett mit dem Rest des Baumaterials in genau drei Monaten auf unser Land liefern. Das Material für ein ganzes Haus, komplett mit Klo und Bad und 180 000 Backsteinen, alles auf drei Lastwagen. Jetzt müssen wir nur noch jemanden finden, der es zusammenbaut. »Nehmt Bob«, sagt Shaun. »Der Mann ist gut, sein Aussehen täuscht.«

Als ich Bob zum ersten Mal sehe, habe ich den Eindruck, er könne einen Piraten spielen im Film »Fluch der Karibik«. Eine wilde, blondgraue Mähne, ein leichter Buckel, Fluppe im Mund und auf einem Auge blind. Einzig der Papagei auf der Schulter fehlt. Dafür hat Bob einen kleinen Hund, Molly. Sie sieht aus wie ein geplatztes Sofakissen. Molly weicht nicht von seiner Seite.

»Okay, wie soll das Haus stehen?«, murmelt Bob. Ohne auf die Antwort zu warten, holt er ein Maßband aus der Werkzeugkiste seines Kleinlasters und schreitet den Platz ab. Nach wenigen Minuten gibt er Anweisungen: »Hier musst du einen Meter in den Berg reingraben. Da unten musst du zehn Zentimeter ausflachen.« Der Mann ist ein Experte. »Ich mache das jetzt schon 30 Jahre«, sagt Bob, »ich weiß, wie es geht.«

Handschlag, Bob hat den Auftrag. Wir sind die Bauherren, tragen die Verantwortung, wir beschaffen die notwendigen Bewilligungen von der Gemeindeverwaltung, Bob macht die Arbeit. Wir sagen ihm, er solle sich jene spezialisierten Handwerker suchen, die er kenne, denen er vertraue: Elektriker, Klempner, Maurer. Wie immer in solchen Situationen ist eine persönliche Empfehlung zehnmal mehr wert als jeder Berufsausweis. Wir haben jedenfalls keinen Zweifel, dass Bob seinen Job gut machen wird. Molly trottet neben ihm her, als er mit vier Holzpflöcken und einer Schnur markiert, wo unser Haus stehen soll. »Hier ist das Schlafzimmer, hier ist die Küche, hier ist das Bad«, sage ich zu Christine. Sie weiß nicht, ob sie lachen oder weinen soll. Wir denken zurück. Dieser Tag damals, als wir zum ersten Mal auf das Grundstück kamen. Liebe auf den ersten Blick. Erst ein kleiner Wohnwagen, dann ein großer. Dann das Shed. Jetzt das Haus. »That's it«, sagt Christine, »ich glaube, für uns gibt es kein Zurück mehr.«

Einmal mehr kann sie meine Gedanken lesen.

Gemessen an den Problemen, die andere Leute mit dem Bau ihres Hauses haben, genießen wir geradezu paradiesische Zustände. Bob bringt seinen gleichnamigen Kumpel mit. Bob und Bob sind harte Arbeiter. Aber Bobs Warnung war berechtigt: »Das Haus kaufen ist das eine. Dass ich es baue, das andere. Dazu werden aber noch unzählige andere Kosten kommen, viele unerwartet. Leg mal besser noch etwas Geld zur Seite.« Hier mal schnell ein paar Tausender, weil der Bagger doch etwas länger baggern muss, als geplant war. Da noch ein paar hundert Dollar für eine Schachtel

Schrauben. Ja, Schrauben. Die waren nämlich nicht Bestandteil des »Haus-Pakets«, das uns der nette Shaun verkauft hatte. Immer dann, wenn ich es am wenigsten erwarte oder wenn ich gerade unter höchstem Zeitdruck bin, um einen Artikel fertigzuschreiben, kommt Bob wieder mit dem Hinweis, er benötige eine besondere Art von Schraube. »Kannst du sie mir bitte schnell holen?« Schnell? Das bedeutet in unserem Fall 15 Kilometer Fahrt nach Greentown, dann zum Schraubenladen – jawohl, den gibt's – und dann wieder 15 Kilometer zurück. Ein, zwei Stunden gehen dafür jedes Mal drauf. Ich hatte keine Ahnung, was für verschiedene Schrauben es gibt. Inzwischen bin ich Spezialist. Schrauben für dicken Stahl, Schrauben für dünnen Stahl, Zinkschrauben, sogar Schrauben, die sich das Loch in der Wand gleich selbst bohren. Mike, der junge Mann im Schraubenladen, immer in sauber gebügeltem weißen Hemd und mit schnurgeradem Seitenscheitel, erzählt mir alles, was ich über Schrauben wissen muss – und noch viel mehr. Als eines Tages Bob selbst Schrauben holen geht – auf meine Rechnung natürlich –, kehrt er fast ein wenig verstört zurück. Mike habe ihn harsch zurechtgewiesen, nachdem er beiläufig »Jesus« gesagt habe, erzählt mir Bob – im Sinne von »Jesus, ist das teuer!«. »Nehmen Sie den Namen des Sohnes unseres Herrn und Erlösers nicht so in den Mund«, habe ihn Mike belehrt. Erst jetzt wird mir klar, dass Mike ein Mitglied der Sekte der »Brüder« ist, der »Bretheren«. Ultrakonservativ, ultraanständig – Seitenscheitel und weißes Hemd sind Vorschrift –, aber ohne Verständnis jeglichem liberalen Denken und Verhalten gegenüber. Ansonsten von der Welt abgeschottet, arbeiten die Mitglieder der Sekte in erster Linie in handwerklichen Berufen. Ihren Frauen ist es verboten, einer Arbeit nachzugehen, ihr Platz ist zu Hause. Am Herd, im Garten, im Bett, an der Wiege. Bob erzählt mir, Greentown sei ein Sammelbecken für die »Brüder«. Erst danach fallen mir die »Bretheren« auf, und zwar in erster Linie aus einem Grund: Sie scheinen alle VW-Busse zu fahren. Und zwar immer das neuste Modell. Ich habe keine Ahnung, weshalb das so ist.

Viele Australierinnen und Australier sind nicht sehr religiös. Der Großteil der Menschen hier zählt sich zwar zum Katholizismus oder Anglikanismus, die wenigsten aber sehen je eine Kirche von innen, außer vielleicht während der Beerdigung ihrer Oma. Dagegen sind die Gotteshäuser der kleineren Religionsgemeinschaften wie etwa die »Brüder«, aber auch Muslime, Juden, Buddhisten, gut besucht. Für die Gläubigen dieser Religionen ist die Kirche, die Moschee, die Synagoge oder der Tempel sehr oft nicht nur der Ort, an dem sie religiös ein Zuhause finden. Sie finden soziale Sicherheit, eine Gemeinde, Freunde. Alleine in Greentown gibt es ein halbes Dutzend Freikirchen.

Dass wir im Shed wohnen, während Bob und Bob nur 200 Meter weiter unser Haus bauen, ist eine ideale Situation. Nicht nur, weil Bob mich dann jederzeit als Eilkurier benutzen kann, der ihm aufs Wort gehorcht und sich für jeden Schraubennotfall mit der Kreditkarte im Geldbeutel ins Auto setzt. Es ist auch extrem wichtig, dass Bob sich bei Problemen jederzeit an mich wenden kann. Ja, an mich. Immer an mich, niemals an Christine. Hausbau ist Männersache. Es müsste sich schon um einen absoluten Notfall handeln, wenn Bob Christines Meinung zum Hausbau einholen würde. Und er ist damit nicht alleine. Auch wenn ein Nachbar etwas über unser Land wissen will, über die Tiere vielleicht oder den Zaun – er wird nur mit mir sprechen. Ganz anders ist die Situation, wenn es um Kinder geht. Niemals würde es jemandem einfallen, mich zu fragen, ob die Kinder die Schulbücher für das nächste Semester gekauft haben, ob sie geimpft sind, ob sie eine neue Schuluniform benötigen. »Ist Christine zu Hause?«, fragt mich Shirley, die Sekretärin unserer Schule. Als ich verneine, bittet sie, Christine solle sie doch zurückrufen. Sie müsse wissen, wann die Kinder vom Europaurlaub zurückkommen. Niemals wäre ihr eingefallen, dass ich diese Frage genauso gut hätte beantworten können. Kinderfragen sind Frauensache. Auch wenn unsere Nachbarin Julie unseren Staubsauger ausleihen will, fragt sie Christine. Oder wenn sie etwas Salz braucht. Niemals mich. Eine absurde Tradition, die aber auf dem Land in Australien die Norm ist. Dabei kann Christine genauso gut entscheiden, ob Bob eine Treppe zehn Zentimeter versetzt montieren soll. Und ich weiß, wo das Salz steht. Denn ich koche genauso oft und gut wie meine Frau. Schließlich arbeitet Christine mehrere Tage pro Woche im Krankenhaus von Greentown. In dieser Zeit schmeiße ich den Haushalt, bringe die Kinder zu und von der Schule. Dazwischen berichte ich von meiner Büroecke im Schlafzimmer aus über Australien. Es ist ein anstrengendes Leben, dafür sollte man ausgeschlafen sein. Doch es gibt Nächte, da mache ich kein Auge zu. Etwa vor meinem Vortrag im »Greentown Breakfast Club«.

KAPITEL 27

»Kein Grund, nervös zu sein«, Corina lächelt mich an, »wir beißen nicht.« Davon bin ich nicht überzeugt. Ich stehe vor 26 Frauen und frage mich, ob es wirklich eine gute Idee war, eine Einladung als Gastredner anzunehmen. Die Damen sind allesamt gepflegte Erscheinungen mittleren Alters, die nun auf meine Worte warten. Oder auch nicht. Wahrscheinlich kamen sie nur wegen des Frühstücks. Eier mit Speck oder Pfannkuchen, Frau hat die Wahl. Die meisten Frauen hauen rein, als hätten sie eine Fastenwoche hinter sich. »Sie sind ganz einfach hungrig«, sagt Corina. Einige dieser 50- bis 70-jährigen Damen seien Geschäftsfrauen oder Bäuerinnen. Sie haben heute früh schon die Buchhaltung gemacht, die Kühe gemolken, die Eier aus dem Hühnerstall geholt, die Schweine und den Mann gefüttert. Und das alles vor acht Uhr.

Also los. »Danke, dass ich heute bei Ihnen sein darf«, beginne ich, »und danke, dass Sie mich und meine Familie in Greentown so nett aufgenommen haben.« Ein leichtes Lächeln auf einigen Gesichtern. Doch ich mache mir keine Illusionen: Mit diesen Frauen ist nicht zu spaßen. Die meisten wissen, wie man ein Bullenkalb mit einem Taschenmesser in zehn Sekunden kastriert – ohne Betäubung. Und wie man einem Hund den Gnadenschuss gibt, wenn er nicht mehr gehorchen will. Auf dem Land wird nicht lange gefackelt. »Country Women«, australische Landfrauen, wissen, wie man anpackt. Und sie sind sehr konservativ – daneben würde selbst Margaret Thatcher wie eine Linke aussehen. Jedenfalls dürften die wenigsten Frauen hier so offen für neue Ideen sein wie Corina und Trish. Für diese Damen in ihren bunten Kleidern und selbstgestrickten Wollpullovern ist schon eine Flasche süße Chilisauce auf dem Tisch exotisch. Hier, auf dem Land, isst man den Lammbraten mit Pfefferminzsauce. So wie man das schon im Mutterland England gemacht hat. »God Save the Queen«, singen sie in der Country Woman Association. Vor jeder Versammlung und danach.

Und jetzt steht hier ein Typ, der mit Akzent spricht, aus einem Land irgendwo in Europa kommt, in dem Steuerhinterzieher ihr Geld verstecken, und er erzählt von »grünen« Industrien, intelligenten Jobs, Klimawandel.

Ich hole weit aus. Wie die »Solarrevolution« in Deutschland einen neuen Wirtschaftszweig geschaffen hat, mit Zehntausenden von neuen Arbeitsplätzen. Dass ausgerechnet dieses mitteleuropäische Land, wo man die Zahl der Sonnentage selbst in einem guten Monat an zwei Händen abzählen kann, dass dieses trübe, mit Menschen übervolle Land den Weltrekord in der Produktion von Solarstrom hält. »Ist das nicht absurd?«, frage ich in die Runde. »Wo wir es doch sind, die im sonnigsten Land der Welt leben?« In Australien könnten wir unseren gesamten Strombedarf mit alternativer Energie decken. Das beweisen Studien eindeutig. Stattdessen verbrennen wir Kohle, einen der schlimmsten Klimakiller auf dem Globus. »Deswegen ist unser Land, pro Kopf der Bevölkerung, einer der übelsten Klimasünder der Welt.«

In den Gesichtern vieler dieser Frauen ist das Lächeln wieder verschwunden. »Ein Grüner, aha.« Man muss nicht Gedanken lesen können, um zu sehen, dass ich in der Achtung dieser Frauen innerhalb von Sekunden tief gefallen bin. Ich hätte mich genauso gut als Kindermörder outen können. Ein »Grüner« zu sein ist für viele Australier ähnlich abscheulich.

Doch ich rede weiter. Ich erzähle, wie in Europa mit geschickter und innovativer Politik, mit neuen Ideen, mit dem Ausbau des öffentlichen Verkehrs neues Leben in Orte genau wie Greentown gebracht wurde. Neue Leute zogen in diese Dörfer und Städte, »Treechanger« nennt man sie. Menschen, die der Hektik der Großstadt den Rücken kehren und aufs Land ziehen. Mit ihnen kommen Familien, neue Ideen, neues Kapital. Sie seien erwiesene »Job-Creators« – direkt und indirekt schaffen sie Arbeitsplätze. Sie bringen meist ein eigenes Geschäft mit oder eine Geschäftsidee, sie stellen lokale Leute als Mitarbeiter an. »Sie kaufen hier ein, auf dem Land, nicht in der Großstadt. Sie gehen hier zum Arzt, sie bauen hier Häuser«, sage ich. Sie kurbeln die lokale Wirtschaft an. »Schauen Sie mich an. Mein Baumeister ist aus Greentown, mein Maurer, mein Klempner.«

Endlich wieder ein verhaltenes Lächeln auf einigen Gesichtern.

Meine Begeisterung für diesen Ort, in dem die Familien vieler dieser Frauen seit Generationen leben, überrascht einige meiner Zuhörerinnen. »Manchmal braucht es jemanden, der von außen schaut, um einem bewusstzumachen, was man eigentlich hat«, sage ich. »Das geht uns doch allen so.« Die noch relativ wenig beschädigte Landschaft um Greentown, die Hügel, die Täler, die Wälder, aber auch die Landwirtschaft und die für australische Verhältnisse alten Gebäude »sind Aktivposten«, erkläre ich. »Sie zu zerstören macht schon aus wirtschaftlichen Gründen keinen Sinn. Denn sie können die ökonomische Zukunft von Greentown sein, das Fundament.« Ich schlage vor, auf dem Bestehenden aufzubauen. »Wir haben gute Leute hier, Menschen, die arbeiten können, arbeiten wollen. Was sie jetzt brauchen, ist eine neue Aufgabe.« Greentown, perfekt gelegen zwischen zwei Großstädten, sei ein idealer Ort für den Aufbau von neuen Industrien, nachhaltigen Wirtschaftszweigen. Solarindustrie, Forschung und Entwicklung von alternativen Energien, umweltfreundlichen Baustoffen. »Damit schaffen wir hier nicht nur Arbeitsplätze, wir schaffen Jobs für die Zukunft.«

Verhaltener Applaus. Dann geht's wieder zurück zu Eiern und Speck.

»Phantastisch«, sagt Corina, als ich mich zu ihr setze. Mir ist der Appetit vergangen. »Ich hätte das gerade genauso gut den Kängurus in meinem Garten erzählen können«, flüstere ich ihr zu, »die würden ähnlich viel Begeisterung zeigen.« Doch sie beruhigt mich. »Wir Australierinnen sind sehr zurückhaltend. Wir denken viel, sagen aber wenig. Zumindest nicht direkt, und schon gar nicht vor unseren Freundinnen.« Als sich die Frühstücksrunde auflöst, kommen zwei der Zuhörerinnen an meinen Tisch. »Alles gut und recht, was Sie uns da erzählen«, sagt Kathy, die Frau eines örtlichen Geschäftsmanns. »Aber diesen Unsinn mit dem Klimawandel, den Mist, den die Grünen und Linken erzählen, den müssen Sie ja nicht wiederholen, oder?« Ich versuche, der Frau zu erklären, dass es Wissenschaftler sind, die vor dem Klimawandel warnen, nicht ich. Aber sie will nur hören, was sich mit ihrem Weltbild deckt, und stampft wütend davon. Dann spricht mich Emma-Kate an. Sie ist die Marketing-Frau der lokalen Zeitung, der *Greentown Post*. »Darf ich Ihre Rede haben? Ich möchte darüber berichten.« Ich reiche ihr strahlend meine Notizen, dann muss ich los. Zu Hause wartet Mick. Und Sven, der Schwede.

Schwede ist Sven eigentlich nicht. Er ist so australisch wie ein Koala. Aber seine Eltern waren aus Schweden eingewandert. So blieb die Bezeichnung hängen. Sven ist ein kleiner Mann, etwas über 70 Jahre alt und längst in Rente. Er hat also genügend Zeit, sich seinem Hobby zu widmen. Sven sucht nach unterirdischen Flüssen und Seen. Mit der Wünschelrute. Er soll mir zeigen, wo es auf unserem Land – genauer gesagt darunter – Wasser gibt. Mick hat ihn mir empfohlen. Ich traue der Sache allerdings nicht sehr. Doch Mick scheint vollstes Vertrauen in den Mann zu haben. Wir spazieren los.

Kaum etwas spielt im ländlichen Australien eine derart bedeutende Rolle wie die Verfügbarkeit von Wasser. Wasser, unbegrenzt Wasser – das ist, als fände man in den Vereinigten Staaten auf seinem Land Öl. Nicht in Australien. Hier gehört dem Landbesitzer nur, was sich in den ersten 30 Zentimetern Erde eines Grundstücks befindet. Was drunter liegt – Mineralien etwa, Öl –, gehört dem Staat. Wer davon etwas will, muss im Fall von Mineralien viel Geld auf den Tisch legen, um Abbaurechte zu erhalten. Im Fall von Wasser für »Haushaltszwecke« reicht eine Lizenz für ein paar hundert Dollar.

Gutinvestiertes Geld. Denn die Verfügbarkeit von Grundwasser steigert den Wert jedes Grundstücks, das keinen Anschluss an das öffentliche Wassersystem hat. Wie unseres eben. Eigentlich haben wir genügend Wasser zum Leben. Wir leiten jeden Tropfen, der auf das Dach unseres Sheds fällt, in zwei große Plastiktanks. So stehen fast immer etwa 15 000 Liter zur Verfügung. Selbst in Zeiten der Trockenheit, wie jetzt, füllt der Tau auf dem Blechdach in der Nacht einen wesentlichen Teil des Wassers wieder auf, das wir am Vortag verbraucht haben. Auch für unser Haus haben wir zwei Tanks bestellt. Jeder mit einem Fassungsvermögen von 13 500 Litern. Doch selbst diese große Menge wird in Krisenzeiten nicht ausreichen. Bei einer lange andauernden Dürre etwa oder im Fall eines Buschfeuers. Wenn einmal die Feuerwehr kommt und die Tanks anzapft, sind die Vorräte gleich weg. Deshalb ist nun Sven hier. Der alte Mann benutzt zwei Kupferdrähte, die wie der Buchstabe L geformt sind. Den kurzen Teil des Drahtes hält er in seinen Fäusten. Der längere Arm der Drähte bewegt sich frei. Langsam spazieren wir über das Grundstück. Mick und ich müssen hinter Sven gehen, »wegen der elektromagnetischen Wellen«, wie er sagt. Das ist so ziemlich alles, was Sven in drei Stunden spricht. Wir folgen ihm, Schritt für Schritt, wortlos. Unter unseren Füßen knistert das trockene Gras. Kreischende Kakadus fliegen über unsere Köpfe. Aber nur weiße. Die sind hier so zahlreich wie Tauben in einer Stadt. »Wenn wir schwarze Kakadus sehen, kommt Regen«, flüstert mir Mick zu.

Er hat seit Jahren keine mehr gesehen.

Australien mag zwar nach der Antarktis der trockenste Kontinent der Welt sein, aber tief in seinem Boden schlummern kaum vorstellbare Mengen Wasser. Großes Artesisches Becken nennen die Wissenschaftler eines der größten natürlichen Wasservorkommen auf dem Globus. Dieser monumentale unterirdische See zieht sich über 1,7 Millionen Quadratkilometer vom Norden des Kontinents bis fast ganz in den Süden und bis nach Zentralaustralien. An einigen Stellen liegt der Wasserspiegel nur ein paar Dutzend Meter unter der Erdoberfläche, an anderen Orten liegt die Reserve Hunderte Meter tief. Das Becken soll 65 000 Kubikkilometer Wasser halten. Das entspricht 130 000 Mal der Größe des Hafens von Sydney, der als der größte Naturhafen der Welt gilt.

Die Aborigines nutzten natürliche Quellen, aus denen artesisches Wasser dringt, seit Jahrtausenden als Orte, an denen sie auch in Dürrezeiten überleben konnten. Mit der weißen Besiedelung des Kontinents begannen Menschen, dieses Vorkommen anzubohren und zum Bewässern von Ackerland und zum Tränken von Rindern und Schafen zu nutzen. Die großen Viehtriebe, die noch bis vor ein paar Jahrzehnten durchs Land zogen, folgten einer Reihe von sogenannten »Bores« – Tiefbrunnen. Der Birdsville-Track etwa, eine der ikonischen Viehtreiberrouten im Land, der von der südlichen Grenze des Bundesstaates Queensland nach Südaustralien führt. An einigen Stellen schießt das Wasser kochend heiß an die Oberfläche, an anderen ist es salzig oder voller Mineralien. Es schmeckt nach

Eisen. Trotzdem kann das Wasser genutzt werden. Nichts freut den müden Reisenden in der Einsamkeit der australischen Wüste so wie der unerwartete Anblick einer rostigen Röhre, aus der jede Minute Tausende von Litern Wasser schießen. Obwohl sich der Großteil des Körpers des Artesischen Beckens eher im Nordosten des Landes befindet, profitieren Landwirtschaft und Industrie auch im Süden des Kontinents von seinen unterirdischen Auslegern.

Wir stehen auf einem kleinen Hügel, als sich die beiden Drähte in Svens Fäusten bewegen. Sie schlagen nach außen aus. »Hier ist was«, murmelt er. Er scheint uns längst vergessen zu haben. »Nicht gut«, sagt er, »zu schwach.« Und geht langsam weiter. Er spaziert entlang einer Linie, die, wenn man genau hinschaut, wie eine Art flaches Bachbett aussieht. Nur ohne Wasser eben. Zweihundert Meter weiter, etwa auf halbem Weg zu unserem Wombat Creek, schlagen Svens Drähte plötzlich heftig aus. Er geht zehn Meter nach links, dann nach rechts. Dann kommt er wieder zurück. »Hier«, sagt er und kratzt mit der Spitze seines schweren Lederstiefels ein Kreuz in den Boden. »Hier musst du bohren. Macht 100 Dollar.«

Ich gebe ihm das Geld, und ich bleibe skeptisch.

Zwei Tage später, als ich in meiner kleinen Büroecke im Shed die Zeitung durchblättere, trifft mich beinahe der Schlag. Die *Greentown Post* hat meinen Vortrag abgedruckt, Wort für Wort, eine ganze Zeitungsseite. Ich habe keine Ahnung, weshalb. Offenbar habe ich Emma-Kate beeindruckt. Oder es ist sonst nichts los im Dorf diese Woche. Ich mache mich auf eine

Welle von bösen Leserbriefen gefasst. In jeder Ausgabe hat die *Post* Zuschriften von Klimawandelleugnern, die ihre absurden Ideen als Weisheit verbreiten und jeden, der andere Argumente bringt, als Grüntee schlürfenden Kommunisten denunzieren.

Dabei bin ich doch alles andere als ein Träumer, sondern ein Freund von Fakten, von Forschung und kritischem Hinterfragen. Vor allem, wenn es um mein Land geht. Obwohl der Wünschelrutengänger Sven einen kompetenten Eindruck gemacht hat, traue ich der Sache nicht. Ich lasse John Taylor kommen, einen Bore-Experten mit 30 Jahren Erfahrung in der Suche nach Wasser. Eine Röhre in den Boden zu drehen, Dutzende von Metern tief, kostet viel Geld. Da ist man besser sicher, dass man am Ende auch etwas findet.

John ist mir empfohlen worden, wie bisher jeder Handwerker, jeder Spezialist, der seinen Fuß auf unser Grundstück gesetzt hat. Der Experte hat einen ganz anderen Zugang zum Problem als Sven. John schaut auf die Geologie unseres Grundstücks, um herauszufinden, ob es darunter Wasser gibt und wo. Erhebungen, Senkungen, Hügel, Aufschüttungen und vor allem Steine. Alle paar Meter bückt er sich, hebt einen Steinbrocken auf und untersucht ihn. Er dreht ihn, wendet ihn, riecht dran, sucht mit einer kleinen Lupe nach bestimmten Mineralien. »Dein Grundstück ist ein erloschener Vulkan«, sagt er. Das ist ja beruhigend.

Auch John wandert stundenlang auf unserem Land herum, mit Mick und mir im Schlepptau. Auch John spricht kaum. Aber er hat eindeutig einen wissenschaftlichen Zugang zur Wassersuche. »Die Geologie eines Grundstücks ist für mich wie ein offenes Buch«, sagt er. »Man muss es nur lesen können.«

Nach drei Stunden bleibt er plötzlich stehen. »Hier«, sagt er und lässt einen Stein auf den Boden fallen. »Hier müssen wir bohren.« Ich bin sprachlos. Wir stehen genau an jener Stelle, die uns Sven gezeigt hatte. Doch ich hatte John gegenüber mit keinem Wort erwähnt, dass ich schon die Dienste eines Wünschelrutengängers in Anspruch genommen hatte. Geschweige denn ihm gezeigt, wo Sven glaubte, eine Wasserader gefunden zu haben.

Ich gebe John den Auftrag, an der Stelle eine Bore zu bohren.

Eine Woche später kommt er mit einem schweren Laster und zwei Helfern wieder. John und seine Arbeiter stellen einen richtigen Bohrturm auf, etwa sieben Meter misst das Ding. Der Bohrer hat einen Durchmesser von zehn Zentimetern, die Bohrspitze ist etwas größer als die Faust eines Mannes, besetzt mit Noppen, auf deren Oberfläche Diamanten sitzen. »Der geht durch alles«, sagt John, »jedes noch so harte Gestein.« Der Mann arbeitet präzise. Der Bohrkopf liegt an genau der Stelle, auf die er seinen Markierungsstein gelegt hatte. John wirft den Dieselmotor an. Der Bohrkopf beginnt langsam, sich zu drehen. Zehn Sekunden später, und Funken springen. Die Maschine bricht durch hartes Oberflächengestein.

Ich verloche mein Geld. Im wahrsten Sinne des Wortes. Jeder Zentimeter, den der Bohrer weiter in den Boden dringt, kostet mich Bares. Hundert Dollar pro Meter, also etwa 80 Euro. Bezahlen muss ich, ob John Wasser findet oder nicht. Ich stehe daneben, Gehörschutz auf den Ohren, und beginne zu zählen. Fünf Meter tief, 500 Dollar. Ich rechne aus, wie viele Artikel ich schreiben muss, um das Geld für einen Meter zu verdienen, für zehn Meter, für fünfzig.

Eine halbe Stunde ist vorbei. Ich denke an Lee, Micks Schwiegersohn. Der hatte vor ein paar Jahren auf seinem Grundstück ein Loch bohren lassen. Er hatte ein Budget von genau 10 000 Dollar. Bei 99 Metern – 9900 Dollar also – war das Loch noch immer trocken. Lee war so mit den Nerven fertig, er konnte kaum noch stehen. Der Arbeiter fragte ihn, ob er noch weiter bohren sollte. »Noch einen Meter. Dann ist Schluss. Dann bin ich pleite.« Die Maschine drehte weiter. Bei 99,9 Metern traf der Bohrer auf eine Wasserader.

Zehn Meter. 1000 Dollar. Knirschend würgt der Bohrer Erde und gebrochenes Gestein an die Oberfläche. Knochentrocken. »Leider noch kein Zeichen von Wasser«, schreit mir John zu. Ich nicke stumm. Was, wenn sich John und Sven getäuscht haben? Was, wenn beide Scharlatane sind? Meine düsteren Gedanken werden durch einen lauten Schrei unterbrochen. »Wasser!«, ruft John. Dort, wo das gemahlene Gestein ans Licht kommt, ist plötzlich alles nass. 14 Meter, phantastisch! Doch meine Freude hält nicht lange. »Nicht gut«, brüllt Johns Arbeiter über das Dröhnen des Dieselmotors hinweg, »zu schwach.« Weiterbohren.

20 Meter, 30 Meter. Ich halte es nicht mehr aus. Langsam spaziere ich zum Shed. Im Büro versuche ich, meine Gedanken zu zerstreuen. Christine ist genauso angespannt. »Denk an unser Budget«, sagt sie. Eine komplett überflüssige Bemerkung. Seit Wochen tu ich nichts anderes.

Es vergehen weitere zwei Stunden. Aus der Distanz höre ich das dumpfe Brummen des Dieselmotors. Ich wage gar nicht, daran zu denken, wie tief der Bohrer bereits ist. Wie viel Geld ich bereits im Boden versenkt habe. Dann herrscht plötzlich Stille.

Ich trete vor unser Shed und traue meinen Augen nicht: Ein zehn Meter hoher Wasserstrahl schießt aus dem Bohrloch, über den Bohrturm, über den Laster, über die Männer. Ich renne nach unten, so schnell ich kann, Christine hinter mir her. »Jackpot«, ruft John uns entgegen, »in 64 Metern Tiefe.« Christine und ich sind in wenigen Sekunden bis auf die Haut durchnässt. Wir tanzen im Strahl unseres Tiefbrunnens. 6400 Dollar – es ist die teuerste Dusche unseres Lebens. Und eine, die wir bestimmt nie vergessen werden.

Nachdem sich unsere Euphorie etwas gelegt hat, erklärt uns John, dass unter unserem Land offenbar ein Millionen Jahre alter Fluss durchfließt. »Er hat enormen Druck«, sagt er. Theoretisch könnten wir pro Minute etwa 2000 Liter Wasser abpumpen, rechnet John aus. Etwas, das wir natürlich nie tun werden. Unser Tiefbrunnen ist eine Versicherung für den Fall, dass uns das Regenwasser mal ausgeht. Und das könnte durchaus geschehen. Seit Monaten hat es nicht mehr geregnet. Die Landschaft ist knochentrocken. Die Schafe sind abgemagert. Doch an diesem Abend sind solche Gedanken zweitrangig. Gemeinsam mit Mick und Julie feiern wir. Bier und Barbecue. Und ein Glas Wasser aus 64 Metern Tiefe. Es schmeckt leicht nach Mineralien, wie das Wasser, das man für teures Geld in einer europäischen Heilquelle trinken kann. Wenn es mir mit dem Journalismus reicht, kann ich ein Kurbad eröffnen. »Bad Wombat Creek«.

KAPITEL 28

Zu meiner Überraschung hat mein Vortrag in der letzten Ausgabe der *Greentown Post* keine negativen Reaktionen ausgelöst. Ganz im Gegenteil. Ein paar Tage später habe ich eine E-Mail in der Inbox. »Wir sind so inspiriert von deinen Ideen«, schreiben Viola und Keith, »wir möchten TGG beitreten.« Sie sind nicht die Einzigen. Fünf Leute melden sich bei mir, Menschen, die unsere Vision teilen. Trish ist fast euphorisch: »Ich glaube, wir stehen am Beginn einer neuen Zeit für Greentown.« Ein Gespräch mit Viola und Keith zeigt sofort: Die beiden passen zu unserer Gruppe wie ein Deckel auf einen Topf. Viola und Keith sind die klassischen Treechanger, von denen ich vor ein paar Tagen den Frauen vom Breakfast Club erzählt hatte: Geschäftsleute, die Sydney den Rücken gekehrt haben und gleich mit ihrem Unternehmen aufs Land zogen. Sie haben ein landesweites Netz von Verkaufsstellen für motorisierte Rollstühle. »Nein, Roller heißen die«, korrigiert mich Keith. Er liebt Genauigkeit. Und er ist direkt. Perfekt, Keith wird unser Schatzmeister.

Unsere erste große Idee: Wir wollen in Greentown auf Tausenden von Dächern Solarzellen installieren.

Eine Mammutaufgabe in einem Land, in dem viele Bürgerinnen und Bürger jede Form von alternativer Energie als grünes Hirngespinst abtun und der Ruf nach Nachhaltigkeit als sozialistische Unterwanderung des kapitalistischen Systems gesehen wird. Aber schließlich wollen wir die Welt verändern. Zumindest unsere Welt. Hier in Greentown.

Der Zufall kommt uns zu Hilfe. Auf einem Kongress zum Thema »Erneuerbare Energien« der Deutsch-Australischen Handelskammer in Sydney treffe ich Patrick. Er vertritt eine australische Firma, die Solaranlagen vertreibt. »Die Gelegenheit könnte besser nicht sein«, meint er, »der Bundesstaat New South Wales hat gerade einen großzügigen Einspeisetarif angekündigt.« Endlich führt die Regierung ein Förderprogramm ein – nach deutschem Muster. Man wolle im Bundesstaat den Aufbau einer neuen Industrie fördern. Wer auf seinem Hausdach Solar installiert, kann den produzierten Strom ins Netz speisen und erhält dafür 60 Cents pro Kilowattstunde. »Ein Weltrekord«, sagt Patrick. »Kein anderes Land, keine andere Regierung der Welt ist so großzügig. Nicht mal die Deutschen.« Patrick ist einer dieser jungen Australier, die mir häufig über den Weg laufen: jung, gescheit, ambitioniert und mit einem wirklich starken Sinn für Gemeinschaft, soziale Gerechtigkeit und die Umwelt. Gemeinsam arbeiten wir ein »Package« aus, für die Leute von Greentown. »Greentown Goes Solar« – für einen vergünstigten Preis installiert Patricks Firma Anlagen auf den Dächern. Wer sich die Anfangsinvestition von etwa 15 000 Dollar nicht leisten kann, dem bietet er einen Kredit an. Die Rückzahlungen werden durch die Einspeisevergütung gedeckt – in der Regel bleibt sogar noch etwas übrig. Wir sind alle begeistert. Vor meinem geistigen Auge sehe ich die Dächer von Greentown, bedeckt mit Solarzellen – ein Meer von glänzendem Silber. Saubere Sonnenkraft statt schmutziger Kohlepower. In einer Zeitschrift lese ich von einem deutschen Dorf, das sich komplett vom Elektrizitätsnetz abgenabelt hat und seinen Strom ausschließlich mit Erneuerbaren Energien produziert. »Das muss unser Ziel sein«, sage ich zur Gruppe. Trish hat nur zwei Worte für mich: »Vergiss es.« Sie lebt seit Jahrzehnten in Greentown und beklagt seither das konservative Denken ihrer Nachbarn.

Trish sollte – zumindest teilweise – recht behalten. Unsere Bitte an das »Council«, den Gemeinderat, um Unterstützung bei der Vermarktung der Idee prallt erst mal ab. Weder der Bürgermeister noch die Gemeinderäte haben das geringste Interesse, etwas am Status quo zu ändern. Und Jack, der oberste Beamte, schon gar nicht. Ein starrer Bürokrat, mit der Vision eines Maulwurfs. So konzentrieren wir uns auf die Medien. Die *Greentown Post* berichtet mehrfach wohlwollend über unsere Idee und über das Konzept von »Greentown Goes Solar«. Doch die Reaktion kommt postwendend, auf der Leserbriefseite. Halb Greentown scheint zu glauben, jede Investition in alternative Energien bedeute nicht nur eine Bedrohung der Rohstoffindustrie, sondern auch eine Kapitulation vor den »Grünen und Linken«. Trotzdem werden langsam, ganz langsam, die ersten Solarpanel installiert. Corina macht den Anfang, aber ich bin frustriert über den Mangel an Tempo. Die Ignoranz gegenüber logischem Denken, die in diesem Kaff herrscht, die

Weigerung, über den Tellerrand zu schauen, sie treiben mich gelegentlich zur Weißglut.

Von daher bin ich froh, dass ich immer mal wieder auf die Piste kann. Ich fliege nach Brisbane. Dann ein Verbindungsflug ins Hinterland.

Und auf einen Schlag bin ich in einer anderen Welt.

»Holy fuck«, sagt Damien, als er den Bagger sieht. Wenn man sich mal an seine Gossensprache gewöhnt hat, ist er eigentlich ganz nett, mein australischer Reporterkollege. Wir sind in einer Kohlemine im Bundesstaat Queensland, im »Ground Zero« des australischen Rohstoffbooms sozusagen, dem Epizentrum, dem Nukleus. Hoch wie ein Hochhaus ist der Bagger, dessen Schaufel sich in die Wand frisst, hundert Tonnen Kohle alle paar Minuten. Rund um die Uhr. 365 Tage im Jahr. »Hier gibt's keine Weihnachten«, sagt Shaun, unser Begleiter von BHP Billiton, zuständig für Öffentlichkeitsarbeit im Konzern. »Jede Sekunde zählt.« Damien und ich sind Teil einer Gruppe von Journalisten, die vom größten Rohstoffunternehmen der Welt in eine der größten Tagebauminen der Welt eingeladen wurden. Acht Kilometer lang, ein paar Hundert Meter breit, Hunderte Meter tief. Ein gigantisches Loch in der roten Erde des australischen Outback. Auf beiden Seiten der Ausgrabung ein schwarzer Streifen, etwa 20 Meter breit, bedeckt von etwa zehn Metern Erde. Hier ruht das schwarze Gold Australiens – Kohle. Die Überreste urtümlicher Urwälder werden ausgekratzt, Tonnen um Tonnen, mit stählernen Schaufeln, jede so groß wie ein Einfamilienhaus. Wir sind ausgerüstet mit Schutzanzug, Helm, Schutzbrille und Stiefeln mit Stahlkappen.

Und mit einer Schutzmaske. Kohlestaub ist gefährliches Zeug. Aus wuchtigen Kanonen donnert Wasserspray auf den Abbaustoß der Mine, dort, wo der Bagger gräbt. Es soll den Staub binden. »Die Mine verbraucht am Tag so viel Wasser wie eine Kleinstadt in einem Monat«, sagt Shaun. Für einen Moment habe ich den Eindruck, er sei stolz darauf.

In unserem Luxusjet, mit Sesseln aus Kalbsleder, in denen normalerweise die Hintern von Bergbaumillionären und Investmentbankern ruhen, fliegen wir weiter. Vor der Hafenstadt docken die Schiffe aus China an, um die Kohle zu laden. Mindestens ein Dutzend riesige Frachter warten zu jeder Tages- und Nachtzeit darauf, bis sie an der Reihe sind, tagelang. Das dürfte der teuerste Stau der Welt sein. »Jede Minute, in der so ein Schiff sich nicht bewegt, kostet Tausende von Dollar«, sagt der Hafenmeister. »Das Beladen dauert dann nur ein paar Stunden.« Vom Kontrollturm aus erinnert mich die Szene an die Plastiklandschaft der Märklin-Modelleisenbahn, die ich als Kind zu Weihnachten in einem Einkaufszentrum bewundert hatte.

Die Enormität der Anlagen ist hypnotisch. Man kann seine Augen kaum abwenden. »Lasst uns was essen gehen«, unterbricht uns Shaun. In einem noblen Restaurant gibt's Meeresfrüchte und australischen Chardonnay. BHP Billiton ist nett zu uns. Zwischen Krabben und Austern erzählt Shaun, wie umweltfreundlich sein Unternehmen sei. Er ist ein umgänglicher Mann, man fühlt sich vom ersten Moment an wohl bei ihm. Vom Aussehen her erinnert er mich an Robert Redford in jüngeren Jahren. »Bist du zufrieden, Urs?«, fragt er mich fürsorglich, klopft mir auf die Schulter und schenkt mir noch etwas Chardonnay ein. Der Besuch von Minen, von Verladeanlagen, von Häfen – für viele Auslandskorrespondenten in Australien ist das Routine. Rohstoffunternehmen sind interessiert, Vertretern von Wirtschaftszeitungen ihre Anlagen zu zeigen. Investoren sollen erfahren, wie effizient, umweltbewusst und sozial verantwortlich sie die Rohstoffe ausbeuten.

Australien hat praktisch jeden fossilen Energieträger im Boden, jedes Mineral, das man sich vorstellen kann. Und ungeheure Mengen davon. Schwarz- und Braunkohle für Hunderte weitere Jahre Ausbeutung, sagt eine Prognose. Eisenerz, Blei, Zinn, Silber, Kupfer, Mangan, Gold, Uran, Nickel und Bauxit – die Produktpalette der australischen Rohstoffindustrie liest sich wie die Menükarte der Weltwirtschaft. Firmen wie BHP Billiton haben es schon lange nicht mehr wirklich nötig, die Werbetrommel zu rühren. Die Investoren kommen auch so. Aus aller Welt, vor allem aus Asien. Längst wird nicht mehr in Millionen Dollar abgerechnet, sondern in Milliarden. Ob Kohle oder Eisenerz: Der Tag hat zu wenige Stunden, das Jahr zu wenige Tage, um den enormen Bedarf des Wachstumslandes China zu befriedigen. 2003 begann der »Boom des Jahrhunderts«.

Australien produziert heute fünfmal mehr Rohstoffe als vor 30 Jahren. Ein modernes Australien ohne Rohstoffindustrie ist schlicht nicht vorstellbar. »Einmal mehr zeigt sich, dass wir eben doch das ›Lucky Country‹ sind, das glückliche Land«, sagt Damien, der Rohstoffexperte einer großen australischen Zeitung. Ich habe mit diesem Begriff schon immer Mühe gehabt. Erstens ist »Lucky Country« relativ schwierig auf Deutsch zu übersetzen, ohne dass die Bedeutung leidet. Denn »Glückliches Land« stimmt nicht. Es müsste eher »das Land, das Glück hat« heißen. Oder noch präziser: »das Land, das bisher immer unglaublich viel Schwein gehabt hat«. Zweitens wird in Australien wohl kein anderer Begriff unterschiedlicher und aus dem Zusammenhang gerissen verwendet als diese Bezeichnung, die der Schriftsteller Donald Horne im Jahr 1964 geprägt hat. Der Sozialkritiker, früher Journalist, später einer der wichtigsten australischen Autoren der Gegenwart, hatte sein bekanntestes Buch so betitelt. Er beschreibt darin das Australien der sechziger Jahre.

Das Werk war aber nicht etwa eine Liebes- und Lobesrede auf seine Heimat, wie der Titel den flüchtigen Leser vermuten lässt. Es war eine Verurteilung Australiens – seiner Politiker, seiner Menschen. Der außerordentliche wirtschaftliche Wohlstand, den Australien in nur knapp 200 Jahren erreicht hat, sei in erster Linie das Produkt »der Ausbeutung seiner natürlichen Ressourcen«. Während sich andere industrialisierte Länder mit »cleveren« Methoden entwickelt hätten, meinte Horne, verpasste es Australien, in Forschung, Technik, Ausbildung und Innovation zu investieren. Sein Land zeige »weniger Unternehmungsgeist als so ziemlich jede andere prosperierende industrialisierte Gesellschaft«. Und trotzdem hat es einen enorm hohen Lebensstandard. Horne hatte zeit seines Lebens wenig Erfolg mit seinem Bestreben, Australien von der wahren Botschaft seines Werkes zu überzeugen. Denn sein Heimatland bevorzugte es, den zweiten Teil seines Zitats zu verdrängen. Das »Lucky Country«, so der Autor im Buch, werde nämlich »geführt von zweitrangigen Menschen, die sein Glück teilen«.

Horne konnte den jahrzehntelangen Missbrauch seiner Worte nicht ausstehen: »Ich musste mir den haarsträubendsten Mist anhören, als eine Generation nach der anderen diese Formulierung falsch anwendete«, meinte er einmal.

Es vergehen viele Stunden, in denen wir in unserem Privatjet über das spröde australische Inland gleiten. Stunden zum Nachdenken. Die ungeheuren Mengen an Rohstoffen sind Segen und Fluch zugleich, glaubt auch mein australischer Kollege Damien. »Eigentlich muss dieses Land seinen kollektiven Finger nie aus dem kollektiven Arsch ziehen«, sagt er in seiner robusten Art, »und kann trotzdem ein Leben in Saus und Braus führen. Wir sind wirklich das ›Lucky Country‹, weil wir bisher immer Schwein gehabt haben.« Derartige Selbstkritik höre ich selten von Australiern. Rohstoffe und die Rohstoffindustrie sind eine Art heilige Kuh. Nur wenige sind bereit, sie zu schlachten.

Paul Cleary ist einer der Metzger. »Australien produziert mehr als eine Milliarde Tonnen Mineralien pro Jahr, und das ist nur das Endprodukt«, sagt der Journalist und Buchautor. »Es ist genügend Material, um 3000 der größten Frachtschiffe der Welt zu füllen. Doch unseren Politikern fehlen Mut und Wille, um zu garantieren, dass wir und unsere Nachkommen eine lange anhaltende Hinterlassenschaft dieses ›Jahrhundertbooms‹ haben.«

Während wir in Richtung Nordaustralien fliegen, blicke ich auf das endlos scheinende Rot des Outback. Wie ein Pickel auf dem Gesicht eines Teenagers unterbricht immer mal wieder eine Mine das Bild unter uns. Dieser Boom, der fünfte in der kurzen Geschichte des modernen Australien, habe erst gerade begonnen, sagen viele Experten. Die Nachfrage nach Mineralien, mit denen die industrielle Revolution und Urbanisierung in Asien angetrieben wird, werde – von ein paar Schwankungen abgesehen – Jahrzehnte anhalten. Seit 2003 fließen ungeheure Mengen Geld in die Kassen der Rohstoffkonzerne. Im Jahr 2000 hatte die australische Bergbauindustrie noch Einnahmen von insgesamt 43 Milliarden Dollar verbucht. Zehn Jahre später waren es 195 Milliarden Dollar. Nicht nur die Nachfrage für Rohstoffe ist in dieser Zeit in Höhen gestiegen, wie sie Australien noch nie zuvor erlebt hatte, auch die Preise. 2005 war eine Schiffsladung Eisenerz so viel wert wie 2200 Flachbildfernseher. Fünf Jahre später konnte man damit 22 000 Fernseher kaufen. Gleichzeitig flossen über Steuern Milliarden in die Kasse der Nationalregierung und über Lizenzabgaben zu den rohstoffreichen Bundesstaaten, allen voran Westaustralien und Queensland.

Doch die Entscheidungsträger, die Politiker, haben wenig Interesse daran, diesen einzigartigen Wohlstand auch für kommende Generationen zu sichern. »Unsere politischen Führer geben das Geld mit vollen Händen aus«, sagt Paul Cleary, »obwohl es aus der Ausbeutung unserer natürlichen Ressourcen stammt.« Und diese gingen – wenn sie auch reichlich vorhanden sind – irgendwann zu Ende. Wie viele Experten empfiehlt Cleary, dass Australien mit den Milliarden einen Staatsfonds anlegen solle – »für die Zeit, wenn der Boom zu Staub zerfällt«. Andere Rohstoffländer machten es vor: Norwegen, Chile und sogar der kleine Nachbar Osttimor würden einen Teil des Einkommens anlegen – für schlechte Zeiten. Doch solche Ideen werden von den meisten Politikern als unnötig abgeschmettert. Das Anlegen eines Polsters für die Zukunft sei »Aufgabe des Einzelnen«, sollte später der Labor-Schatzkanzler Wayne Swan zu Protokoll geben, nicht Aufgabe des Staates. Es gebe seit den neunziger Jahren schließlich das private Rentensystem, in dem arbeitstätige Australierinnen und Australier per Gesetz vorsorgen müssten. Rentenfonds investierten auch in Rohstoffunternehmen. Eine absurde Argumentation. Das eine ist privates Geld, vom Einzelnen auf die hohe Kante gelegt für sein Alter. Das andere ist öffentliches Geld, einsatzbereit für die Zeit, wenn die Blase platzt.

Einmal mehr offenbart sich das kurzsichtige Denken, das mir in diesem Land an jeder Straßenecke zu begegnen scheint. Dabei müsste Australien wie kaum ein anderes Land der westlichen Welt wissen, dass – wirtschaftlich gesehen – jedem Festessen der Hunger folgt. Ich denke an die Wolle, an den »Rücken der Schafe«, auf dem dieses Land einst geritten war, bevor Nylon der Naturfaser den Garaus machte. Hunderte von Millionen Tonnen Wolle exportierte Australien im Verlauf von zwei Jahrhunderten – früher ins Mutterland Großbritannien, heute in der Regel nach China. In dieser ganzen Zeit schaffte es das Land nicht, aus diesem eigentlich edlen Rohstoff ein hochwertiges Produkt zu machen, das auch nach dem Siegeszug der Kunstfaser noch gefragt gewesen wäre. Selbst die Versuche scheiterten, Wolle im Land selbst zu spinnen und wenigstens etwas zu veredeln und sie erst als wertvermehrtes, deutlich teureres Produkt in die Welt zu exportieren. Stattdessen wird Wolle bis zum heutigen Tag für ein paar Cents pro Kilo roh in Ballen nach China verschifft, nur um ein paar Monate später in

Form von Pullovern und langen Unterhosen wieder importiert zu werden – zum tausendfachen Preis.

»Wir Australier sind schlichtweg zu faul, unsere Rohmaterialen zu veredeln und neue Märkte zu entwickeln. Denn es geht ja auch ohne«, sagt Damien. Australisches Eisenerz wird für ein paar Dollar pro Tonne nach China verkauft, nur um später in Form von Stahlträgern wieder importiert zu werden. So kommt es zur absurden Situation, dass ein großer Teil des Stahls, der zum Bau von australischen Eisenerzminen verwendet wird, aus China stammt, aber aus australischem Eisenerz gegossen ist.

Der jüngste Rohstoffboom mag zwar ein Jahrhundertboom sein. Er stehe aber auf schwachen Beinen, sagen Kritiker wie Paul Cleary. Das habe in den letzten Jahren die globale Finanzkrise gezeigt. »Sie legte unsere Schwächen offen«, erklärt Cleary. In den drei Jahren vor der Krise hatte die Regierung 334 Milliarden zusätzliche Dollar in der Kasse. Doch das Geld wurde vom damaligen Premierminister John Howard ausgegeben – in Form von sogenannter »Wohlfahrt für die Mittelklasse«. Mit Steuererleichterungen für Gutverdienende und mit absurden Subventionen wie etwa der Bezahlung von 5000 Dollar für das erste Kind und 3000 Dollar für jedes weitere versuchte die konservative Regierung, sich die Wählergunst zu sichern. Die Regierung wollte auf diese Weise die Geburtenzahl ankurbeln. »Ein Kind für Mama, eines für Papa und eines für das Land«, so der Spruch des damaligen Schatzkanzlers Peter Costello. »Um's ehrlich zu sagen«, meint Cleary, »die Regierung pisste unser Geld gegen die Wand.« Die Rechnung flatterte den Australiern ein paar Jahre später ins Haus. Um die Ausgabe-Orgie

Canberras zu stabilisieren, musste die Notenbank zum Schrecken von Millionen von Eigenheimbesitzern die Leitzinsen erhöhen. Gleichzeitig drückte die Finanzkrise auf die Nachfrage nach Rohstoffen in China. Dadurch flossen weniger Kohle- und Eisenerzdollar in die Staatskasse. Ein Doppelhammer. Als 2007 die Labor-Partei die Konservativen nach elf Jahren ablöste, musste der neue Premierminister Kevin Rudd erst mal 106 Milliarden Dollar in öffentliche Projekte pumpen, den Bau von neuen Schulgebäuden etwa, um die Wirtschaft anzukurbeln und eine Rezession abzuwenden. Es war eine Notmaßnahme, aber sie war erfolgreich. Australien teilte nicht das Schicksal der meisten Industriestaaten, die in dieser Zeit in ein Loch fielen. Stattdessen wuchs die australische Wirtschaft noch in den düstersten Monaten der globalen Krise. Doch es war knapp. Als ein Wirbelsturm in Queensland massive Schäden anrichtete, musste die Regierung eine spezielle Steuer einführen, um für Aufräumarbeiten bezahlen zu können. Rudd hatte zwar in der Krisenzeit eine vorhersehende Wirtschaftspolitik. Doch auch die Labor-Partei hatte in den folgenden Jahren keine politische Motivation, Geld für schlechtere Zeiten zurückzulegen. Ein Staatsfonds bleibt für Australien bis heute ein Traum.

In meinem Kalbsledersitz träume ich, welche Möglichkeiten Geld aus dem Rohstoffboom für die Zukunft von kleinen Gemeinden wie Greentown bedeuten würde. Die Investition in Erneuerbare Energien, in Ausbildung, in Innovation – sie könnte Orten, die heute kaum Hoffnung haben, deren Kinder keine Zukunft sehen, neues Leben einhauchen. Doch meine Erfahrung in den letzten Jahren hat mir gezeigt, dass Australien nicht warten kann, bis Politiker handeln. Die meisten denken zu kurzfristig – nämlich bis zu den nächsten Wahlen –, um eine Vision für die Zukunft zu entwickeln. Veränderungen müssen vom Volk selbst eingeleitet werden. Mehr denn je denke ich, dass wir mit TGG auf dem richtigen Weg sind.

KAPITEL 29

»Anschnallen und Sitzlehnen senkrecht stellen«, heißt es aus dem Lautsprecher. Wir setzen in Darwin zur Landung an. Im Hafen der nördlichsten Großstadt Australiens stehen wir vor der nächsten Revolution. Eine gigantische Anlage, ein Konvolut von kilometerlangen verschnörkelten silbernen Pipelines, Generatoren und dampfenden Kühlanlagen. Hier wird Gas, das auf Plattformen im Meer zutage gefördert wird, in Flüssiggas umgewandelt. Das fertige Produkt wird von speziellen Tankern in alle Welt exportiert. Für seine Anhänger ist Gas die neue Kohle Australiens – günstig, leicht zu fördern und vor allem in ungeheuren Mengen vorhanden. Die Küsten Nord- und Westaustraliens sind das nächste Eldorado. Hier liegen einige der größten Gasvorkommen der Welt. »Globale Rohstoffunternehmen wie die amerikanische Chevron haben die Australier jahrelang in ganzseitigen Zeitungsanzeigen überzeugt, diese Lagerstätten auszubeuten«, sagt Paul Cleary. Abermilliarden Dollar wurden investiert, ganze Landstriche fallen einer neuen »Jahrhundertindustrie« zum Opfer. Vielleicht aber liege es »nicht im Interesse Australiens«, auf den Rat von multinationalen Energiegiganten zu hören, warnt Cleary. Denn die Reserven seien weit geringer, als die beteiligten Unternehmen – und die Regierung – dem Volk weismachen würden. Gerade weil sich der Rohstoffboom zunehmend zu einem Gasboom entwickle, weil die Produktion und Nachfrage in den kommenden Jahren in geradezu stratosphärische Höhen klettern würde, könnten die Lager schon etwa 2032 ausgebeutet sein. Nicht, wie die offiziellen Zahlen der Regierung vorgeben, in über 60 Jahren. Namhafte Experten sagen, dass auch die abbaubaren Reserven von Kohle und anderen, für Australien lebenswichtigen Rohstoffen weitaus kleiner sind, als die Zahlen der Regierung sagen. Solche Warnungen aber sind in der Regel in den Wind geschrien. Kaum jemand hat Interesse daran, den Fluss von Kapital zu bremsen. Als wir auf der langen Hauptverbindungsstraße in Richtung Flughafen Darwin fahren, erinnere ich mich an den Tag, an dem ich zum ersten Mal einen Fuß auf diesen Kontinent gesetzt habe. 1989, im Januar. Ich war als Backpacker in Asien unterwegs. In Bali holte ich mir, was ich später als »Bali Belly« identifizierte: eine Magen-Darm-Grippe, die mich fast umbrachte. Ich war mit Brigitte unterwegs. Es war die Reise, die wir damals in der Schweiz geplant hatten, kurz nach meinem Erlebnis mit der Hellseherin Madame Aba. Brigitte und ich reisten rund um die Welt, ein Jahr lang. Unsere Traumreise.

Sie sollte der Test für unsere Beziehung werden und das Ende.

Wir schliefen meist in Billigunterkünften, aber in Bali leisteten wir uns ein Doppelzimmer nur für uns. Doch auch in dieser Herberge war der Luxus begrenzt. Als ich in dem düsteren Zimmer den Schrank öffnete, schauten mich mindestens ein Dutzend Ratten an. Ich weiß nicht, wer sich mehr erschreckte – die Ratten oder ich. Jedenfalls hatten wir unsere Rucksäcke noch nie so schnell gepackt wie an diesem Tag. Im nächsten Zimmer war zumindest der Schrank rattenfrei. Es dauerte nur zehn Minuten, als ich aus dem Bad einen markerschütternden Schrei hörte. Brigitte stürmte aus der Tür. »Ratte, Ratte!«, schrie sie. Als ich ins Badezimmer ging, sah ich, wie sich eine Ratte aus der Kloschüssel auf den Rand hochhangelte, mich mit selbstbewusstem Blick ansah und dann, nach einem weiten Sprung, im Abflussloch der Dusche verschwand.

Ich weiß nicht, ob die unhygienischen Zustände in diesem »Backpacker-Hotel« verantwortlich waren für meinen »Bali Belly«, jedenfalls verbrachte ich den Großteil des Tages und der Nacht auf dem Klo. Ich verlor innerhalb von fünf Tagen vier Kilo und war so erschöpft, dass ich kaum noch sprechen konnte. Als ich endlich etwas Salz und Cola zu mir nehmen konnte, schleppte mich Brigitte zum Flughafen. Wie Tausende von Backpackern wollten auch wir nach unserer Reise durch Asien über Australien zurück nach Europa reisen und dann über Neuseeland, den Südpazifik und die Vereinigten Staaten. Der Flug von Bali nach Darwin ist nur ein Katzensprung. Der erste Mensch, den ich in Australien sah, war ein Flughafenarbeiter in der damals klassischen Uniform des australischen Nordens: Shorts, kurzärmliges Hemd, Halbschuhe und weiße Socken. Für mich war es, als ob wir im Paradies gelandet seien. »Nirwana«, sagte ich, als ich mich in einer garantiert rattenfreien Backpacker-Unterkunft aufs Bett warf.

Nicht einmal im Traum hätte ich an diesem Sonntag im heißen australischen Hochsommer gedacht, dass dieser Kontinent einmal meine Heimat werden sollte.

Und genau in diesem Moment fahren wir an dieser Backpacker-Unterkunft vorbei. Wie damals liegen Jungs mit nacktem Oberkörper in den Hängematten, wie damals sonnen sich die Mädchen in knappen Bikinis am Swimmingpool. Es scheint, als ob sich nichts geändert hätte. Der einzige Unterschied ist wohl, dass ihre Musik aus dem iPod statt aus dem Walkman schallt. Darwin dagegen ist kaum wiederzuerkennen. Es hat sich in nur zwei Jahrzehnten von einem Kaff am Ende der Zivilisation zur Metropole des Nordens gemausert. In erster Linie dank des Rohstoffbooms. Hätte ich damals hier ein Haus gekauft, für 60 000 Dollar, ich wäre heute Millionär. Die enorme Nachfrage und die hohen Gehälter, die in der Rohstoffindustrie bezahlt werden, haben die Preise für Immobilien auch hier in Höhen getrieben, die für Normalverdiener schlicht unbezahlbar sind.

Einen Tag später, nach einer Übernachtung in Kununurra, kreisen wir in unserer Maschine über einem der wohl wertvollsten Stücke Land auf dem roten Kontinent. Die Argyle-Diamantenmine in den Kimberley im Norden von Westaustralien. Ein gigantisches Loch liegt unter uns, als wir zur Landung ansetzen. Die Heimat der rosaroten Diamanten. »Ob wir ein Gastgeschenk erhalten werden?«, fragt Damien schmunzelnd. »Meine Frau würde sich über einen ›Pinki‹ freuen.« Als wir mit einem Kleinbus ins Informationszentrum der Mine fahren, werden Damiens Hoffnungen schnell zunichtegemacht. Der Manager der Firma teilt ein Stakkato von Warnungen aus. Sicherheit sei hier das höchste Gebot, und zwar in mehrfacher Weise. Zum einen wolle die Firma möglichst unfallfrei sein, zum andern wolle sie kein Geschäft verlieren. Nichts dürfe mitgenommen werden. »Kein Stein, kein Kiesel, nichts. Es gibt Stichproben«, sagt er.

Auf der Fahrt zum Abbaustoß der Mine wird uns rasch klar, dass wir wohl eher dreimal einen Sechser im Lotto haben würden, als dass wir in dieser Halde von grauem Gestein einen Diamanten finden. Dabei ist Argyle – gemessen an der Produktion – die größte Diamantenmine der Welt. 34 Millionen Karat an edlem Gestein werden hier pro Jahr aus dem Felsen gebrochen. Die überwältigende Mehrheit sind Diamanten, die in der Industrie Anwendung finden. Als Spitze des Bohrers etwa, den John Taylor zum Bohren meines Wasserlochs verwendet hat. Oder in anderen Werkzeugen, in denen das härteste Material der Welt benötigt wird. Wir aber sind wegen der rosaroten Diamanten hier. Sie machen zwar nur gerade ein Prozent der Gesamtproduktion von Argyle aus. Dafür sind sie umso lukrativer. »Pink Diamonds« aus Argyle gehören zu den seltensten Edelsteinen auf der Welt. Qualitativ besonders hochwertige Stücke wechseln nicht selten für 100 000 Dollar die Hand – pro Karat, erklärt uns später in Kununurra die Deutsche Frauke Boten-Boshammer. Sie ist eine auf Argyle-Diamanten spezialisierte Expertin. »750 000 Dollar kostet der hier«, sagt sie und legt einen blassen Stein auf ein schwarzes Seidentuch. »Als Nicole Kidman hier war, um den Film ›Australia‹ zu drehen, hat sie sich gleich ein paar gekauft.« Den Preis, den die Schauspielerin bezahlt hat, will sie nicht verraten. Im Diamantengeschäft herrscht strikte Verschwiegenheit. »Aber sie war sehr nett«, sagt Frauke.

Zurück in der Mine, kann der Manager es nicht erwarten, uns William Ramsey vorzustellen. Der junge Aboriginal-Mann in oranger Warnweste und übergroßer Schutzbrille aus Plastik nimmt in der Werkstatt einen Motor auseinander. Er ist ein Auszubildender, der bei Argyle Mechaniker wird. »Ich bin stolz, ein Beispiel für andere junge Aborigines zu sein«, meint er. Wie viele Ureinwohner habe auch er keine Chance gesehen, je einen Beruf erlernen zu können. »Dann hat mir Argyle geholfen«, meint er. Fast jedes australische Rohstoffunternehmen hat ein Programm, das Aborigines Ausbildungs- und Beschäftigungsmöglichkeiten gibt – Rio Tinto, der globale Konzern, dem Argyle gehört, gilt als führend in der Ausbildung von Aborigines. Kritiker, und von denen gibt es nicht wenige, sehen solche Initiativen als Alibiübungen. »Im Gegenzug verlangen die Unternehmen, dass ihnen die Aborigines Zugang zum Land geben. Von der Ausbeutung ihrer Rohstoffe erhalten sie nichts als Tantiemen«, meint Damien. Das mag schon sein. Trotzdem kann für junge Aborigines die Möglichkeit, einen Beruf zu erlernen, den Unterschied bedeuten zwischen einem Leben in Armut, Verzweiflung und Hoffnungslosigkeit und einem von Stolz und Produktivität. Das Wichtigste aber sei, »dass ich für andere in meiner Gemeinde ein Vorbild bin«, erzählt uns Ramsey. »Einige Jugendliche in meinem Dorf überlegen sich nun, auch eine Ausbildung zu machen.«

Wir verabschieden uns von Argyle. Es gibt, zu unserer großen Erleichterung, keine Stichproben. Wie wir erfahren, verpassen wir ein legendäres Unterhaltungsprogramm. Denn früher habe ein Besucher, der Argyle betreten hat, beim Ausgang blind in eine Kiste greifen müssen, in der sich verschiedenfarbige Kugeln befinden. Wer Blau erwischte, durfte gehen. Wer Rot griff, musste seine Taschen leeren. Wer eine gelbe Kugel in der Hand hatte, musste sich abtasten lassen. Und wer Schwarz erwischte: Jackpot. Ihm stand eine Ganzkörperuntersuchung bevor. »Die Regel galt für alle«, sagt unser Begleiter, »selbst für den obersten Chef.« Ich stelle mir den bedauernswerten Angestellten vor, der seinem Boss den Zeigefinger in den Hintern stecken musste, um zu kontrollieren, ob er einen rosaroten Diamanten versteckt hatte.

Zurück in Greentown, hat mich der Alltag rasch wieder. Ich bin wieder Hausmann: Waschen, Kochen, Kinder zur Schule bringen. Und dazwischen habe ich Aufgaben, auf die ich gerne verzichten würde.

KAPITEL 30

Es ist kurz vor Mitternacht, als Christine nach Hause kommt. Sie hatte Spätdienst im Krankenhaus. »Ich hab wieder eins aufgeladen«, sagt sie, »sorry.« Bei mir muss sie sich nicht entschuldigen, denke ich, gehe zum Waffenschrank und hole mein Kleinkalibergewehr. Etwas Größeres brauche ich nicht, Kängurus haben dünne Schädelknochen. Das hat mir Kristen Lombardo erzählt. Er ist Kängurujäger und lebt in Broken Hill. Während ich mit meinem Handscheinwerfer den Straßenrand nach dem angefahrenen Känguru absuche, denke ich an den Ausflug mit ihm, den ich nicht so schnell vergessen werde. Damals, 1000 Kilometer westlich von Sydney, mitten im Nirgendwo, in der Dunkelheit der Nacht.

Ich erinnere mich, als wäre es gestern gewesen.

Kristen Lombardo lehnte sich aus dem Fenster des Fahrzeugs, griff nach seinem Gewehr und hielt den Atem an. Die Muskeln seiner wuchtigen Arme spannten sich, als er den Zeigefinger an den Abzugshahn legte. Zwischen Anpeilen und Schuss vergingen keine drei Sekunden. 100 Meter weiter, wo der Lichtkegel des Scheinwerfers in das Dunkel der Nacht überging, fiel ein Känguru zu Boden. Lombardo drückte auf das

Gaspedal seines Toyota-Kleinlasters und raste über Büsche und Steine dem Tier entgegen. Jede Sekunde zählte. »Wir müssen es sofort ausbluten«, erklärte er. »Sonst wird das Fleisch unbrauchbar.« Der 37-Jährige sprang aus dem Wagen, in der Hand ein Messer mit langer, dünner Klinge. Ich hechtete hinter ihm her. In der Dunkelheit sah ich die Wurzel nicht, die aus dem Boden ragte, und fiel, Gesicht voran, in eine Lache von Blut und Hirnmasse. Das Känguru war eindeutig tot; sein Kopf von der Wucht des Geschosses zerschmettert. Lombardo griff nach einem Hinterbein und wuchtete das Tier hoch. Sein Wagen war eine fahrende Metzgerei, eine von Chromstahl glänzende und nach Reinigungsmitteln riechende Schlachtanlage. Er hängte das Känguru an einen Haken und zeigte im Schein meiner Stirnlampe auf den Brustkorb des Tieres. »Siehst du, das Herz schlägt noch«, erklärte er, »aber nur noch ein paar Sekunden.« Mit einem Stich zwischen die Rippen zerschnitt er die Hauptschlagader des ersten Tieres dieser Nacht. Das helle arterielle Blut spritzte aus dem Körper auf den roten Sand der Wüste. Es versickerte nicht gleich, sondern perlte in einem kleinen Rinnsal über den quarzhaltigen Boden. »So, weiter geht's«, sagte Kristen, und wir schwangen uns wieder ins Auto. »53 noch, und ich kann Feierabend machen.«

Die Jagd nach dem australischen Wappentier ist nichts für Leute mit schwachen Nerven. Mitten in der Nacht in der Unendlichkeit des Outback, 1000 Kilometer westlich von Sydney, Kleider und Gesicht von Blut und Hirnmasse verschmiert – da stieß ich trotz meiner Erfahrung als Polizeireporter an meine Grenzen. Doch Lombardos Bereitschaft, einem Beobachter die Mitfahrt zu erlauben, musste ich nutzen. Es ist eine Chance, die sich so schnell nicht wiederholen dürfte. Kängurujäger und Journalisten sind wie Feuer und Wasser. Medienberichte über die kommerzielle Kängurujagd sind regelmäßig gespickt mit Begriffen wie »brutal«, »herzlos« und »grausam«. Gebrannt von der schlechten Presse, meiden die meisten Jäger jegliche Öffentlichkeit. Das bringt ihnen wiederum den Vorwurf ein, sie hätten etwas zu verbergen. Es dauerte Monate, bis ich in unzähligen Telefonaten mit Kristen und der Kangaroo Industry Association of Australia (KIAA) eine Vertrauensbasis schaffen konnte. »Ich kann Ihnen nur versprechen, unvoreingenommen an die Geschichte heranzugehen.« Endlich Erfolg. »Du kannst kommen«, sagte Kirsten. Also ab nach Broken Hill.

Professionelle Kängurujagd, korrekt ausgeführt, ist weitaus weniger brutal und spektakulär als in der Propaganda der Gegner porträtiert. Es ist Akkordarbeit, geprägt von fließbandartiger, monotoner Effizienz. Jeder Handgriff sitzt, alles geht extrem rasch. Zeit ist in diesem Geschäft der entscheidende Faktor. Noch vor dem Morgengrauen müssen die 54 Tiere, die ein lizenzierter Jäger pro Nacht schießen darf, in der Kühlanlage sein. Mit dem Sonnenaufgang kommen die Fliegen, die sofort ihre Eier in die toten Körper legen würden. Dann wäre das Fleisch ruiniert. »Es ist ein harter Job«, erklärte Lombardo. »Mit 45 ist man ausgebrannt. Der Rücken, die Arme, das Gehör – alles kaputt.«

Nicht dass er mit viel Mitgefühl rechnen könnte – er ist das Feindbild Tausender Tier- und Umweltschützer rund um den Globus. Die Regierung überwacht die

Bestände und bestimmt, wie viele Tiere in welchem Bundesland erlegt werden dürfen. Ein großer Teil des Fleisches endet in Australien als Hundefutter. Fleisch und Leder werden aber auch in 30 Länder ausgeführt. Deutsche und Schweizer gehören zu den begeistertsten Essern von Kängurufleisch, nach – man staunt – den Russen. Von dort wird das Fleisch gelegentlich, als »Reh- oder Hirschpfeffer« markiert, nach Westeuropa verkauft, erzählte mir ein Experte.

Kristen Lombardo tastete mit seinem starken Scheinwerfer die Landschaft ab. Ich erzählte ihm von meinem Treffen mit Michael Archer in Sydney. Für den weltbekannten Wissenschaftler sind Warnungen vor der Ausrottung von Kängurus »kompletter Unsinn«. Der renommierte Akademiker ist der prominenteste Sprecher einer Gruppe von Wissenschaftlern, die Kängurufleisch als idealen Ersatz für Fleisch von Rindern, Schafen und Schweinen sehen. Er habe wenige Sympathien für »fanatische« Tierschützer, sagte mir der Professor. »Erst wenn wir den wirtschaftlichen Wert eines Tieres schätzen, erst wenn wir es zu unserem Vorteil nutzen können, sind wir bereit, es zu schützen. Glauben Sie, dass Kühe und Schweine je aussterben werden?« Kommerziell gejagt würden praktisch nur die in großer Zahl vorkommenden Rotkängurus, das Westliche und das Östliche Graukänguru sowie das Euro, dessen Name nichts mit der europäischen Währung zu tun hat, sondern von der Bezeichnung stammt, die ihm die Aborigines gegeben haben. Die Ureinwohner nutzen Kängurus seit Jahrtausenden als bedeutende Quelle von Eiweiß. Kängurufleisch ist ausgesprochen fettarm und gesund. Für den Experten macht die Jagd auf Kängurus zur

Fleischgewinnung aber vor allem aus Gründen des Umweltschutzes Sinn. »Wir Australier haben zwar viel Platz, der Boden aber ist mager und schnell zerstört. Europäische Agrarmethoden sind hierzulande jedenfalls völlig ungeeignet, um unsere Nahrung zu produzieren. Das zeigt die jüngere Geschichte.« Nur etwas mehr als 200 Jahre nach Beginn der Besiedelung des Kontinents durch britische Sträflinge und Einwanderer nähere sich der Zustand der australischen Umwelt dem Krisenpunkt. »Die Abholzung von Milliarden von Bäumen zur Schaffung von Weideland hat zur Erosion weiter Teile des Landes geführt, weil dem Boden die stabilisierende Kraft der Wurzeln fehlt«, sagte Archer. Millionen Quadratkilometer Boden seien unbrauchbar geworden; Hunderte von Tier- und Pflanzenarten starben aus, weil sie ihrer Lebensräume beraubt wurden. Doch obwohl die Ursachen für die Zerstörung mehr als bekannt sind, geht der Raubbau weiter. Riesige Flächen Land würden noch immer gerodet, um Vieh weiden zu lassen. »Harthufige europäische Nutztiere wie Schafe und Rinder schädigen die Bodenoberfläche und beschleunigen den Prozess der Erosion.«

Ganz anders die Kängurus. Sie haben sich an die ganz spezifischen Gegebenheiten des Landes in Millionen von Jahren angepasst. Ihre weichen Füße lassen den Boden unversehrt. Zudem trinken die Beuteltiere wesentlich weniger als Nutzvieh und fressen etwa fünfmal weniger Gras als Schafe. Doch ganz so einfach ist es nicht.

Kängurus bedeuten für Landwirte oft eine Gefährdung der Existenz, weil sie Nutztieren die Nahrung wegfressen. Dank Millionen Quadratkilometern Weideland konnte sich die Zahl der Kängurus in den letzten 200 Jahren explosionsartig vergrößern. Es ist, als ob die weißen Siedler im Inland eine gigantische Kängurufarm aufgemacht hätten. Etwa 50 Millionen Kängurus leben heute auf dem Kontinent, ein Vielfaches mehr als zu Beginn der europäischen Besiedelung.

Kängurus sind Überlebenskünstler erster Klasse. Weibchen haben an ihrem Bauch einen mit vier Zitzen versehenen Beutel, in dem sie ihre Jungen tragen. Wegen der klimatischen Extreme, die auf diesem Kontinent herrschen, entwickelten Kängurus einen ganz besonderen Fortpflanzungszyklus. Fehlt es während einer Dürreperiode an Futter und Wasser, können sie das Wachstum des Fötus verlangsamen. Sind die Verhältnisse wieder gut, wachsen die »Joeys« weiter, wie die Kängurubabys heißen. Unter idealen Futter- und Wasserbedingungen kann sich die Zahl der Kängurus innerhalb von fünf Jahren vervierfachen.

Hoch-Zeit für Jäger wie Kirsten Lombardo.

Eine halbe Stunde nachdem wir losgefahren waren, hatte er schon fünf Kängurus geschossen. »Zeit für den Ausnehmstopp«, meinte er. Nachtfalter tanzten um das Licht von zwei Scheinwerfern am Stahlgerüst des Toyota, als Lombardo zur Machete griff. Schlag auf Schlag köpfte er die Tiere, die an der Seite seines Autos hingen. Dann schnitt er ihnen die Hinterbeine und Schwänze ab. Alle 20 Minuten müssten neu erlegte Kängurus ausgenommen werden, sage das Regelbuch. »Die Eingeweide müssen raus, sonst wird das Fleisch schlecht«, erklärte er mir. »Alles ist genau vorgeschrieben.« Nach jedem Känguru desinfizierte Lombardo das Messer. »Wer die Vorschriften nicht befolgt, wird früher oder später zur Kasse gebeten.«

»Das ist absolut richtig«, sollte mir Joshua Gilroy bestätigen. Ich traf den Biologen und obersten Verantwortlichen für die Kontrolle der Kängurubevölkerung und -nutzung im Amt für Nationalparks im Bundesstaat New South Wales später im Pub. Sein jugendliches Aussehen täuschte: Gilroy ist nicht nur Wissenschaftler, er ist auch Polizist. Er kennt keine Gnade mit jenen, die sich nicht an die Regeln halten. Sowohl die Jagd als auch die Verarbeitung von Kängurus sei »so streng reguliert wie kein anderer Zweig der Agrarindustrie«. Potentielle Kängurujäger müssen einen mehrwöchigen Kurs absolvieren und eine Prüfung bestehen. Erst dann gibt es eine Lizenz. Auch eine strenge Schießprüfung gibt es, denn über die Art und Weise der Tötung könne nicht diskutiert werden. »Kopfschuss, und sonst gar nichts«, meinte Gilroy. »Das Tier wird in seiner natürlichen Umgebung getötet«, erklärt der Beamte. »Es weidet – und eine Sekunde später ist es tot.« Dies sei die ethischste Methode der Fleischproduktion. Trotzdem begegnen Tierschützer gerade der Frage der Tötung mit großer Skepsis – und das mit gutem Grund. Schüsse in den Hals, den Brustkorb oder noch tiefer seien an der Tagesordnung, sagen selbst Kritiker aus der Känguruindustrie. Auch das Schicksal von Kängurubabys empört viele. »Joeys« müssen gemäß Vorschrift von den Jägern erschlagen werden, weil sie ohne den Schutz ihrer Mütter sofort Opfer von Raubvögeln und Füchsen würden. »Ich versuche, möglichst keine Weibchen zu schießen«, sagte Kristen Lombardo. »Meistens gelingt mir das.«

Dann war die Nacht vorbei für den Jäger. 54 Tiere – sein Soll war erfüllt. Am nächsten Tag wurden die Kängurus im Schlachthof der Stadt zerlegt und verpackt. Ein Inspektor kontrollierte, ob sie nach Vorschrift geschossen worden waren. Entdeckt er einen Hals- oder Brustschuss, müssen Schlachthof, Kühlanlagenbesitzer und Jäger büßen – mit je 300 Euro pro Tier. »Lange macht einer das nicht, bei diesen hohen Bußen«, sagte Lombardo. Der Sohn italienischer Einwanderer ist seit 14 Jahren Kängurujäger. »Wenn ich morgen im Lotto eine Million gewinne, werde ich nie wieder ein Känguru schießen. Aber man muss ja von etwas leben.«

*

Ein paar Jahre sind seit dieser Reportage vergangen. Als ich unsere Schotterstraße entlangfahre, im Schritttempo, frage ich mich, ob Lombardo wohl inzwischen den Sechser im Lotto gewonnen hat oder ob er schon im Rollstuhl sitzt. Mit meinem Handscheinwerfer suche ich weiter den Straßenrand ab. Christine hat mir erklärt, wo etwa auf der sieben Kilometer langen Strecke ihr das Känguru in den Wagen gerannt war. Ich habe einmal gelesen, dass pro Nacht in Australien 10000 Tiere Opfer des Straßenverkehrs werden. Die überfahrenen Tiere, die wir alleine hier auf unserer wenig befahrenen Straße sehen – fast jeden Morgen ein Kaninchen, ein Hase, eine Echse, ein Wombat oder eben ein Känguru –, lassen vermuten, dass diese Zahl eher konservativ bemessen ist. Eine Kollision mit einem Känguru ist immer traumatisch, und zwar nicht nur für das Tier. Die Schäden am Fahrzeug sind meist signifikant, bei größeren Tieren können solche Unfälle schnell einmal im Totalschaden enden. Oder mit dem Tod des Fahrers. Immer wieder gibt es Meldungen von Kollisionen, bei denen ein Känguru durch die Frontscheibe des Autos in die Kabine geschleudert wurde und den Fahrer erschlug.

Mich überrascht immer wieder, wie Kängurus am Straßenrand stehen und in aller Ruhe zuschauen, wie sich ein Fahrzeug nähert. Fast wie ein Anhalter, der darauf wartet, mitgenommen zu werden. Dann, wenn ein Fahrer glaubt, die Gefahr sei vorbei, springt das Tier auf die Straße. Das Känguru wird erfasst, knallt gegen den Kotflügel, fällt um und gerät mit den Beinen oder dem Schwanz unter die Räder. Wenn es Glück hat – sofern man das so sagen kann –, wird es dabei getötet. Oft aber überlebt das Tier. Mit schwersten Verletzungen schleppt es sich in den Wald hinter dem Straßenrand, um langsam und unter furchtbaren Schmerzen zu verenden. Es ist inzwischen fast ein Uhr früh. Die Chance, das angefahrene Tier noch zu finden – mitten in der Nacht, in dichtem Gebüsch –, ist gering. Doch ich habe Glück. Für den Bruchteil einer Sekunde erkenne ich im Licht des Scheinwerfers das helle Flackern von zwei Augen. Ich halte an und gehe durch das Gebüsch auf das Tier zu. Es ist ein großes Känguru, ein Männchen, stark und wild. Ich bin erstaunt, dass es keinen wesentlichen Schaden an unserem Auto angerichtet hat. Als ich mich ihm langsam nähere, sehe ich die Panik in seinen Augen. Verzweifelt versucht das Känguru aufzustehen. Doch es hat keine Chance. Beide Hinterbeine sind gebrochen. Wäre das Tier nur leicht verletzt, hätte ich den Wildrettungsdienst anrufen können. Freiwillige hätten das Känguru geholt und gesund gepflegt. Doch in diesem Fall ist jede Hoffnung vergeblich. Ich entsichere mein Gewehr und halte das Ende des Laufs an den Kopf des Kängurus. »Sorry«, murmle ich und drücke ab.

Tiere töten zu müssen ist eine der unangenehmeren Seiten des Landlebens. Sei es ein verletztes Känguru oder ein krankes Schaf – es kostet mich jedes Mal größte Überwindung, die Waffe anzusetzen. Einen schnellen, möglichst schmerzlosen Tod zu garantieren ist aber oft das Einzige, was ich für ein Tier noch tun kann. Und vielleicht sicherzustellen, dass sein Sterben nicht ganz nutzlos war. So lade ich das Känguru auf meinen Pick-up und bringe es nach Hause. Am anderen Morgen nehme ich es aus und zerlege es. Max, unser neues Familienmitglied, ein Schäferhund-Welpe, sitzt daneben und kann es kaum erwarten. Wochenlang werden wir nun kein Hundefutter kaufen müssen – was in den meisten Fällen auch Känguru ist. Obwohl auf den Dosen »Rind« oder »Huhn« steht.

Wir hatten Max vor vier Wochen gekauft, von einem erstklassigen Züchter, in der Hoffnung, ein Schäferhundgenie wie »Inspektor Rex« aus der gleichnamigen österreichischen Fernsehserie zu erwerben. Doch weit gefehlt. Je länger dieser Hund bei uns lebt, desto mehr bin ich überzeugt: Wir haben aus dem Wurf von fünf Welpen ausgerechnet den Deppen gegriffen.

KAPITEL 31

Die Geschichte über Max beginnt allerdings mit Oskar. Oder Oski, wie wir ihn nannten. Ich sah die Anzeige in der *Greentown Post*: »Wurf von fünf Jack-Russell-Terriern. 50 Dollar pro Stück.« Es war Liebe auf den ersten Blick. Der kleine weiße Hund mit dem braunen Fleck auf der Stirn lebte sich schnell bei uns ein. Bald machte keiner von uns auch nur einen Schritt nach draußen, ohne dass ihm Oski folgte. Er hatte einen guten Charakter, der Kleine. Lebhaft, lustig und neugierig.

Zu neugierig, wie sich herausstellen sollte.

»Oski ist von einer Schlange gebissen worden«, sagte Christine am Telefon. »Was soll ich tun?« Der Hund hatte bei einem Spaziergang eine Braunschlange gesehen. Und typisch für einen Jack-Russell griff er sie an. Natürlich war das Reptil schneller. Für mich hätte das Drama kaum zu einem ungünstigeren Zeitpunkt kommen können. Ich war in Perth am Flughafen, nur Minuten vor dem Abflug zurück nach Canberra, völlig übermüdet und genervt. Nach einer anstrengenden Reportage in den westaustralischen Eisenerzminen erwartete mich zu Hause ein volles Haus – oder ein volles Shed, sollte ich wohl besser sagen. Auf unserem

Grundstück standen Zelte, Campingtrailer und Wohnwagen. Ein Dutzend Freunde und Bekannte waren bereits in Wombat Creek eingetroffen, um am nächsten Tag Christines Geburtstag zu feiern. 40 Jahre alt und immer noch schön wie 20! Doch obwohl ich mich darauf freute, unsere Freunde wiederzusehen, hätte ich mir ein ruhiges Wochenende gewünscht. »Ich weiß doch auch nicht, was wir tun sollen«, sagte ich, »wie geht es ihm denn?« Christines Antwort ließ wenig Gutes erahnen: »Er spuckt Blut und ist apathisch.«

Es ist die Frage, die sich jeder Bauer in Australien früher oder später stellen muss: Soll ich den Hund, die Kuh, den Stier oder das Schaf, das von einer Schlange gebissen wurde, dem Tierarzt bringen? Oder soll ich die Entscheidung über Leben und Tod der Natur überlassen? Die meisten Australier auf dem Land würden sich für die zweite Variante entscheiden. Es ist durchaus möglich, dass ein Tier einen Schlangenbiss überleben kann – im Fall eines kleinen Hundes wie Oski allerdings ist das wenig wahrscheinlich. Die Kosten für eine Behandlung durch den Tierarzt aber sind enorm hoch.

Trotzdem sagte ich: »Bring ihn zum Doktor.« Dann stieg ich ins Flugzeug.

Dies ist ein hartes Land, ein gnadenloses sogar gelegentlich, ein Land mit seinen eigenen Gesetzen. Ich habe einen Bauern kennengelernt, der seinen alten Hunden die Gurgel durchschneidet, wenn sie nach Jahren treuer Dienste als Schäferhunde alt und verbraucht sind. »Die kosten mich ja sonst nur noch Geld, weil ich sie weiter füttern muss«, so seine Begründung. So weit würde ich nie gehen. Aber ich will ehrlich sein: Unter normalen Umständen würde ich das Schicksal spielen lassen. Aber schließlich liebten wir den kleinen Oski. Und zu Hause warteten unsere Freunde gespannt auf meine Entscheidung.

Als ich vier Stunden später in Canberra landete, meldete mir Christine am Telefon, der Hund liege beim Arzt auf der Intensivstation. Eine Intensivstation für Hunde! Ich wusste nicht einmal, dass es so etwas gibt. Gegengift, Infusionen, Beruhigungsmittel – für zwei Stunden sogar künstliche Beatmung. Das volle Programm. Und das an einem Wochenende. Zu unserer Freude half die Intensivbehandlung dem Kleinen wieder auf die kurzen Beine. Wir feierten seine Rückkehr vier Tage später mit Hundekuchen für Oski und Haselnussplätzchen für uns. Auch ich freute mich, den kleinen Kerl wieder bei uns zu haben. Bis Christine mir den Preis für die Behandlung nannte: 750 Dollar! Für einen kurzen Moment fürchtete ich, selbst eine Intensivstation zu brauchen.

Drei Monate später bin ich auf einer Reportagereise im Norden. Christine ruft mich an, schluchzend: »Oski ist tot.« Sie habe den Hund vor der Tür unseres Sheds gefunden. Zwei kleine Punkte an der Schnauze schließen jeden Zweifel aus: Er hatte wieder eine Schlange gestört. Offenbar konnte er sich noch nach Hause schleppen, um vor der Tür zusammenzubrechen und zu sterben. Christine ist außer sich. Und auch ich vergieße an diesem Tag eine kleine Träne. So ein Tier wächst einem ans Herz. Als ich unserer Tierärztin Chloe später davon erzähle, reagiert sie gelassen. »Ich habe noch nie einen Jack-Russell erlebt, der im Busch lebt und älter als zwei Jahre geworden ist.«

Oskis Todestag war der Tag, an dem ich mir schwor,

dass uns so etwas nicht noch einmal passieren sollte. Ich habe einen Plan. Ein paar Wochen später holen wir unseren kleinen Max vom Züchter ab. Er kostet nicht wenig, kommt aber komplett mit Reinrasse-Zertifikat. Sein Vater sei ein Edel-Schäferhund mit Adelstitel, heißt es darauf, »direkt importiert aus Deutschland«. Bei einem solchen Stammbaum muss er ja gescheit sein. Die Angst, auch diesen Hund an eine Schlange zu verlieren, begleitet mich trotzdem. Bis zu diesem Samstagnachmittag. Ich will Max die Lust auf Schlangen ein für alle Mal verderben.

Mick hat auf seinem Grundstück eine Braunschlange erschlagen und stellt mir das tote Tier für mein »Projekt« zur Verfügung. Ich binde eine fünf Meter lange Schnur an den Kopf des inzwischen von der Totenstarre steifen Reptils. Dann gehe ich in die Küche. Aus dem Eisschrank hole ich jede Chilisauce, die ich nur finden kann: indonesische Sambal Olek, vietnamesische Sriracha. »Extra hot«, heißt es auf der Plastikflasche, sehr scharf. Mit einem Pinsel streiche ich die Chilisaucen auf die Schlange. »You have to be cruel to be kind«, sagt Mick, der mich interessiert beobachtet. Man müsse hart sein, um auch freundlich sein zu können. Hoffentlich denkt er nicht, ich würde auch Samuel und David auf diese Art und Weise abhärten.

»Max«, rufe ich, »Maxi, komm mal her.« Der kleine Hund watschelt auf seinen riesigen Pfoten direkt auf die Schlange zu. Mehr sagen muss ich nicht. Ich ziehe an der Schnur, das Reptil »schleicht« langsam in meine Richtung. Max soll glauben, das Tier lebe. Und er soll es angreifen. Doch der Hund zeigt wenig Interesse. Gelangweilt beginnt er, an der Schlange zu schnüffeln. Dann leckt er sie ab. Ich habe einen Eimer mit

Wasser bereitgestellt, um ihm das Leid wenigstens etwas lindern zu können. Doch statt in ein Gejaule auszubrechen, schlürft Max in aller Ruhe und mit großem Genuss die Chilisauce von der Schlange. Er zeigt nicht einmal ansatzmäßig Symptome von Schmerz oder auch nur vom geringsten Brennen im Maul. Im Gegenteil, ich habe den Eindruck, Chilisauce wird sein Leibgericht, und die Schlange wolle er auch gleich noch aufessen. Mick, eine Dose Bier in der Hand, krümmt sich vor Lachen: »Offenbar ist nicht jeder Deutsche ein Einstein.« Okay, dieser Versuch ist gründlich in die Hose gegangen. Unser Glück aber ist, dass Max trotzdem Angst vor Schlangen hat.

Für unsere Kinder ist Max einer ihrer besten Freunde. Selbst wenn man nur fünfzehn Minuten Autofahrt außerhalb der Stadt lebt, im Busch, ist es für Schulkameraden nicht immer einfach, mal schnell zu uns zu kommen, zum Spielen oder um gemeinsam Hausaufgaben zu machen.

Die Wahl unserer High School scheint die richtige gewesen zu sein. Beide Jungs entwickeln sich sehr gut. Sie gehören unter den über 900 Schülern zu den besten. Samuel ist in einer Sonderklasse für besonders engagierte und interessierte Kinder, wo die Schüler wesentlich härter gefordert werden als in einer normalen Klasse. Zu meinem Erstaunen interessieren sich beide Jungs für Naturwissenschaften. Für mich waren Fächer wie Chemie und Physik immer der pure Alptraum. Auch Christine hatte während ihrer Schulzeit wohl nie die Absicht, Chemikerin zu werden. Es ist keine Frage, dass ihre Wissenschaftslehrerin mit ein Grund für das Interesse der Jungs ist. Sie versteht es, ihre Neugierde und ihren Wissensdurst zu wecken, allerdings dämpft die Tatsache, dass Berta eine erklärte Klimaskeptikerin ist, erheblich meinen Enthusiasmus für die Frau.

Als ich das erste Mal von den Jungs hörte, dass die Lehrerin – immerhin eine Wissenschaftlerin mit Doktortitel – Klimawissenschaft grundsätzlich in Frage stellt, fiel mir der Kiefer runter. Nicht dass Berta damit in der Minderheit wäre: Ich weiß schließlich schon seit Jahren, dass gerade in ländlichen Gegenden Klimaskepsis weit verbreitet ist. Man sollte allerdings denken, dass sich eine intelligente Akademikerin weniger von der öffentlichen Meinung zu diesem Thema beeinflussen lässt als ein Taxifahrer oder Bergbaukumpel.

Doch leider ist das nicht so. Es gibt – mit Ausnahme der Vereinigten Staaten – wohl kein westliches Land, in dem Klimaskepsis so endemisch ist wie in Australien. Eindeutige, wissenschaftlich bewiesene Veränderungen des weltweiten Klimas, der globalen Erwärmung, werden selbst von Spitzenpolitikern in Frage gestellt oder gar als unglaubwürdig abgeschmettert. Vor allem auf der rechten Seite des politischen Spektrums: Mitte 2013 gaben zwei Drittel der konservativen Parlamentarier an, nicht an Klimawandel zu glauben oder erhebliche Zweifel zu haben.

Wesentliche Ursache: die »Zweifelindustrie«. Das sind jene offen oder versteckt agierenden Vertreter schadstoffintensiver Industrien – »gekaufte« Wissenschaftler etwa, Journalisten oder Public-Relations-Experten –, die in der Bevölkerung gezielt und systematisch Zweifel zu einem Thema verbreiten. Nirgendwo in der westlichen Welt – wieder mit Ausnahme der Vereinigten Staaten – ist sie seit Jahren so erfolgreich wie in Australien. Früher war die Aufgabe der »Zweifelindustrie«, Zweifel an der Verbindung zwischen Tabakkonsum und Lungenkrebs zu säen. Heute hat sie den Job, Zweifel an der Zuverlässigkeit der Klimawissenschaft zu verbreiten oder die Existenz der globalen Erwärmung grundsätzlich in Frage zu stellen. Man muss nicht weit suchen, um jene Industrien zu finden, die ein Interesse daran haben, dass sich die Umweltschutznormen in Australien möglichst nicht verbessern. Zuoberst auf der Liste der Schadstoffproduzenten steht die Rohstoffwirtschaft, allen voran die Kohleindustrie. Da Australien mindestens 75 Prozent seines Stroms mit dem Verbrennen von Kohle produziert, ist Kohle für einen wesentlichen Teil der klimaverändernden Schadstoffe in Australien verantwortlich. Aus diesem Grund ist Australien pro Kopf einer der größten Klimagas-Emittenten der Welt. Doch das ist nur ein Teil des Image-Problems, das dieser wichtige Wirtschaftszweig hat. Als weltgrößter Exporteur von Kohle ist Australien zudem einer der weltgrößten Exporteure von Klimagasen.

Ein großer Teil des Wohlstandes der Nation ruht somit auf der Ausfuhr eines Produktes, das das Klima der Welt langfristig zerstört und das Überleben der Menschheit existentiell gefährdet.

Für unsere Gruppe TGG, die nicht zuletzt zum Ziel hat, in Greentown ein stärkeres Bewusstsein für Nachhaltigkeit zu schaffen, ist Klimaskepsis eine Wand, gegen die wir fast jeden Tag prallen. »Manchmal verzweifle ich fast an den Argumenten, die mir entgegenschlagen«, klagt Viola. »Und zwar nicht mal hier und mal da, sondern überall.« Denn der Großteil der australischen Medien unterstützt und fördert das Denken, wonach die Effekte von Klimawandel und globaler Erwärmung von Wissenschaftlern übertrieben werden, »damit sie mehr Forschungsgelder erhalten«.

Ganz oben auf der Liste der »Zweifelindustrie« in Australien steht das »Institute of Public Affairs (IPA)«, ein sogenannter Thinktank, der sich dem Wirtschaftsliberalismus verschrieben hat – strikt und kompromisslos. Freie Marktwirtschaft als oberstes Ziel, möglichst keine staatlichen Beschränkungen oder Vorschriften. IPA-»Experten« sind fast täglich Gäste in Talkshows oder sprechen im Radio. Sauber gekämmt, in schnittigen Anzügen und eloquent, haben sie sich in den letzten Jahren in den australischen Medien eine Nische als »Fachleute« schaffen können. Es ist kein Geheimnis, dass große Bergbauunternehmen und andere umweltbelastende Industrien zu den wichtigsten Sponsoren des IPA gehören. Sie pumpen jedes Jahr Millionen Dollar in den Thinktank. Das Institut ist nur eines von vielen solcher Körperschaften in Australien, die von der Industrie zumindest teilweise finanziert werden.

Wes Brot ich ess, des Lied ich sing.

Ein versehentliches Drehen des Knopfes am Autoradio, und in mir steigt einmal mehr die Wut hoch. »Wann sehen diese inkompetenten Politiker endlich ein, dass Klimawandel nichts anderes ist als eine Erfindung der Grünen und Kommunisten?«, wettert Ray Hadley durch den Lautsprecher. Er ist einer jener vielen »Shock Jocks«, die beim australischen Privatradio ihre enormen Gehälter damit verdienen, dass sie aggressiv sind, unflätig und gegen jegliches progressive

Denken opponieren. Ein anderer ist Alan Jones, dank der Reichweite seiner Sendung vielleicht einer der mächtigsten Menschen in Australien. Jones wettert gegen Steuern, gegen »linke« Politiker, gegen Maßnahmen zum Schutz der Umwelt und für die freie Wirtschaft. Obwohl er Millionen verdient und im teuersten Viertel des Landes wohnt, direkt hinter dem Opernhaus in Sydney, verkauft sich Jones als »Freund des kleinen Mannes«. Seine Zuhörer kaufen ihm das ab. Dabei wurde schon mehrfach aufgedeckt, dass Jones von jenen Firmen, über die er in seinem Programm – nicht nur in den Werbeblöcken – positiv spricht, »gesponsert« wurde.

Es zeugt für ihr unabhängiges Denken, dass unsere beiden Jungs sich nicht von ihrer Lehrerin beeinflussen lassen. Sie lesen unabhängig Literatur zum Thema Klimawandel und beginnen, sich selbständig ein umfassendes Bild jenes Problems zu machen, unter dem Australien schon heute leidet. Dr. Berta darf derweil zwar keine Informationen verbreiten, die gegen wissenschaftlich bewiesene Erkenntnisse verstoßen, das verbietet das Schulgesetz. Doch es gibt andere, subtilere Methoden, um die Meinung der Kinder zu manipulieren. Samuel zeigt mir einen Testbogen, in dem sie nach den verschiedenen Quellen für die Energieerzeugung fragt. Solar, Wind, Geothermie kommen zwar vor. Auf die Frage, welches die »beste und versorgungssicherste Quelle für unsere Energie in Australien« sei, ist aber nur eine Antwort richtig: Kohle.

KAPITEL 32

»The Greentown Group« wächst rasch. Wir haben inzwischen Lehrer, Akademiker, Hausfrauen, Gärtner und Lastwagenfahrer als Mitglieder. Eine tolle Gruppe, so vielfältig im Denken wie das Land, aber verbunden im Bestreben, eine gute Zukunft aufzubauen, wenn nicht für uns selbst, dann für unsere Kinder. Auch unser Projekt »Greentown Goes Solar« wird immer populärer. Leute, die sich schon alleine aus ideologischen Gründen eigentlich nie einer solchen »grünen« Idee verschreiben würden, installieren sich eine Solaranlage. Sie wurden von den hohen Zuschüssen angelockt, die der Bundesstaat New South Wales jenen zahlt, die sich Solarzellen aufs Dach bauen. Patrick ist jedenfalls zufrieden, trotz der mangelnden Unterstützung durch das Council. Dort macht man weiter Dienst nach Vorschrift. Die meisten Gemeinderäte beäugen uns mit Argwohn. Langsam aber schleicht sich das Bewusstsein ein, dass TGG es ernst meint. Wir haben den Ruf, eine Gruppe zu sein, die nicht nur redet, sondern handelt. Unser Mitglied Rod, ein ehemaliger High-School-Lehrer, hat die Idee, ein am Stadtrand seit 100 Jahren brachliegendes Sumpfland zu renaturieren. Aus einer Grube, aus der die

Vorväter Greentowns Lehm für die Herstellung von Backsteinen geschaufelt hatten, soll ein Feuchtgebiet werden, ein Lebensraum für Vögel, Reptilien und andere Tiere. Und ein Naherholungsgebiet für die Bewohner von Greentown. Es ist eine Mammutaufgabe, mindestens zehn Jahre Arbeit liegen vor uns – doch wir geben ihm grünes Licht. Rod, Viola und andere Mitglieder schreiben Anträge an den Staat für Subventionen – eine unglaublich aufwendige Arbeit, Hunderte von Stunden, und das alles auf freiwilliger Basis. Sie suchen die Unterstützung von Firmen, die mit dem Bau der Anlage helfen könnten.

Gleichzeitig versuchen wir, auch auf politischer Ebene das Bewusstsein für nachhaltiges Wachstum zu schärfen in einer Gemeinde, die – ehrlich gesagt – bis vor kurzem nicht mal wusste, wie man das Wort Nachhaltigkeit schreibt. Wir schicken Mitglieder unserer Gruppe in verschiedene Kommissionen des Gemeinderates, um auch dort die öffentliche Debatte in unsere Richtung zu steuern. Und wir scheuen uns nicht, zu kritisieren, wenn es etwas zu kritisieren gibt. Das ist eher ungewöhnlich für solche »Community Groups«. Als Vorsitzender unserer Gruppe spreche meistens ich in der Öffentlichkeit, auch kritisch. Das schützt die anderen Mitglieder und ihre Familien vor möglichen Folgen. Einige leben schon seit Generationen in Greentown. So bewahren sie ihr Ansehen und können sich ungestört von politisch motivierten Angriffen auf die Projekte konzentrieren. Ich frage mich oft, wie mein deutlich hörbarer Schweizer Akzent wohl ankommt, wenn ich vor der Gemeindeversammlung spreche oder bei Veranstaltungen. Die meisten scheinen erst verblüfft und dann vielleicht sogar etwas stolz, dass einer, der eigentlich gar nicht müsste, nicht nur gerne hier lebt, sondern auch versucht, etwas für Greentown zu tun. Und der gelegentlich offen kritisiert, was viele nur zu denken wagen. Denn immer wieder stelle ich fest: Im Alltag scheuen die meisten Australierinnen und Australier den Konflikt. Sie bleiben lieber ruhig, als aufzubegehren.

Inzwischen ziehen wir auch die Aufmerksamkeit von Akademikern auf uns. Die renommierte Australian National University (ANU) in Canberra arbeitet mit uns zusammen. Wir machen gemeinsam eine Studie zur Entwicklung von Greentown. Die Erkenntnisse sind ernüchternd: Unser Dorf treibt in mehrfacher Weise auf den Abgrund zu. Der Mangel an nachhaltigen Industrien, an guten Jobs, erhöht den Druck auf die Sozialeinrichtungen. Da die Mieten in unserer Gegend um einiges günstiger sind als in Sydney, drängen immer mehr Menschen aus unteren sozialen Schichten nach Greentown – Menschen mit schlechter Ausbildung oder gar keiner, mit einer Apathie gegenüber fast allem, außer Autos, Bier und Rugby.

»Bogans«, sagt Viola und verzieht ihr Gesicht.

Es ist schwierig, das Wort »Bogan« zu definieren. Obwohl es eines der wichtigsten im australischen Sprachgebrauch ist und praktisch nur hier und in Neuseeland verwendet wird. Es steht für einen Australier oder eine Australierin, die man in fast allen Teilen des Landes findet, vor allem jedoch in den äußeren Suburbs der Großstädte oder eben in regionalen Städten wie Greentown. Traditionell hat ein »Bogan« eine eher schwache Schulbildung, minimale Allgemeinbildung, ist vielleicht eine Person, die willentlich arbeitslos ist oder arbeitsscheu, sich eigentlich nicht um Politik kümmert oder um eine produktive Teilnahme am öffentlichen Leben. Einzig Sport – eher als Zuschauer denn als Mitspieler –, schnelle Autos, Moto-Cross, Fast-Food und Konsum interessieren einen »typischen« Bogan. Das Wort kann am ehesten noch mit dem deutschen »Assi« verglichen werden, meint Christine. Aber längst nicht alle Bogans sind »asozial« im Sinne der Definition.

Billige Trainingshosen und sogenannte »Ugg Boots« – australische Stiefel aus Lammfell, die eigentlich als Hausschuhe gedacht sind – können fast als Bogan-Uniform bezeichnet werden. Nicht dass irgendetwas einzuwenden wäre gegen Ugg Boots. Ich besitze selbst welche – ich trage sie im australischen Winter oft – in meinem Büro. Aber sich damit auf die Straße zu wagen, ins Einkaufszentrum, in die Öffentlichkeit, ist in Australien Zeichen eines ernsthaften Mangels an Stilbewusstsein. Bei einer Reise nach Europa habe ich mit Verblüffung festgestellt, dass Ugg Boots groß in Mode sind in Düsseldorf, Berlin und Zürich. Offenbar hat man dort keine Ahnung, welcher Sozialgeruch diesen Stiefeln in Australien anhängt. Es spricht für die Qualität des Marketings der Firma, die diese Fußbekleidung vertreibt, dass sie Ugg Boots trotzdem zu einem gesuchten und in Europa völlig überteuerten Modeobjekt machen konnte.

Auf viele Bogans treffen all diese Merkmale zu, längst aber nicht auf alle. Ob sie in Melbourne leben, in den Suburbs von Sydney oder in Greentown, ob sie einen Job haben oder nicht – nach Meinung von Viola sind alle Bogans durch einen entscheidenden Charakterzug verbunden. »Ignoranz. Bogans sind ignorant gegenüber allem, was nicht ›Austrayn‹ ist«, sagt sie. »Die meisten sind rassistisch oder Fremden gegenüber zumindest feindlich eingestellt, sie sind auf unangenehme Art und Weise patriotisch und denken insulär. In der Regel sind sie nicht im Geringsten daran interessiert, sich auch nur ansatzweise mit den Problemen zu befassen, die sie auf den ersten Blick nicht persönlich betreffen. Außer sie fühlen sich bedroht, etwa durch Asylanten, Terroristen oder durch neue Steuern.« Bogans, sagt Viola, sind die perfekten Zuhörer von Alan Jones und Ray Hadley. »Denn die ›Shock Jocks‹ müssen nur die Vorurteile der Bogans bestätigen – und schon haben sie Millionen von Zuhörern.«

Woher der Name stammt, konnte mir bisher noch niemand mit Gewissheit sagen. Einige Soziologen meinen, der Begriff »Bogan« sei in den siebziger Jahren in den Suburbs von Melbourne entstanden. In den letzten Jahren hat er aber eine Wandlung erfahren. Nicht nur, dass er seine Rolle als Schimpfwort zum Teil verloren hat. Mehrere Fernsehserien zelebrieren »Boganism« inzwischen mit großem Erfolg. »Kath and Kim« ist die Geschichte einer Vorortsfamilie, deren Mitglieder in Ugg Boots durch das Einkaufszentrum rennen, immer auf der Suche nach dem besten Deal. Im August 2013 debütierte die neue Serie »Upper Middle Bogan« über eine Frau der Oberklasse, die feststellt, dass sie eigentlich einer Bogan-Familie entstammt. Beide Fernsehprogramme porträtieren in durchaus respektvoller, aber trotzdem sehr lustiger Art Australierinnen und Australier, die zur neuen Form eines Bogan gehören, einer Edelversion sozusagen: der sogenannte »CUB« oder »Cashed up Bogan«. Damit ist ein durchaus wohlhabender und unter Umständen durchaus auch gebildeter Australier der gehobenen Mittelklasse gemeint, der trotzdem ignorant ist gegenüber dem Rest der Welt, gegenüber Problemen, die ihn nicht direkt betreffen, der selbstverliebt ist, konsumsüchtig und generell sehr konservativ.

Ob »Assi«-Bogan oder »CUB«: Bogans gehören zu Australien wie Koalas und Kängurus. Sie sind inzwischen Teil der Folklore. Und einige sind meine Freunde. Ich habe im Verlauf der Jahre viele Menschen, die man wohl als Bogans bezeichnen würde, als äußerst angenehme, anständige Gesprächspartner und hilfsbereite Menschen schätzen gelernt. Wenn allerdings ihre Zahl an einem Ort überhandnimmt, hat das genauso Konsequenzen für die Gemeinde, als würden in einem Dorf fast nur noch Millionäre leben. In einem Umfeld, in dem insuläres Denken vorherrscht, ist es sehr schwierig und schließlich fast unmöglich, ein Bewusstsein dafür zu schaffen, dass die Welt größer ist als Greentown, größer als Australien und dass wir Teil der Welt sind.

*

»Nǐ Hǎo, Bà ba. Wǒ ài nǐ«, sagt Samuel. »Hallo Papa, ich hab dich lieb« auf Chinesisch, und ich bin ein klein wenig stolz. Es war nicht ganz einfach, in unserer Schule Chinesisch als Unterrichtsfach einzuführen. Inzwischen sprechen Samuel und David bereits so gut Mandarin, dass sie am Frühstückstisch über Christine und mich lästern können, ohne dass wir auch nur ein einziges Wort verstehen.

Wenn mir meine Reisen durch Minen, Sitzungszimmer von Rohstoffunternehmen und Kohleverladeanlagen eines gezeigt haben: Chinesisch wird in Australien irgendwann die zweite Landessprache sein. Nicht nur, weil China mit Abstand der wichtigste Exportpartner ist. Nicht nur, weil jedes Jahr Zehntausende von in der Regel wohlhabenden Chinesen nach Australien auswandern oder ihre Kinder hier zur Schule schicken. In vielen Bergbaukonzernen sind Chinesen die wichtigsten Anteilseigner. Wer heute Chinesisch lernt, hat morgen dramatisch bessere Chancen auf dem Arbeitsmarkt. Ein Professor an der australischen Nationaluniversität erzählte mir in einem Interview, er habe fast täglich Anfragen von Unternehmen, die Studenten mit Sprachkenntnissen in Chinesisch suchten. So legte ich bei einer der ersten Elternversammlungen in unserer kleinen Primarschule meine Idee vor. Ungläubiges Schweigen. »Chinesisch?«, fragte Jim, der Vater einer von Samuels Schulkameradinnen. »Wieso sollen unsere Kinder Chinesisch lernen? Das chinesische Restaurant an der Hauptstraße hat eine englische Speisekarte!« So absurd diese Reaktion auch scheinen mag, sie ist keine Ausnahme. In Australien kommunizieren zwar vier Millionen Menschen – in der Regel Einwanderer und ihre Nachkommen – in einer anderen Sprache als Englisch. Eine zweite Sprache zu lernen oder gar eine dritte, und zwar bis man sie beherrscht, gilt aber als fast so exotisch wie das Erlernen von Bauchtanz oder Tantra-Übungen. Ein Sprachkurs ist in den meisten High Schools zwar Pflicht, aber in der Regel nur zwei Jahre lang. Und auch diese Zeit ist oft verloren. Denn die Schüler haben in den meisten Fällen nur etwa zwei Stunden Sprachunterricht pro Woche. Kein Wunder also, dass es vielen an Interesse fehlt, eine Sprache wirklich zu beherrschen. So können die meisten Australierinnen und Australier ein paar Brocken Japanisch, Französisch oder Deutsch. Ein paar Sätze immerhin, die man auf Partys zitieren kann, zur Belustigung der Mitfeiernden. »Kann isch bötte een Beer happen?«, weiter gehen die Grundkenntnisse in Deutsch selten. Immerhin kommt man damit in München und Berlin durch.

Lynn, unsere Freundin und ehemalige Lehrerin, hat natürlich auch dazu eine Meinung. »Es ist ein grundsätzliches Problem«, erklärt sie mir, »wir Australier glauben, jeder Mensch auf der Welt spreche Englisch.« Es sei, so die um starke Worte nie verlegene Lynn, »die imperialistische Grundhaltung« vieler englischsprachiger Länder. »Schau dir nur mal die Amerikaner an. Die sind genauso ignorant.« Diese Selbstgefälligkeit fällt auch mir immer wieder auf. Viele Australierinnen und Australier sehen es als Selbstverständlichkeit, dass jeder Mensch auf der Welt Englisch sprechen muss. Kaum jemand weiß, dass nicht Englisch die am häufigsten gesprochene Sprache ist, sondern Chinesisch.

Zu meinem großen Erstaunen stimmte die Mehrheit der Eltern nach dem ersten Schrecken aber schnell zu, Chinesisch als Unterrichtsfach anzubieten. Ich lernte, dass in Australien Dinge noch möglich sind, die zumindest in der Schweiz oder in Deutschland schwieriger zu schaffen wären. Eltern können hier aus eigenem Antrieb eine bedeutende Ausweitung des Schulprogramms erwirken. »Komplett unmöglich bei uns«, sagt mir eine Bekannte, die an einem Gymnasium in München als Lehrerin arbeitet.

Gelegentlich – wenn auch selten genug – zeigt sich

doch noch der Pioniergeist, ohne den Australien nicht das geworden wäre, was es heute ist.

Jetzt mussten wir nur noch eine Chinesischlehrerin finden. Das ist in einer »weißen« Kleinstadt wie Greentown nicht gerade einfach, wo die meisten Bewohner englischen, schottischen oder irischen Ursprungs sind. Doch wir hatten Glück, zumindest glaubten wir es. Eine Frau mittleren Alters meldete sich auf unsere Zeitungsanzeige. Sie könne Chinesisch unterrichten. Sie hielt sich aber nicht lange. Ihre Kenntnisse der Sprache waren zwar erster Klasse, ihre pädagogischen Fähigkeiten beschränkten sich aber auf das Herumkommandieren der Kinder. Erst später erzählte sie mir, dass sie eigentlich Spionin gewesen sei: »Ich habe fünfzehn Jahre lang als China-Analystin beim australischen Geheimdienst gearbeitet.«

Dann meldete sich Yiu Ying, oder Eugene, wie wir sie nennen dürfen. In China geboren, in China aufgewachsen – und eine brillante Pädagogin. Ein Glücksfall. In kürzester Zeit begann Eugene, nicht nur in der Primarschule zu unterrichten, sondern auch in der High School. So ist es heute möglich, dass Schüler in Greentown von frühesten Kindesbeinen an Chinesisch lernen können und die Sprache zum Ende der High School so weit beherrschen, dass sie damit an die Universität können. Für eine Landgemeinde wie Greentown eine Seltenheit.

Doch es wäre falsch, zu glauben, die Idee sei nur auf freudige Zustimmung gestoßen. »Meinst du, deine Kinder sind besser als meine?«, so eine schnippische Reaktion. Wer in Australien zugibt, eine zweite oder dritte Sprache zu beherrschen, kann schnell mal als »Snob« gelten, als »Smartarse«, als Streber.

Aber es sind nicht nur Sprachkenntnisse. Es wird nicht gerne gesehen, wenn man in Australien sein besonderes Wissen oder seine besonderen Begabungen zeigt. Das ist einer der Gründe – bestimmt nicht der einzige –, weshalb viele der besten australischen Forscher und Intellektuellen ins Ausland gehen. »Der Status, den Denker in Australien haben, ist unter jedem Hund«, erklärt mir ein australischer Universitätsdozent, den ich bei einem Empfang in Südostasien treffe, »das pure Gegenteil von dem, was ich hier in Singapur erfahre.« Kaum ein Land der westlichen Welt habe eine derart tiefverwurzelte Abneigung gegenüber intellektueller Entwicklung und Leistung wie Australien.

Wer's nicht glaubt, muss nur Alecia Simmonds fragen. »Australien hasst Denker«, klagt sie. Die Rechtsdozentin an der University of New South Wales ist eine der schärfsten Kritikerinnen des »Anti-Intellektualismus«, der sich durch fast alle Bereiche des Lebens in Australien zieht. Die notorische Abneigung weiter Teile der australischen Bevölkerung gegenüber Akademikern und Intellektuellen sei umso unverständlicher, weil universitäre Ausbildung eine der wichtigsten Exportindustrien des Landes ist. Zehntausende von zahlenden Studentinnen und Studenten aus aller Welt studieren jedes Jahr an australischen Universitäten und bringen so Milliarden von Dollars ins Land. »Gleichzeitig haben Akademiker einen Scheiß-Stand in der Gesellschaft«, sagt Alecia. Das zeigt sich nicht nur am mangelnden Ansehen und Respekt, den Intellektuelle genießen, sondern vor allem auch im Geldbeutel. Joel, der Maurer, der die 18 000 Backsteine unseres Hauses zusammenzementiert und sein Handwerk in einer mehrmonatigen Ausbildung gelernt hat, verdient um einiges mehr als ein Rechtsanwalt, der nach sechs Jahren Studium in einer Kanzlei seine Karriere beginnt. Antonio, unser Klempner, verdient mit dem Verlegen von Kanalisationsrohren mehr als Paul, unser Hausarzt, mit der Untersuchung einer Speiseröhre.

Simmonds lamentiert darüber, dass es in Australien an philosophischen Debatten fehle. »Im Gegensatz zu Frankreich, wo Philosophen regelmäßig auf der Titelseite von *Le Monde* gedruckt werden, dominieren in Australien die »Shock Jocks«. Das Problem sei aber nicht, dass sich solche ignoranten Idioten in der Öffentlichkeit äußern könnten. Die Tragödie sei, dass sie so erfolgreich sind als Meinungsmacher. »Mein Problem ist, dass wir als Land, als Nation gegenüber gut ausgebildeten Menschen negativ eingestellt sind.«

Für viele Mitteleuropäer, die nach Australien kommen – sei es als Einwanderer oder als Langzeitbesucher –, bereitet dieser Umstand am meisten Mühe. Selbstverständlich gibt es auch australische Philosophen und Denker von Weltbedeutung – der brillante Ethiker Peter Singer etwa, die Kulturtheoretikerin Anna-Marie Jagose oder der Rechtstheoretiker Martin Krygier. Eine Vielzahl von Autoren und Denkern stimuliert mit ihren Werken regelmäßig die öffentliche Debatte. Der weitaus größte Teil der Australierinnen und Australier aber liest kaum den Nobelpreisträger J.M. Cotzee oder Thomas Keneally (»Schindlers Liste«) oder vertieft sich im Kino in einen französischen Studiofilm. Das Volk bezieht seine Informationen aus den Massenmedien. Und die haben in den letzten Jahren einen geradezu dramatischen Schwenk in Richtung Gosse gemacht. Boulevardthemen dominieren die Berichterstattung fast aller privaten Medienanstalten. Wichtigste politische Themen werden trivialisiert. Mit Ausnahme der beiden staatlichen Sender ABC und SBS sind die Programme auf Trash ausgerichtet, alle sechs Minuten unterbrochen von Werbung für Erwachsenen-Windeln und Plastikgeschirr. Schrott verkauft sich am besten. Mentales Fast-Food für »Bogans«.

Der Trend zur Massenverblödung hat auch eine politische Komponente. Die australische Medienlandschaft ist derart konzentriert, wie das in kaum einem anderen Land der westlichen Welt der Fall ist. Knapp 70 Prozent der Druckmedien werden vom amerikanischen Medienzar Rupert Murdoch kontrolliert, der nie einen Hehl daraus gemacht hat, dass er die enorme Reichweite seiner Zeitungen nutzt, um politische Ziele zu erreichen. Murdochs Blätter – unter ihnen die einzige landesweite Tageszeitung *The Australian* – haben sich in den vergangenen Jahren zu einem Propagandainstrument ultrakonservativen Denkens entwickelt. Doch nicht nur die Murdoch-Blätter haben sich in Richtung rechts entwickelt, auch früher progressive Medien wie die Zeitungen aus dem Fairfax-Verlag (*Sydney Morning Herald*, *The Age*, *Australian Financial Revue*) sind immer weniger mutig geworden, sich gegen die Position ihrer großen und einflussreichen Aktionäre zu stellen. Selbst in diesen Blättern werden inzwischen kritische Stimmen als »Latte schlürfende Intellektuelle« bezeichnet und Akademiker gelegentlich als »Quassler-Klasse«.

»Australien ist ohne Zweifel ein riesiger, sonniger intellektueller Gulag«, sagt Alecia Simmonds. Die Frage sei nur: Weshalb? Alecia liefert die Antwort gleich mit: Der australische Anti-Intellektualismus sei eng verknüpft mit dem Mythos der Gleichheit. »Die australische Geschichte wird gerne als Geschichte der Klassenlosigkeit erzählt«, sagt sie, das absolute Gegenstück zur Klassengesellschaft in Großbritannien, dem früheren Mutterland. »Wenn Australier von Arbeit sprechen, dann meinen sie harte, körperliche Arbeit, nicht intellektuelle.« Australien habe im Verlauf seiner Geschichte die »noble Idee der Gleichheit« nicht als Umverteilung von Wohlstand und Macht interpretiert, sondern als »kulturelle Gleichförmigkeit«. Der kleinste gemeinsame Nenner als Tyrann über das Denken einer ganzen Nation. Wer über das herausragt, was »normal« ist, der wird geköpft. Kinder lernten schon früh, dass »gescheit sein« ein Grund zum Schämen ist, meint Alecia Simmonds. »Ignoranz dagegen ist cool.«

Wie absurd die Idee des Egalitarismus in Australien ist, zeigt sich nicht nur in der unfairen Diskrepanz der staatlichen Unterstützung von privaten und öffentlichen Schulen. Während die Zahl der Menschen, die unter dem Existenzminimum leben und sogar auf Unterstützung karitativer Organisationen angewiesen sind, steigt, wächst die Zahl von Multimilliardären. Australien hat unter den Industrieländern im Vergleich zur Gesamtbevölkerung eine der höchsten Zahlen an sogenannten »Ultrareichen«. Die reichste Frau nicht nur Australiens, sondern der Welt, Gina Rinehart, lebt in Westaustralien. Die Ausbeute aus ihren zahlreichen Minen – allen voran Eisenerz – hat ihr persönliches Vermögen dank des Rohstoffbooms in den letzten Jahren in stratosphärische Höhen schießen lassen: Mitte 2013 besaß sie rund elf Milliarden Euro.

KAPITEL 33

Einmal mehr überlasse ich Christine die ganze Verantwortung, für die Kinder, das Grundstück und Max. Es braucht schon eine ganz besondere Frau, die so etwas mitmacht. Zum Glück habe ich eine.

Auf nach Darwin, in die tropische Hitze des Nordens von Australien. Von dort geht es mit einem kleinen Flugzeug weiter nach Arnhemland. Es ist eines der größten Aboriginal-Gebiete des Landes, östlich des Kakadu-Nationalparks. Der Zugang ist strikt geregelt. Besucher dürfen nur mit besonderer Bewilligung in diese riesige Region, in der nur eine Handvoll Menschen lebt. Max Davidson ist einer von wenigen weißen Reiseveranstaltern, die von den Aboriginal-Ältesten die Erlaubnis haben, Touristen zu beherbergen. Der kräftig gebaute Mann mit dem schneeweißen Haar und dem kurzen Bart betreibt mitten in der Wildnis bei Mt. Borradaile ein Camp mit luxuriösen Zelten, Duschen und einer Feldküche. Die Anlage ist umgeben von spröden Eukalyptuswäldern, Sumpfgebieten und geheimnisvollen Felsformationen. Ich bin hier, um über Felsmalereien zu berichten. Unzählige Galerien mit Malereien von Kängurus, Fischen und mystischen Wesen zieren die Wände von Felshöhlen.

Die Bilder waren über Tausende von Jahren von Aborigines gemalt worden, deren Nachkommen noch immer in diesem Gebiet leben, viele noch mehr oder weniger traditionell. Tausende Jahre alte Malereien zeigen tasmanische Tiger, ein fleischfressendes Beuteltier mit einem Fell mit Tigermuster, das damals auch auf dem Kontinent lebte, bevor im Jahr 1936 das letzte überlebende Exemplar im Zoo von Hobart starb.

Jüngere Felskunstwerke zeigen den ersten Kontakt mit Europäern, mit weißen Entdeckern und Siedlern. Große, gefährlich aussehende Gestalten mit schwarzen Hüten, langen weißen Tabakpfeifen aus Ton und mit Musketen. Die meisten Felsmalereien sind aber für Außenstehende und für Besucher nicht zugänglich. Es sind heilige Stätten, die selbst die Ureinwohner der Region ausschließlich zu besonderen Anlässen besuchen dürfen. Noch heute wird in Aboriginal-Gemeinden das unerlaubte Betreten solcher Höhlen schwer bestraft. In einigen sind die Gebeine von Verstorbenen gelagert. »Früher wurden die Knochen von Souvenirjägern gestohlen«, erzählt mir Max. Es ist fraglich, ob sich die Diebe an ihrer Beute freuen konnten. Die Legende sagt, dass dem, der die Gebeine der Ahnen ihrer Ruhestätte entnimmt oder sie auch nur sieht, schweres Leid ereilen soll.

Ich bin froh, wieder in der Wildnis zu sein. Nach Wochen des Herumtelefonierens, E-Mails schreiben und jeder Menge Ärger hatte ich genug. Schon seit langem versuche ich, mit Shane Wright ein Interview zu arrangieren – ohne Erfolg. Immer hatte die Presseabteilung seiner Firma eine neue Ausrede, weshalb der Topchef nicht könne. Shane Wright ist nicht sein richtiger Name. Ich musste ihm und seinen beiden Jungs andere Namen geben. Ich habe ihm versprochen, niemandem unsere Geschichte zu erzählen. Die Geschichte mit dem Schwein.

Shane war der Aufsichtsratsvorsitzende eines der größten Unternehmen Australiens. Bis heute ist er einer der führendsten und einflussreichsten Wirtschaftsleute des Landes, ein Multimillionär mit großem Einfluss auch in der Politik. Meine Frustration, dass ich in den letzten Wochen nicht an den Mann herangekommen bin, weicht hier, mitten in der Wildnis, einer Überraschung, wie ich sie mir in meinen wildesten Träumen nie vorgestellt hätte. Nach einem langen Tag bestelle ich mir in Max' Zelt ein erstes Bier. Und da sitzt Shane, in Shorts, T-Shirt und Badeschlappen, und schmiert sich mit Mückenmittel ein. Max stellt mich vor. »Hallo, ich bin Shane«, erwidert der Manager und reicht mir die Hand. »Ich weiß«, sage ich.

Shane ist ein gesprächiger Mann. Er sei mit seinen beiden Jungs hier, um die Vater-Sohn-Beziehung zu stärken. »Ich habe sonst sehr wenig Zeit für sie, so habe ich mir gedacht, wir machen mal ein paar Männertage.« Ein Vater mit schlechtem Gewissen. Kenne ich. Jedes Mal wenn ich unterwegs bin, überfällt es mich. Am nächsten Tag will er mit seinem jüngeren Sohn jagen gehen. »Das muss jeder Mann mal mit seinem Sohn tun«, erklärt er mir. Schweine, wilde Stiere, Pferde, Büffel – eingeführte Tiere eben, die in diesem Land ungeheuren Schaden an der Natur anrichten und zu Recht als Ungeziefer gelten. Für Max und die Aborigines, für die er das Lager betreibt, sind die Tiere eine Quelle willkommener Zusatzeinnahmen. Wohlhabende Jäger können hier für viel Geld ein Tier schießen, sich den Kopf ihrer Beute als Trophäe präparieren lassen und zu Hause an die Wand hängen. Das Fleisch wird an die Aborigines verteilt. »So gewinnt jeder«, sagt Max. »Eine gute Geschichte für meine Zeitungen«, erwidere ich. Zu meiner großen Freude lädt Shane mich ein mitzukommen. Mein langersehntes Interview könne ich dann unterwegs machen.

Am nächsten Morgen fahren wir in einem Allradfahrzeug in Richtung eines großen Feuchtgebietes. Am Steuer, von Kopf bis Fuß in einen braun-grünen Tarnanzug gekleidet, sitzt Charlie, ein professioneller Jäger, der sein Handwerk in Südafrika gelernt hat. »Ich habe letzte Woche ein Rudel schöner Schweine gesehen«, sagt er mit einem typisch südafrikanischen Slang. Zehntausende von weißen Südafrikanern sind nach dem Ende der Apartheit nach Australien gekommen. Unter ihnen viele Farmer, die in ihrer Heimat von den Schwarzen von ihren Grundstücken vertrieben worden waren. Die meisten, mit denen ich im Verlauf der Jahre Kontakt hatte, beklagten, dass sie in Australien keine billigen Arbeitskräfte halten können, wie das »zu Hause« der Fall war. Ohne Scham sprechen sie von den »guten Zeiten« der Rassentrennung. Der Berufsjäger Charlie dagegen ist anders. Er scheint stolz darauf zu sein, in einem Gebiet arbeiten zu können, das voll und ganz unter der Kontrolle der australischen Ureinwohner steht.

Shane, sein jüngerer Sohn Carl und ich sitzen auf der Rückbank eines ehemaligen Armee-Jeeps. Ich habe stark den Eindruck, Carl sehe dem bevorstehenden Abenteuer mit deutlich weniger Enthusiasmus entgegen als sein Papa. Der Junge ist schmächtig gebaut für seine 16 Jahre, er wirkt schwächlich. Und er spricht kein Wort, als wir über die Savanne holpern. Er spricht eigentlich überhaupt nie. Seit gestern Abend habe ich ihn kein einziges Wort sagen hören.

Bevor wir uns auf die Pirsch machen, will Charlie die Waffenkenntnisse seines jungen Weidmann-Lehrlings testen. Auf einer offenen Grasfläche halten wir an. Charlie packt zwei Gewehre aus. Das erste ist eine relativ kleine Waffe, Kaliber 22. Gut für Kleintiere, Kaninchen, vielleicht auch mal ein Känguru. »Zum Üben«, sagt er. Carl hat offenbar noch nie eine Waffe in der Hand gehalten. Mit seinen streichholzdünnen Armen hält er das Gewehr und drückt ab. Der Schuss hallt über die fast baumlose Savanne. Am Horizont steigen ein paar Vögel hoch. Sonst ist hier Totenstille. »So, und jetzt die richtige Waffe.« Ein schweres Kaliber. »Diese wilden Schweine sind sehr zähe Tiere und sehr aggressiv«, erklärt Charlie. »Da muss man sofort treffen, sonst kann es Ärger geben.« Vor ein paar Jahren sei im Northern Territory ein Jäger von einem Eber, den er zuvor angeschossen hatte, buchstäblich in Stücke gerissen worden. Charlie reicht Carl das Gewehr. Der Junge kann es kaum halten. Dann drückt er ab. Der Schuss ist laut wie ein Kanonenschlag am Nationalfeiertag. Die Wucht des Rückschlags ist derart stark, dass der Junge beinahe umfällt. Charlie kann ihn gerade noch halten, bevor dieser rückwärts ins Gras fällt. Carls Blick sagt alles. Der Teenager würde sich in diesem Moment wohl lieber alle Zähne ziehen lassen, als hier in dieser Einöde zu sein, unter dem gestrengen Blick seines Vaters.

»Los geht's«, sagt Charlie. Und wir gehen auf die Pirsch.

Fünf Minuten sind wir unterwegs, da sehen wir im

hohen Spinifex-Gras in etwa 100 Meter Distanz den Rücken eines massiven Ebers. »Das ist deine Chance«, flüstert Charlie seinem Schützling zu und reicht ihm das Gewehr. Charlie positioniert sich hinter dem Jungen, um ihm zu helfen, den Rückschlag abzufangen. Shane und ich stehen in sicherer Entfernung und schauen zu. Carl verfehlt. Der Schuss geht in den Himmel. Das Schwein, aufgeschreckt vom Donnerknall, rennt in gestrecktem Galopp davon. »Noch mal, jetzt, los!«, ruft Charlie. Carl drückt erneut ab. Treffer. Wir sehen, wie das Schwein einen Luftsprung macht und sich um die eigene Achse dreht. »Oh Shit«, sagt Charlie. »Du hast ihm die Schnauze weggeschossen.« Als ich mit meinem Fernglas Ausschau halte, sehe ich, wie das bedauernswerte Tier mit blutiger Nase in Richtung Westen rennt. An seiner Schnauze hat der Eber zwei riesige Hauer. »Wir müssen ihn erwischen«, sagt Charlie. Nicht nur, weil er sonst elendiglich zugrunde gehen würde, sondern weil ein verletzter Keiler eine tödliche Gefahr ist. Carl, die Waffe noch immer in den Händen und inzwischen ziemlich verstört, dreht sich, mit Gewehr, in Richtung seines Vaters. Wie synchronisierte Balletttänzer gehen Shane und ich in die Knie, aus der Ziellinie. Dann nimmt ihm Charlie die Waffe aus der Hand. Die beiden steigen ins Fahrzeug und rasen los, in der Hoffnung auf einen Todesschuss.

Und uns vergessen sie. Von einer Sekunde auf die andere sind Shane und ich alleine. Mitten in der Wildnis, umgeben von hüfthohem Gras, in dem sich irgendwo ein schwerverletztes und wohl ziemlich wütendes Schwein versteckt – bereit, mit seinen messerscharfen Keilern zu zerfleischen, was oder wer auch immer ihm in den Weg kommt.

»Shit«, sagt Shane. Allerdings.

Mit vorsichtigen Schritten gehen wir in Richtung des einzigen Baumes, den wir in diesem Savannen-Gebiet sehen. Ein dürrer Eukalyptus, mit einem Stamm so dick wie ein Männerbein. Wir legen uns einen Fluchtplan zurecht, für den Fall, dass das Schwein angreift. »Du kletterst zuerst«, sagt Shane, »du bist leichter.« Ich schaue am Baum hoch. Unter keinen Umständen wird dieses dürre Gerippe zwei erwachsene Männer halten können, wenn wir in Panik hochklettern. So halten wir uns beide am Stamm fest. »Pst«, sage ich, und wir beginnen zu lauschen. Beim geringsten Ton erschrecken wir. Wir sind bereit, in der nächsten Sekunde auf den Baum zu klettern. Oder es zumindest zu versuchen.

Als wir dastehen wie zwei komplette Idioten, mitten in der Pampa, überlege ich, wie wohl die Schlagzeile aussehen würde. »Shane Wright und Journalist von Schwein zerfleischt.« Oder: »Eber frisst Shane Wright und verschmäht Journalisten.« Oder: »Shane Wright besticht Journalisten für Platz in Baumkrone.«

40 Minuten harren wir aus, bis Charlie und Carl wiederkommen. Sie hatten kein Glück. Der Eber ist entkommen. Dem Tier steht nun ein langsamer Tod bevor. Carl ist fix und alle. Er hat Tränen in den Augen und fühlt sich total schuldig. Als wir in unserem Jeep wieder ins Camp fahren, erinnert sich Shane plötzlich daran, dass ich ein Journalist bin. »Das bleibt aber unter uns, ja?«, mahnt er uns. Na klar, Shane. Das Interview mit ihm mache ich schließlich am Abend, bei ein paar Gläsern Wein. Und viel Gelächter.

Zu Hause erwarten mich gute Nachrichten. »Unser Solarprogramm hebt ab«, erzählt Trish. Die Zahl der Installationen steige deutlich an. Neben Patricks Firma bieten nun auch andere Unternehmen günstige Solaranlagen an. Nach anfänglichem Zögern macht auch die Gemeindeverwaltung mit. Krönender Abschluss unseres ersten Projektes: Auf dem Touristeninformationsgebäude mitten in der Stadt lässt Patrick acht Solarpaneele montieren. In der *Greentown Post* posiert die Stadtregierung, als sei es ihre Idee gewesen.

Auch Mick und Julie entscheiden sich für ein paar Solarpaneele auf Micks Shed. Sie fragen mich um Rat, welches System sie kaufen sollten. Kaum ist es installiert, meldet die Regierung von New South Wales, sie stoppe das generöse Unterstützungsprogramm. Statt 60 Cents pro Kilowattstunde gäbe es jetzt nur noch einen Bruchteil dessen. Wirklich überrascht ist kaum jemand. Nicht nur war die hohe Vergütung langfristig nicht nachhaltig, die Subvention war den Konservativen bereits ein Dorn im Auge, als sie von der Labor-Regierung die Macht übernommen hatten. Die offizielle Begründung: Das Programm sei zu erfolgreich gewesen, zu viele Leute hätten Solaranlagen installiert. Das habe die Kosten für Strom hochgetrieben. Stimmt. Was der Politiker aber nicht sagte: Die Nachfrage nach schmutzigem Kohlestrom ging gleichzeitig deutlich zurück. Vor allem, wenn die Klimaanlagen auf Hochtouren liefen – in der Mitte des Tages –, pumpten die Solarinstallationen Strom ins Netz. Das passte der Kohlestrom-Industrie natürlich nicht. Sie machte Druck auf die Politiker. Fast fühle ich mich ein wenig schuldig, dass ich Mick und Julie empfohlen hatte, Solar zu installieren. Doch sie verstehen die Situation rasch.

Die beiden als Nachbarn zu haben ist ein Segen. Wenn man auf dem Land lebt, im Busch, ist kaum etwas so wichtig wie ein gutes Verhältnis zu den Nachbarn. Ganz besonders in unserer Situation. Weg von der Stadt und vor allem weit weg, sehr weit weg, von unseren Familien in Europa. In einem typischen Monat verbringe ich gut zwei Wochen auf Reisen. Recherchen, Reportagen – in Australien, in Neuseeland, in Ozeanien. In dieser ganzen Zeit liegt die Last des Alltags auf den Schultern von Christine. Und gelegentlich auch auf denen von Mick und Julie. »Sie sind der Ersatz für meine Familie in Australien«, sagt Christine.

Wie Mick ist auch Julie typisch australisch. Um die 50, konservativ in ihren Ansichten, aber immer liebenswert und hilfsbereit. Julie arbeitet in einem Heimwerkerladen. Am Abend ist Julie immer zu Hause. »Komm doch zum Tee«, sagt sie zu Christine, und »ich koche Tee«. Tee und Tee – Tea auf Englisch – ist nicht dasselbe. Auf dem Land steht das Wort sowohl für das heiße Getränk als auch für die Hauptspeise des Tages. Es hat lange gedauert, bis ich verstanden habe, was gemeint war, wenn Mick meinte: »Heute gibt es Lammbraten zum Tee.«

Doch heute meint Julie tatsächlich Tee. Christine geht gerne runter zum Quatschen. Ich sitze – wie eigentlich an jedem Abend – an meinem Pult und arbeite. Wegen des Zeitunterschieds zwischen Europa und Australien ist es für mich entscheidend, am Abend erreichbar zu sein. Die meisten Redaktionen entscheiden zu dieser Zeit, ob sie eine Geschichte von mir wollen.

Eine Stunde später, und Christine kehrt zurück – wie vom Teufel gejagt. »Max hat alle Hühner getötet«, sagt sie tränenüberströmt. Während Julie und Christine in Julies Küche über Gott und die Welt diskutiert hatten, wurde Max im Garten unserer Nachbarn zum Massenmörder. »Neun Hühner haben wir tot gefunden«, sagt Christine, »zwei sind vermisst.« Mir sinkt das Herz in die Hose. Nicht unbedingt nur, weil mir die Hühner leidtun. Ein Angriff auf die Haustiere durch einen Hund kann das Ende der guten Beziehungen zu den Nachbarn sein. Und für den Hund bedeutet eine solche Attacke das Todesurteil. Es ist ein ungeschriebenes Gesetz, das auf dem Land für jeden gilt: Ein Besitzer muss seinen Hund erschießen, wenn dieser die Tiere von Nachbarn angreift. Ich fahre sofort zu Mick und Julie, um mich zu entschuldigen und um Gnade für Max zu bitten. »Samuel würde mir mein Leben lang nicht verzeihen, wenn ich jetzt seinen geliebten Hund erschieße«, sage ich. Ich habe das Glück, auf Verständnis zu stoßen. Julie ist zwar alles andere als begeistert von Max' Tat. Doch sie gesteht dem Hund eine Gnadenfrist zu. Mick sieht das Ganze mit seiner typischen Gelassenheit. »Mir gingen diese Hühner eh auf den Wecker«, meint er nur und nimmt einen Schluck aus der Bierdose. Ich verspreche Julie, auf unserem Grundstück bald selbst einen Hühnerhof zu bauen und sie für den Rest des Lebens mit Eiern und garantiert glücklich lebenden Hähnchen zu versorgen.

KAPITEL 34

Wir scheinen nicht viel Glück mit gefiederten Tieren zu haben. Zwei Tage nach dem Tod der Hühner nutzte Davids Nymphensittich die Gunst der Sekunde und flüchtete, als eine Tür offen stand. Eigentlich schade. Tiny war ein begabter Pfeifer. Unzählige Male schaffte er es, mich aus dem Büro zu locken. Er beherrschte brillant den Piepton unseres Mikrowellenofens, und ich fragte mich jedes Mal, wer denn jetzt die Milch so unnötig lange aufheize.

Am Samstag nach Tinys Flucht fuhren wir ins Dorf, um Ersatz zu kaufen. Auf dem Weg zu dem Geschäft spazierten wir über den Markt, der einmal pro Monat in Greentown stattfindet. Dort verkaufte eine Frau Miniaturschweine. Sechs kleine Ferkel, keines viel größer als ein Meerschweinchen. »So eins will ich«, sagte David. Da ich ihm versprochen hatte, »ein Tier« zu kaufen, nicht unbedingt einen Vogel, war jeder Widerstand zwecklos. Ein kurzer Anruf bei Christine bestätigte meinen Verdacht, dass sie nicht begeistert sein würde von der Idee.

»Bist du wahnsinnig?«, fragte sie. »Ein Schwein kommt mir nicht ins Haus.« David und ich entschieden uns, dass der »Oh-wie-süß«-Faktor Christines Widerstand brechen würde, und kauften Susi, ein schwarzweißes Minischwein. Als wir sie nach Hause brachten, war Christine wie erwartet nicht begeistert. Das änderte sich, als wir Susi auspackten und sie Christine mit ihrem kleinen Schnäuzchen angrunzte. Seither ist Susi, wie Max, ein Mitglied der Familie und Davids bester Kumpel. Wann immer er Zeit hat, holt er sie aus ihrem großen Gehege, das wir ihr gebaut haben, und spielt mit ihr. Ein »Miniaturschwein« ist Susi allerdings nicht. Schon nach drei Monaten war sie größer als ein Pitbull-Terrier. Wann immer wir draußen sind, läuft auch Susi frei herum. Und sie hat dabei nur eines im Kopf: Fressen. Auch heute. Susi schleicht sich von hinten an und schnappt sich die halbvolle Schachtel Kekse, die auf dem Kaffeetisch liegt. In gestrecktem Galopp rennt sie davon. Ich hatte keine Ahnung, dass Schweine so schnell laufen können.

Nach Jahren auf immer enger werdendem Raum in unserem Shed sitzen Christine und ich auf der Veranda unseres neuen Hauses, trinken Kaffee und essen Kekse. Bob und Bob haben unser Heim in Rekordzeit fertiggebaut. Es hat uns ein Drittel mehr gekostet als geplant. Völlig normal, sagt inzwischen jeder Bauherr, den wir treffen. In unserem Fall ist die Hälfte der zusätzlichen Dollars wohl für Schrauben draufgegangen. Doch die Investition hat sich gelohnt. Das Haus ist um einiges besser konstruiert als das australische Durchschnittsheim. Die Veranda, die Bob ohne Plan praktisch von Hand gebaut hatte, nur mit Hammer, Schraubenzieher und Säge, ist ein Meisterstück der Zimmermannskunst. Warnungen bezüglich minderwertiger Qualität und mangelnder Zuverlässigkeit australischer Handwerker haben sich in unserem Fall nicht bewahrheitet. Bob hat sich um keinen Millimeter vertan. Nicht schlecht für einen Mann, der nur ein Auge hat.

Ich denke an meine Reportage zurück, damals, als ich über die Monsterhäuser berichtete, die sich Australier gerne bauen. Nun haben wir selbst ein Haus mit fünf Zimmern, gebaut im klassischen australischen »Farmhausstil« – langgezogen und mit einer drei Meter breiten Veranda. Doch es gibt einen entscheidenden Unterschied zu den meisten »Project Homes« in Suburbia: Unser Haus ist komplett isoliert. Im Dach, in den Wänden, wo es eben geht. Dank der Solaranlage stellen wir auch fast allen Strom, den wir verbrauchen, selbst her. Wir sind zwar keineswegs »kohlenstoffneutral«, aber ich kann mein schlechtes Gewissen wenigstens etwas beruhigen.

Selbstverständlich brauchen wir kein so großes Haus. Niemand, außer vielleicht eine Großfamilie mit drei Generationen unter einem Dach, braucht so ein großes Haus. Trotzdem haben wir uns richtig entschieden. Fast jeden Monat beherbergen wir Besucher aus Europa, die bei uns ein paar Nächte wohnen wollen. Wir mögen Gäste. Die Jungs kommen in Kontakt mit Vertretern anderer Kulturen, mit anderem Denken. Das ist eine wichtige und willkommene Ergänzung zum doch sehr introvertierten Leben, das man in einer australischen Kleinstadt in der Regel führt, in Australien überhaupt.

Christine und ich beobachten von der Veranda aus, wie in hundert Metern Entfernung unsere beiden »Woofer« im Gras Steine zusammenlesen. Lisa und Agatha sind zwei neunzehnjährige Mädchen aus Norddeutschland. Sie werden die Steine später benutzen, um mit mir hinter dem Haus eine Mauer zu bauen. Auch ein paar Gartenbeete haben wir geplant.

Vor ein paar Jahren haben wir das Programm entdeckt: »Willing Workers on Organic Farms« heißt es, oder kurz »Woof«. Reisende, die für ein paar Tage, Wochen oder sogar Monate auf Farmen leben. »Woofer« arbeiten zwischen vier und sechs Stunden pro Tag und erhalten dafür Unterkunft und Verpflegung. Das System ist simpel: Ein Reisender, der nach Australien kommt, meldet sich bei der Organisation an, bezahlt eine kleine Gebühr und erhält dafür ein Buch mit der Beschreibung Hunderter von Mitgliederfarmen im ganzen Land. Eine kurze Mail an uns genügt, und sie erhalten die Einladung oder eine Absage, falls wir gerade keinen Bedarf haben.

»Woofing« ist ein Gewinn für alle Beteiligten: Die Reisenden erleben das »echte« Leben in Australien, fernab der Touristenrouten. Und die Gastgeber haben Hilfe bei der Arbeit. Vor allem aber lernen sie Menschen kennen, mit denen sie sonst wohl kaum je in Kontakt kommen würden. Überraschungen gibt es immer mal wieder. Denn wir wissen ja eigentlich nie wirklich, wer da kommt. Die meisten »Woofer« aber sind phantastische Gäste und Arbeiter, fleißig und pflichtbewusst und dankbar. Einige wenige sind ziemlich faul, andere trinken exzessiv. Aus diesem Grund haben wir Alkohol schon vor Jahren vom Menü genommen. Bei den hohen Preisen für Bier in Australien wären wir sonst ruiniert. Nur am Samstag gibt's ein Bier oder ein Glas Wein. Zum Raclette.

Ich erinnere mich gerne an unsere ersten »Woofer«. Lee und Julia waren Mitte 20, kamen aus Hongkong und waren frisch verheiratet. Nie zuvor hatten sie ihre Heimat verlassen, und dann ging's gleich nach Australien. Sie kamen mit dem letzten Zug aus Sydney in Greentown an. Als wir vom Bahnhof durch die Nacht zu unserem Grundstück fuhren, konnte ich ihre Unsicherheit fühlen. Sie sprachen kaum ein Wort, ich glaube, weil sie fürchteten, sie würden von einem Serienmörder in die Wildnis entführt.

Ihre Angst verwandelte sich in Begeisterung, als sie vor unserem Shed aus dem Auto stiegen. »Oh mein Gott. Diese vielen Sterne«, schrie Julia, als sie zum Himmel schaute. Über uns zog sich – in voller Pracht – die Milchstraße. Weil es in unserer Region kaum starke Lichtquellen gibt, ist auch die Lichtverschmutzung des Nachthimmels gering. Für Julia und Lee war dieser Abend ein lebenveränderndes Ereignis, wie sie mir später mit Tränen in den Augen gestanden: Noch nie in ihrem Leben hätten sie in der von Smog bedeckten Großstadt einen Stern gesehen – außer im Fernsehen. In Hongkong scheint es auch keine Erde zu geben. Als ich den beiden den Auftrag gab, ein Stück Boden umzugraben, wussten sie nicht, wie man eine Schaufel in der Hand hält. »Wir haben zu Hause nur einen Blumentopf. « Die beiden blieben zwar unbeholfen, entwickelten sich schließlich aber zu begeisterten Gärtnern. Jeden Tag musste ich sie bei Einbruch der Dunkelheit drängen, endlich mit der Arbeit aufzuhören. Durchgefroren, aber zufrieden über den Kontakt mit Erde wärmten sie sich bei einer Tasse grünem Tee auf und übten mit Samuel und David das Schreiben chinesischer Schriftzeichen.

Woofer kommen aus allen Ecken der Welt. Wir nehmen vor allem Besucher aus Deutschland, Österreich und der Schweiz auf. Das hat nicht zuletzt den Grund, dass Samuel und David auf diese Weise Kontakt mit ihrer Zweit- und Drittsprache haben können. Während vor ein paar Jahren vor allem Leute kamen, die gerade einen Uni-Abschluss hinter sich hatten, sind es heute meist jüngere Reisende, die sich nach dem Abitur ein Jahr Auszeit leisten. Die meisten kommen mit der Hoffnung nach Australien, hier »jobben« zu können. Doch der Traum vom Geldverdienen verfliegt nicht selten gleich nach der Ankunft. Die Besucher stellen fest, dass es in Australien wesentlich weniger Teilzeitjobs für Ungelernte gibt, als sie gehofft hatten. Dann ist Woofing eine sehr gute Alternative. Die Besucher haben keine Kosten, dafür aber ein Bett und etwas zu essen.

Woofing ist nicht nur jüngeren Reisenden vorbehalten. Immer wieder melden sich bei uns Leute, die weit über 50 Jahre alt sind. Einige haben Woofing zu ihrem Lebensinhalt gemacht. Bert zum Beispiel. Er reist seit zehn Jahren von einer Woofer-Farm zur nächsten und bleibt in der Regel für mehrere Monate an einem Ort. Die Schicksale dieser Profis ähneln sich: Nach einer Scheidung im Alter von 56 Jahren hatte Bert sein Hab und Gut in Adelaide verkauft und lebt seither, »wo mich das Schicksal eben hintreibt«. Für solche Woofer sind Gastfamilien oft die einzigen, die sie überhaupt haben. Bis heute habe ich Kontakt mit Bert. Er wird bestimmt wieder mal hier auftauchen. Wahrscheinlich an einem Samstag. Zum Raclette.

Lisa und Agatha machen Pause. Sie setzen sich zu uns auf die Veranda und trinken einen Tee. Max folgt ihnen. Er liebt diese Besucherinnen und Besucher. Eigentlich wollten die beiden nur für eine Woche bleiben, jetzt sind sie schon fast einen Monat bei uns. Der Grund ist nicht, dass wir besonders leichte Steine zu schleppen hätten. Woofer, die schon viele Monate in Australien unterwegs sind, lieben es, wieder mal wie bei Muttern essen zu können – Frikadellen, Sauerkraut, selbstgebackenes Brot. Deutsch eben.

Die jungen Reisenden erinnern mich an meine eigene Zeit als Backpacker. Damals, 1989, als Brigitte und ich nach unserer Durchfallodyssee durch Bali nach Darwin geflohen waren. Nach zwei Tagen in Australien taten wir, was viele Reisende tun: Wir kauften ein Auto. Ein eigenes Fahrzeug zu haben ist die beste Art, um sich auf diesem Kontinent fortzubewegen. Zwar hat Australien ein gutes Netz von Überlandbussen, doch man ist damit zwangsläufig an eine bestimmte Strecke gebunden und an einen strikten Fahrplan. Ein Auto ermöglicht einem, hier mal schnell abzubiegen, dort mal einen Zwischenstopp einzulegen, da mal ein Foto zu schießen.

Gemessen an der Bürokratie, die in Australien normalerweise herrscht, ist der Kaufprozess für ein Fahrzeug relativ simpel. Jedes Auto muss mit einem sogenannten »Pink Slip« ausgestattet sein, einem Formular, auf dem ein lizenzierter Mechaniker nach einer Kontrolle mit Stempel und Unterschrift bestätigt, dass das Fahrzeug auch wirklich in einem fahrbaren Zustand ist. Dann braucht man einen »Green Slip«, eine Haftpflichtversicherung, die man bei der australischen

Version des ADAC kaufen kann. Mit diesen Papieren geht's zum Straßenverkehrsamt, zur Anmeldung. Ein paar Hundert Dollar Gebühren später ist man stolzer Besitzer eines Autos. Kompliziert wird es erst, wenn das Fahrzeug in einem anderen Bundesstaat angemeldet ist. Die Umschreibung überschreitet bei billigen Autos nicht selten den Wert des Fahrzeugs. In der Regel lohnt sich der Erwerb eines Wagens aber nur, wenn man mindestens vier Monate durch Australien reist, besser aber noch länger. Denn der Kauf und Verkauf kann dauern. Wenn man unter Zeitdruck ist, geht das ganz schön an die Nerven. Ich habe in Sydney schon Backpacker getroffen, die mir ihr Auto für ein paar hundert Dollar andrehen wollten, weil sie am nächsten Tag nach Hause fliegen mussten.

Brigitte und ich hatten Glück: Schon am zweiten Tag konnten wir in Darwin einer Australierin einen Ford Falcon abkaufen. 800 Dollar. Der Wagen – »made in Australia« – war vom Typ her ein amerikanischer Straßenkreuzer. Unsere Reise auf dem Stuart Highway führte uns ins Zentrum von Australien, nach Alice Springs. 1500 Kilometer, fast nur geradeaus. Für die Menschen im Northern Territory ist diese Straße bis heute verkehrsmäßig und wirtschaftlich die Hauptschlagader. Praktisch alle Güter werden über den Stuart Highway vom Süden in den Norden transportiert und zurück. In der Regel sind es bis zu 52 Meter lange »Road Trains« – ein Zugfahrzeug mit drei Anhängern, in denen die Waren transportiert werden. Australien hat die größten und schwersten Road Trains der Welt – bis zu 200 Tonnen können sie transportieren, je nach Konfigurierung. Tag und Nacht donnern diese Monster über die Highways. Wer in einem Auto mit Vollgas einen Road Train kreuzt, spürt, woher der Name »Straßenzug« kommt. Man hat das Gefühl, einen Güterzug zu passieren. Doch die Furcht, der Luftdruck könnte einen von der Straße fegen, ist unbegründet. Solange man das Steuer seines Wagens festhält und nicht die Nerven verliert, gewöhnt man sich schnell an die Giganten. Unfälle mit Road Trains gibt es erstaunlich selten und in der Regel dann, wenn Fahrzeuge versuchen, sie an unübersichtlichen Stellen zu überholen. Ein vollbeladener Road Train kann einen Bremsweg von bis zu 500 Metern haben. So macht es für die Fahrer selten Sinn, auf offener Strecke überhaupt eine Vollbremsung einzuleiten. Auch nicht, wenn eine Kuhherde auf der Straße liegt und sich in der kalten Nacht der australischen Wüste auf dem von der Sonne aufgeheizten Asphalt aufwärmt. Hunderte von aufgedunsenen stinkenden Rinderkörpern säumen den Rand des Stuart Highway.

Brigitte und ich stritten uns oft. Schon in Asien war das Reisen nicht einfach gewesen für uns. Das monatelange Zusammensein, der Stress, der nun mal zum Reisen gehört, gingen an die Substanz. Risse in unserer Beziehung, von denen ich schon in der Schweiz wusste, sie aber verdrängt hatte, begannen, sich zu zeigen.

Doch es ging trotzdem, irgendwie.

Nach einem großen Einkauf in Alice Springs, der einzigen Stadt in Zentralaustralien, reisten wir in die MacDonnell Ranges. Dieser Gebirgszug zieht sich über 644 Kilometer östlich und westlich von Alice Springs. Wir fuhren auf dem »Namajira Drive« in Richtung Westen. Endziel war die Farm Glen Helen.

Danach hört die Strecke für nicht geländegängige Autos auf. Es ging in die Wüste, in Richtung Grenze zum Bundesstaat Westaustralien. Es ist eines der isoliertesten Gebiete auf dem Planeten. Ohne Allrad sitzt man schon nach den ersten Kilometern fest.

Das MacDonnell-Gebirge ist der Überrest eines Bergzuges, der einmal höher gewesen sei als der Mount Everest, sagen Geologen. Erosion trug den Felsen schließlich ab, 300 Millionen Jahre lang, und hinterließ ein Gebirge, das mit einer Vielzahl von Schluchten durchsetzt ist. Wenn man in Richtung Glen Helen fährt, würde man nicht denken, welche Schönheit sich in diesen Bergen versteckt. Immer wieder können Reisende in kleine Seitenwege abbiegen. Nach ein paar Kilometern findet man sich in einer Schlucht aus rotem Stein, aus dem Geist-Eukalyptusbäume wachsen, mit strahlend weißer Rinde. Meist gibt es ein Wasserloch, in dem es sich zu baden lohnt. Damals konnte man dort auch sein Zelt für die Nacht aufstellen. Heute ist das nicht mehr überall erlaubt.

Es war schon später Nachmittag, als wir in unserem Falcon die ersten Abzweigungen passierten. »Lass uns hier reinfahren«, sagte ich zu Brigitte bei der Schlucht »Standley Chasm«. Doch dann entschieden wir uns, noch weiter zu fahren, zur nächsten Schlucht. Brigitte sah das braune Schild zuerst: »Ellery Creek Big Hole«, sagte sie, »hier ist es sicher schön zum Übernachten.« Unser Falcon rüttelte und schüttelte, als wir in die ungeteerte, steinige Straße einbogen.

Nach ein paar Kilometern kamen wir am kleinen See an. Das Wasserloch ist eines der landschaftlich eindrücklichsten im MacDonnell-Gebirge. Im Vordergrund kristallklares Wasser. Darin spiegelt sich die steile Schlucht aus rotem Felsen. Das Bild ist gesäumt von Büschen und Eukalyptusbäumen. Etwas abseits, auf einer sandigen Fläche, stellten wir unser kleines Zelt auf. Es gab hier kaum Menschen. Nur in der Ferne sah ich vier Badende. Eine Frau sonnte sich auf einem großen umgefallenen Baumstamm. »Fast wie in einer Urlaubsbroschüre«, sagte ich zu Brigitte.

Ich hielt meinen großen Zeh nur für zwei Sekunden ins Wasser und fürchtete, er würde mir abfrieren. Doch Brigitte ließ sich von der Kälte nicht abhalten und sprang in den See. Es sollte bald dunkel werden. So bereitete ich unser Abendessen vor. In etwa 100 Metern Distanz sah ich, wie die Leute von vorhin in ihrem kleinen Camp ein Feuer machten. Ich hörte Sprachfetzen. »Das sind Deutsche«, sagte ich zu Brigitte, als sie zitternd vor Kälte zum Zelt kam.

Es war längst dunkel, als wir mit dem Essen fertig waren. An einem Wasserhahn wuschen wir im Schein unserer Stirnlampen die Töpfe und Teller. Die Einrichtung auf diesen Buschcampingplätzen war damals rudimentär, falls es überhaupt eine gab. Ein Wassertank und ein Plumpsklo galten als Luxus. Auch ein paar tiefliegende Holztische gab es, jeder etwa drei Meter im Quadrat und etwa 70 Zentimeter über dem Boden. Ein idealer Ort, um in einer lauen Nacht seinen Schlafsack auszurollen, ohne fürchten zu müssen, dass einem eine Schlange reinkriecht.

Brigitte und ich lasen im Schein unserer Lampen, als einer der Deutschen zu uns kam. »Hallo, ich bin Paul«, meinte er. »Wollt ihr nicht zu uns rüberkommen?« Er war ausgesprochen freundlich, ein gutaussehender schlaksiger Mann von 28 Jahren mit schulterlangem schwarzen Haar und einem dünnen Schnurrbart. Brigitte und ich folgten ihm.

Im Schein der Flammen saßen außer Paul noch Petra und Karl, ein Paar aus München. Hinter Petra, etwas versteckt am Rand eines der Holztische, saß Pauls Freundin. »Hallo, ich bin die Tine«, sagte sie und lehnte sich nach vorne. Sie war klein und zierlich und hatte blonde, nach hinten gebundene Haare. Und die blausten Augen, die ich in meinem Leben je gesehen habe. Sie lächelte mich an, ich lächelte zurück.

Tine, oder Christine, wie sich herausstellen sollte, kam aus Nürnberg und reiste mit Paul ein gutes Jahr lang durch die Welt. Wie Brigitte und ich eigentlich. Wir sechs verstanden uns auf Anhieb gut. Paul war ein begnadeter Witze-Erzähler. Doch eigentlich hatte ich nur noch Augen für diese Frau. Und sie für mich. Das spürte ich. Aber sagen konnten weder sie noch ich etwas. Wir waren nie alleine – keine Minute.

Die kommenden Tage sollten zu den schwierigsten meines Lebens werden. Während wir in unseren Autos die verschiedenen Schluchten abfuhren, hatte ich in der einen Minute Selbstzweifel, in der nächsten war ich euphorisch. Ein Wechselbad der Gefühle, überschattet von einem immer schlechteren Gewissen gegenüber Brigitte. Die einzigartig schöne Szenerie im Zentrum von Australien lenkte mich immer mal wieder ab. Wir fuhren weiter nach Kings Canyon, eine andere Schlucht, tief im Amadeus-Becken der zentralaustralischen Wildnis. Felswände von bis zu über 100 Metern Höhe, ein von den lokalen Ureinwohnern als heilig verehrtes Gebiet. Wir stiegen am frühen Morgen auf das Plateau, bevor die Hitze der aufgehenden Sonne die steile Kletterpartie unmöglich machen würde. Christine spazierte mit Paul, ich mit Brigitte.

Die Signale waren erst ganz schüchtern, versteckt. Ein Blick, wenn wir uns unbeobachtet fühlten. Eine flüchtige Berührung, wenn wir uns ganz sicher waren. Aber niemals ein Wort.

Ein paar Tage später, und wir hatten endlich Gelegenheit für ein kurzes Gespräch. Es war eigentlich nur ein Flüstern. Mitten in der Nacht, auf dem Campingplatz von Ayers Rock, oder Uluru, wie die Anangu-Ureinwohner den roten Berg nennen.

»Ich kann in dieser Hitze nicht im Zelt schlafen«, sagte ich zu Brigitte. Auch Christine nutzte die hohen Temperaturen in dieser Sommernacht als Ausrede, um auf einem der tiefliegenden Tische zu schlafen, neben mir. So lagen wir da, in unseren Schlafsäcken, nur ein paar Meter von den Zelten entfernt, in denen unsere Partner schliefen, und stellten uns nur eine Frage: Was ist mit uns los? Wir wussten beide die Antwort, aber wir sprachen sie nicht aus. Mehr gab's nicht. Kein Berühren, nicht mal einen Kuss. Brigitte und Paul lagen in ihren Zelten so dicht neben uns, dass wir sie atmen hörten.

Ich war jedenfalls froh, als die Sonne aufging. Damals war es noch üblich, den Uluru zu besteigen. So zogen auch wir uns an der dicken Kette hoch, über den steilen Rücken dieses roten Felsens, wie eine Reihe von Ameisen. Wir taten es, ohne zu wissen, dass wir uns der Respektlosigkeit schuldig machten gegenüber den Wünschen der Anangu. Vom Uluru hat man eine atemberaubende Sicht auf die Umgebung, allem voran auf die Gebirgskette der Kata Tjuta, früher Olgas genannt. Heute bitten Schrifttafeln am Fuße des Berges Besucherinnen und Besucher, den Wunsch der Anangu zu respektieren und nicht zu klettern. Dieser Berg ist so heilig, dass er nur von einer kleinen Gruppe von initiierten Ältesten bestiegen werden darf. »Und auch das nur in ganz besonderen Fällen«, erzählte mir später Cassidy Uluru, einer der traditionellen Besitzer des Heiligtums. Er dankte mir, dass ich mich für mein ignorantes Vergehen damals entschuldigte. Es sei nicht nur wegen der spirituellen Bedeutung, weshalb die Anangu nicht möchten, dass Leute auf den Berg klettern. »Wir wollen nicht, dass den Menschen, die uns mit ihrem Besuch auf unserem Land beehren, etwas Schlechtes geschieht. Wir sind für sie verantwortlich.« Dutzende von Besuchern sind in den letzten Jahrzehnten beim Besteigen des Uluru gestorben. Oder kurz danach. Hitze, Überanstrengung, Erschöpfung, Herzschlag. »Die Rache der Geister, die hier leben«, sagte mir einmal ein anderes Mitglied der Anangu. Wer heute noch auf den Uluru steigt, trotz der ausdrücklichen Wünsche der Ureinwohner, begeht eine ebenso unentschuldbare Kultursünde, als würde er im Kölner Dom auf den Altar urinieren.

Paul war der Erste, der etwas spürte. Er wurde immer stiller, verschlossener und brauste gelegentlich wütend auf. »Was ist denn mit dem los?«, fragte Brigitte, als wir auf dem Stuart Highway weiter in Richtung Süden fuhren. Petra und Karl waren vor zwei Tagen ihre eigenen Wege gegangen. So waren nur noch wir vier zusammen. Christine und Paul fuhren in ihrem Auto, wir in unserem. »Lass uns auch abhauen«, schlug Brigitte vor. Ich war in Panik. Nur das nicht, dachte ich, sonst sehe ich diese Frau nie wieder.

Die Situation wurde mit jeder Stunde schwieriger. Die Spannung war kaum noch auszuhalten. Unausgesprochene Worte, Gefühle. Wie Felsen hinter einem Staudamm, der jede Sekunde brechen kann. Mein schlechtes Gewissen Brigitte gegenüber fraß mich fast auf.

Das Ende kam am Truckstop von Marla, einer Tankstelle irgendwo im Nirgendwo am Stuart Highway. Wir machten Pause. Auf einer Wiese, unter ein paar Eukalyptusbäumen, versuchten wir, der unerbittlichen Hitze der Mittagssonne auszuweichen. Paul sprach inzwischen kein Wort mehr. Der Mann wusste genau, was Sache war. Hinter dem Toilettenblock hatte ich endlich die Gelegenheit, ein paar Sekunden lang mit Christine zu sprechen. Sie war in Tränen aufgelöst. Paul hatte wissen wollen, was los war. Und sie hatte ihm alles erzählt. »Ich muss es jetzt auch Brigitte sagen«, flüsterte ich. Christine nickte und drückte mir einen Zettel mit einer Telefonnummer in die Hand. »Ruf mich da an, wenn ihr in Adelaide seid.« Ich ging zurück zum Fahrzeug. »Lass uns abhauen«, sagte ich zu Brigitte. Sie zeigte sich erleichtert.

Und dann, nach über vier Jahren des Zusammenlebens mit dieser wunderbaren Frau, musste ich sie so sehr verletzen, wie man eine Frau, einen Menschen, nie verletzen sollte.

»Ich glaube, Christine und ich haben uns verliebt.« Brigitte schaute mich an, wie jemand, dem ein Arzt gesagt hat, er sei unheilbar an Krebs erkrankt.

»Was?«, fragte sie. »Bist du sicher?« Ihre großen braunen Augen füllten sich mit Tränen. Im Rückspiegel sah ich, wie Paul und Christine losfuhren. Und Brigitte weinte, stundenlang.

Ich wünschte mir nichts sehnlicher, als in den Erdboden versinken zu können.

Vier Tage und 1000 Kilometer später, in der südaustralischen Hauptstadt Adelaide. Bis heute werde ich Brigittes Gesicht nicht vergessen. Ihre Augen voller Tränen, hinter der Scheibe des Busses, der sie nach Westaustralien bringen sollte. Sie hatte sich immer gewünscht, nach Perth fahren zu können. Mich hatte die Stadt nicht interessiert. So hatten wir uns schon vor Wochen entschieden, dass wir uns für eine gewisse Zeit trennen würden. »Wir treffen uns in drei Wochen um 12 Uhr in Brisbane vor dem Hauptpostamt«, sagte ich.

Dann fuhr ich los. Viel zu schnell. Es war im kleinen Städtchen Burra, in dem ich Christine zum ersten Mal umarmen konnte. Sie und Paul lebten bei einer älteren Bekannten. »Er hat mir zwei Stunden gegeben«, meinte sie. Auf einer Wiese unter einem großen Eukalyptusbaum besprachen wir, ob wir eine Zukunft haben könnten oder nicht. Wir lernten beide einen Menschen kennen, in den wir zwar verliebt waren – oder es zumindest glaubten –, aber eigentlich überhaupt nichts von ihm wussten. Wie auf einer Einkaufsliste im Supermarkt hakten wir die grundlegendsten, wichtigsten und intimsten Fragen des Lebens ab. Willst du Kinder? Wie steht's mit der Karriere? Bist du religiös? Was magst du gerne und was nicht?

Wofür andere Paare Wochen brauchen, Monate, Jahre, dafür hatten wir 120 Minuten.

Und dann kam der Abschied. Wir beschlossen beide, unsere Reisen nicht abzubrechen. Wir wollten unseren Partnern auch nicht noch diesen Traum zerstören. So reiste Christine mit Paul weiter. Er schien besser mit der Situation zurechtzukommen als Brigitte. Ich traf sie, drei Wochen später, auf die Minute genau um 12 Uhr vor dem Hauptpostamt in Brisbane. In den folgenden Wochen hatten Christine und ich nur zweimal Kontakt. Briefe, die wir auf Postämter schickten – »Poste Restante« –, die auf der Reisestrecke des anderen lagen. Es gab noch keine E-Mails, und Mobiltelefone hatten damals nur reiche Leute.

Erst Wochen später, in Neuseeland, sollten wir uns wiedersehen. Es war das erste Mal, dass wir wirklich füreinander Zeit hatten. Zwei Tage auf einem Campingplatz im kalten, windigen Städtchen Westport. Dort wurde klar, dass wir zusammenbleiben wollten. Doch das sollte noch dauern. Brigitte und ich landeten drei Monate später in Frankfurt. Wir umarmten uns, sie nahm die nächste Maschine in ihre alte Heimat Berlin. Ein paar Jahre später heiratete sie und bekam zwei Kinder. Ich ging zurück in die Schweiz, suchte einen neuen Job, mietete eine Wohnung und kaufte mir einen alten VW-Bus. Ein paar Wochen später fuhr ich damit nach Frankfurt zum Flughafen. Mit 21 Rosen aus dem Supermarkt in der Hand wartete ich am Gate. Mir entgegen kam eine Frau, die ich zwar nicht kannte, aber von der ich schon damals, im Schein des Lagerfeuers, gewusst hatte, dass sie *meine* Frau ist. Christine zog zu mir in die Schweiz. Ein gutes Jahr später heirateten wir.

Liebe auf den allerersten Blick. Es gibt sie.

KAPITEL 35

Was wohl geschehen wäre, wenn wir damals nicht in diese Schlucht abgebogen wären? Wahrscheinlich würde ich, wie viele meiner Kollegen, heute in irgendeinem Büro oder Newsroom in Europa sitzen, gutbezahlt hoffentlich, aber halbtot vor Langeweile. Und ich wäre mindestens einmal geschieden. Stattdessen bin ich auf der anderen Seite der Erdkugel und diskutiere mit meinen Freunden von TGG, wie wir am besten die Welt retten könnten. Liebend gerne würde ich die ersten Bewohner dieser Region fragen. Denn niemand dürfte die Natur und die Umwelt besser kennen, besser verstehen, die Veränderungen sehen als die Aborigines. Doch da die Ureinwohner der Gegend schon kurz nach der Ankunft der ersten weißen Siedler vertrieben worden waren, wird meine Hoffnung, in Greentown ein Aboriginal-Festival veranstalten zu können, wohl für immer ein Traum bleiben. Umso größer ist meine Freude, als ich den Auftrag erhalte, über ein anderes zu berichten: das Garma-Festival im Northern Territory.

So bin ich einen Tag später wieder in Arnhemland – nur Monate nach meinem Abenteuer mit Shane Wright und dem Schwein. Allerdings besuche ich diesmal eine andere Ecke dieses riesigen Gebiets und aus einem ganz anderen Anlass.

Entlang einer staubigen Straße gehe ich an einfachen Zelten vorbei. Rauch von Lagerfeuern liegt in der Luft. Ich höre den melancholischen Klang eines Didgeridoos. Das Brummen dieses jahrtausendealten Instruments der nordaustralischen Aborigines ist so intensiv, dass ich das Gefühl habe, die Vibrationen in den Knochen zu spüren. Ich komme mit Matthew Gaykamangu ins Gespräch. Er sitzt vor seinem Zelt, umgeben von Brüdern und Schwestern, Neffen und Nichten. Die Mitglieder des Gupapuyngu-Clans sind zwei Tage lang gereist, erzählt er. In alten Toyotas, auf holprigen Straßen durch eines der am dünnsten besiedelten Gebiete der Welt. Doch das Garma-Festival in der Nähe der Stadt Nhulunbuy sei die Strapaze wert. Das jährlich stattfindende Festival ist das größte Treffen von Aborigines in Australien. »Wir können unsere Kultur miteinander teilen und den Kindern weitergeben«, sagt Matthew. Die Erhaltung der Weisheit der Vorväter sei der einzige Weg für Aborigines, »Selbstachtung und Respekt« zurückzugewinnen. »Früher waren wir naiv und haben einfach alles akzeptiert, was uns die Weißen gaben: Zucker, Alkohol, Tabak. Und es hat uns kaputtgemacht. Heute wissen wir: Der weiße Mann ist unser Feind!«

Nach 20 Jahren in diesem Land schockieren mich solche Aussagen nicht mehr. Noch immer aber erschüttern sie mich. Nach Jahrzehnten offizieller Versöhnungsversuche ist Matthews Verbitterung symptomatisch für den Stand der Beziehungen zwischen der weißen Bevölkerungsmehrheit und den Ureinwohnern Australiens. Seit Mitte der neunziger Jahre sind Leiden und Sorgen der ersten Bewohner des australischen Kontinents in den Hintergrund der Debatte gerückt. In Wahlkämpfen dominieren regelmäßig Fragen um Konjunktur und Leitzinsen, Asylsuchende. Aborigines und ihre Probleme werden kaum noch diskutiert. »Dabei ist die Situation alles andere als gut«, sagt Mandawuy Yunupingu. Er ist Lead-Sänger der Aboriginal-Rockgruppe Yothu Yindi – und Veranstalter des Garma-Festivals. Kein australischer Ureinwohner ist im Ausland so bekannt wie Yunupingu. In den achtziger und neunziger Jahren war Yothu Yindi weltweit eine der bekanntesten Rockgruppen Australiens. Nur Midnight Oil hatte vielleicht einen noch größeren Namen.

Das Verhältnis zwischen weißen und indigenen Australiern klafft wie eine offene Wunde am Körper der Nation. Mehr als 200 Jahre nach Beginn der europäischen Besiedelung des fünften Kontinents sind Aborigines noch immer die am stärksten benachteiligte Bevölkerungsgruppe. »Aboriginal-Männer sterben im Durchschnitt 17 Jahre früher als nichtindigene Australier«, erzählt mir Yunupingu, als wir über das Festgelände gehen, »im Alter von nur 56 Jahren.« Auch die Kindersterblichkeit unter Aborigines ist überdurchschnittlich hoch: Von 1000 Neugeborenen sterben 19 im ersten Lebensjahr. Jenen, die überleben, drohen Atemwegserkrankungen, Gefäßkrankheiten, Diabetes und die – oftmals tödliche – Folge: Nierenschäden. Das Fehlen von ärztlicher Hilfe, wie sie weiße Australier als selbstverständlich genießen, aber auch die schlechte Ernährung – das seien die Gründe für die Dritte-Welt-Zustände, meint Yunupingu. Kinder sind ganz besonders gefährdet. Sie erkranken oft an Mittelohrentzündung, Schwerhörigkeit kann die Folge sein. Weil Kinder den Lehrer im Unterricht nicht richtig hören, können sie dem Stoff nicht folgen. Ihre Leistung nimmt ab, und schließlich gehen sie nicht mehr zur Schule. »Jugendkriminalität, Alkoholismus, Drogenmissbrauch und Arbeitslosigkeit sind die Folgen«, erklärt Yunupingu. Der Mann kennt das Problem aus eigener Erfahrung: Er hatte seine Laufbahn als Lehrer in der Schule des kleinen Dorfes Yirrkala begonnen. »Und dann der Rassismus, vielleicht das größte Übel, mit dem wir noch immer zu kämpfen haben«, sagt der Stammesälteste.

Viele Ureinwohner sehen die sogenannte Intervention im Northern Territory als den jüngsten ultimativen Ausdruck von Rassismus gegenüber Aborigines. Im Jahr 2007 hatte die Regierung Hunderte von Soldaten, Ärzten, Beamten und Krankenschwestern in über 40 isolierte Aboriginal-Gemeinden geschickt und die komplette Kontrolle über die Verwaltung übernommen. Sie verhängte ein striktes Verbot von Alkohol, Drogen und Pornographie. Es war und ist ein bis heute anhaltender, in der Geschichte einzigartiger Eingriff in das Selbstbestimmungsrecht einer Gruppe von Australiern, die einzig durch ihre Ethnie definiert wurde. Auslöser war ein Bericht gewesen, der behauptete, der sexuelle und körperliche Missbrauch von Kindern sei in vielen Aboriginal-Gemeinden endemisch. Die zum Teil slumartigen Lebensbedingungen trügen wesentlich zur Situation bei. Der Hauptgrund für die katastrophalen Zustände sei der exzessive Alkoholkonsum, ermöglicht in erster Linie durch staatliche Wohlfahrtsgelder, so die Meinung der Experten. Männer würden ihre Frauen mit Gewalt zwingen, das

Geld am Bankautomaten abzuheben. Dann kauften sie sich Alkohol. Schwer betrunken kämen sie nach Hause. Häusliche Gewalt und andere Verbrechen seien die Folge. Weil das Geld weg sei, hungerten die Kinder. Das wirke sich auf ihre Leistung in der Schule aus, auf die Disziplin und würde zu Drogenmissbrauch führen.

Die Regierung verordnete schließlich, dass die Hälfte aller Rentenzahlungen nur noch für Essen und andere lebenswichtige Güter verwendet werden kann. Bis heute müssen Aborigines im Northern Territory mit einer speziell für diesen Zweck ausgestellten Karte einkaufen. In einigen Gemeinden wirkte die Radikalmethode: Die Zahl der Verbrechen ging zurück, Kinder gingen vermehrt zur Schule – und sie hungerten nicht mehr. In anderen Dörfern bleibt die Situation kritisch. So herrscht bis heute Uneinigkeit, ob die Intervention ein Erfolg ist. Unbestritten aber ist: Viele Ureinwohner sind frustriert über die »paternalistischen« und »rassistischen« Maßnahmen. Der radikale Eingriff stütze einmal mehr das Vorurteil in der australischen Bevölkerung, wonach die meisten Aborigines Alkoholiker seien. Dabei ist der Anteil der Abstinenten unter Ureinwohnern deutlich höher als unter der Allgemeinbevölkerung.

Gelassen schlendert Mandawuy Yunupingu durch den Sand des Festplatzes; barfuß, das Hemd hängt locker über der Jeans. Kaum ein Aboriginal lebt zwei derart unterschiedliche Existenzen: An einem Tag war er ein Lehrer im Stamme der Yolngu, der mit dem Speer in der Hand Jagd auf Wasserschildkröten machte. Tage später war er ein Rockstar, der in Europa Stadien mit Zehntausenden Fans füllen konnte. »Ich wusste aber immer, wo mein Zuhause ist«, sagt er. Kinder führen einen traditionellen Tanz vor, zum Rhythmus einer uralten Melodie. Die ockerfarbene Bemalung auf ihrer dunklen Haut identifiziert sie als Angehörige der Yolngu. Viele Mitglieder dieser größten Aboriginal-Gruppe in Arnhemland leben noch stark traditionell. Doch Yolngu arbeiten auch in Bergwerken und der Verwaltung. Nicht anders als der Großteil der Ureinwohner Australiens. Sie wohnen in Städten, in Wohnungen und Häusern – genauso wie weiße Australier. Fast immer aber haben sie die direkte Beziehung zu ihrem traditionellen Grund und Boden schon vor Generationen verloren.

»Das ist eine der Hauptursachen für die vielen Schwierigkeiten«, erzählt mir Ian Morris, der sich zu uns stellt. Der schlaksige Mittfünfziger ist einer von wenigen Weißen, die von den Yolngu als Stammesmitglied akzeptiert wurden. Er ist ein ausgewiesener Kenner der komplexen Kultur der Ureinwohner. Jahrelang hat er als Lehrer in abgelegenen Aboriginal-Gemeinden gearbeitet, wo Englisch eine Fremdsprache ist. »In den Städten, wo die Menschen die Verbindung zu ihrer Vergangenheit verloren haben, sind auch die Probleme am größten«, meint er. »Land ist ein absolut fundamentaler Teil des Selbstverständnisses der Aborigines, selbst der städtischen. Der Boden, die Pflanzen, die Tiere und die Menschen, die Geister längst verstorbener Ahnen – sie sind eine über Jahrtausende gewachsene Einheit. Wenn man Aborigines von ihrem Land entfernt, schneidet man ihre Wurzeln ab.« Genau das sei zwei Jahrhunderte lang geschehen. Die Siedler im Australien des frühen 18. Jahrhunderts hatten wenig Verständnis für die alte und komplexe

Kultur der Aborigines. »Sie beruht auf dem Prinzip des Teilens«, sagt Morris, »auf dem Schutz der Umwelt – der Quelle von Nahrung, Wasser und dem Leben. Dieses Prinzip stand über allem anderen.« Die Europäer jagten, ermordeten, vergewaltigten, vergifteten und beraubten die Ureinwohner. Und sie vertrieben sie von ihrem Land, um es roden zu können und zu bewirtschaften. Zu Tausenden wurden indigene Männer, Frauen und vor allem Kinder in Missionsstationen untergebracht. Priester und Nonnen steckten sie in Kleider und zwangen ihnen Lebensstil und Religion der Europäer auf.

Das Garma-Festival gebe ihm Hoffnung, sagt Yunupingu, als wir weitergehen. »Die Jugend ist jedes Jahr mehr interessiert an den alten Werten und Wegen.« Dass aus aller Welt Besucher kommen, um die Kultur der Aborigines kennenzulernen, sei auch sehr erfreulich. Doch was seine Landsleute angeht, scheint sein Optimismus begrenzt. »Ignorante weiße Menschen treiben dieses Land zurück in die Vergangenheit«, klagt er. Von einem »Treaty«, einem Vertrag der Versöhnung und Wiedergutmachung zwischen Ureinwohnern und der Regierung, wie es ihn in vergleichbaren Ländern wie Neuseeland gibt, wagten Aborigines nach wie vor »nur zu träumen«, klagt Yunupingu. Schon die Forderung nach einer offiziellen Entschuldigung der Regierung für die Verbrechen der Vergangenheit wurde von Politikern jahrzehntelang negiert.

Das Garma-Festival sei heute weit mehr als nur ein kultureller Höhepunkt für die lokalen Yolngu, erzählt mir Yunupingu. 3000 Besucher sind in diesem Jahr nach Arnhemland gereist, darunter auch viele Vertreter aus der Wirtschaft. Wie das Beispiel der Agyle-Diamantenmine in Westaustralien zeigt, suchen seit einigen Jahren auch Rohstoffunternehmen den direkten Kontakt zu Ureinwohnern. Ich treffe Christine Charles. Sie vertritt Newmont Mining, eine der größten Goldförder-Firmen auf dem Globus. »Es ist simpel«, erzählt sie mir, »der Großteil der Rohstoffe, die wir fördern, liegt auf Aboriginal-Gebiet. Ohne guten Kontakt verlieren wir den Zugang.« Noch in den achtziger Jahren kümmerte die Rohstoffindustrie das Schicksal der Ureinwohner wenig. Die Firmen sahen die Ausbeutung der reichen Schätze im Boden als ihr Recht, das sie – meist mit Unterstützung oder Duldung durch die Regierung – mit Gewalt durchsetzten. Heilige Stätten der Aborigines fielen dem Bulldozer zum Opfer, Gemeinden wurden von der fremden Kultur überrollt oder in Alkohol ertränkt.

Erst im Jahr 1992 befand ein Gericht, Australien sei vor der Ankunft der Europäer keine »Terra Nullius« – Niemandsland – gewesen, wie die bisherige Rechtsmeinung gelautet hatte. Zur Empörung der konservativen Regierung von Premierminister John Howard, zum Schock der Rohstoffindustrie und der Landwirte hatten Ureinwohner unter bestimmten Voraussetzungen Landrechte – und damit auch Macht. Seither müssen Firmen mit den Aborigines über Landzugang und Lizenzgebühren verhandeln. Der Lohn für Schürfrechte ist nicht immer nur monetär. Firmen verpflichten sich, in den Minen Aborigines auszubilden und anzustellen. Es gibt Unterstützung für Familien und Frauen. Jeder gewinnt: Wegen der harten Bedingungen in den geographisch oft isolierten Minen fehle es chronisch an Nachwuchs, sagt Charles. »Heute werden Arbeitskräfte alle paar Wochen aus einer Stadt eingeflogen. Die Transportkosten sind astronomisch, das Personal wechselt oft. Das schlägt zu Buche.« Aborigines dagegen lebten gerne vor Ort und seien mehr als bereit, sich ausbilden zu lassen, um Arbeit zu erhalten.

»Eines Tages werden wir die Minen betreiben, nicht mehr nur darin arbeiten«, so Yunupingu.

Als ich diese Zeilen schreibe, höre ich vom Tod Yunupingus. Er starb im Alter von 56 Jahren an einem Nierenschaden.

KAPITEL 36

Ich nenne ihn »Rambo«. Er ist das größte Känguru, das ich je gesehen habe. Jeden Morgen, wenn ich aufwache und in meinem Büro das Fenster öffne, steht er da und grinst mich an. Ja, grinst. Für mich ist klar, dass dieses Tier genau weiß: Der Typ kann mir nichts anhaben. Gar nichts. Nicht nur hat Rambo auch Muskeln wie Silvester Stallone, er ist größer als ich mit meinen 186 Zentimetern. Einmal hatte ich versucht, ihn aus unserem Garten zu vertreiben. Ich ging langsam auf ihn zu, doch Rambo kümmerte das überhaupt nicht. Er fraß gemütlich weiter – unseren Salat. Und dann erhob er sich. Seine Armmuskeln spannten sich, als er mich anschaute, wie ein Boxer vor dem Kampf. Etwa fünf Meter stand ich vor ihm. Er beobachtete mich und kaute. Ich schaute ihn an und drehte mich langsam um. Ich hätte keine Chance gegen die messerscharfen Krallen seiner Vorderarme gehabt. Rambo wusste das ganz genau. Selbst Max, der sonst nicht gut auf Kängurus zu sprechen ist, hielt sich zurück.

In Australien mitten in einer langen Dürreperiode einen Garten anzulegen ist ein fruchtloses Unterfangen. Nicht weil es an Wasser fehlen würde. Zur Not könnten wir Wasser aus dem »Bore« verwenden. Aber kaum beginnen die Salate zu sprießen, die Karotten, der Spinat, sind die Blätter weg. Die Kängurus haben fast jede natürliche Angst vor den Menschen verloren. Rambo ist allerdings nur so mutig, weil er keine andere Wahl hat: Er ist am Verhungern. Das Gras in der ganzen Gegend ist fast weg. Was noch steht, ist knochentrocken.

So sind wir wieder einmal am Zäunen. Ein Dutzend Starpickets in den Boden, daran kommt ein gutes Drahtgeflecht. Ein Garten wie Fort Knox. Vier Tage später ist Rambo wieder da. Er muss sich nicht einmal anstrengen, um über das eineinhalb Meter hohe Gitter zu springen. Er streckt einfach seine Beine, und schon ist er drüber. Diesmal hat er seinen Harem mitgebracht. Fünf Känguruweibchen fressen, was noch zu fressen war. Wir geben auf. Unser Traum von Selbstversorgung mit Gemüse und Salat ist vorerst gescheitert. Das Gemüse kommt weiter aus dem Supermarkt. Bis endlich der Regen kommt.

Falls er je kommt.

Jackie hatte mich gewarnt. »Es sieht ganz übel aus«, meinte sie. Die Wissenschaftlerin an der Uni hatte TGG gebeten, an einer Studie teilzunehmen, als Versuchskaninchen. Über Jahre hatten Klimatologen und Meteorologen und andere Wissenschaftler Tausende von Daten und Statistiken ausgewertet und Szenarien ausgearbeitet. Das Ergebnis war eine Prognose, in der die Folgen des Klimawandels für die Region Greentown aufgezeichnet wird. »Ihr seid die Testpersonen«, sagte Jackie, »wir wollen sehen, wie die Leute auf solche Erkenntnisse reagieren.«

Eine Studentin projizierte Tabellen und Tafeln an die Wand, die sie in ihrem Laptop gespeichert hatte.

Wir saßen da, sprachlos, zunehmend erschüttert. In 50 Jahren, so die Wissenschaftler, würden in Greentown Temperaturen und ein Klima herrschen, wie sie heute im isolierten Outback von Queensland normal seien. »Sie müssen sich ein Klima vorstellen wie am Rand der Wüste«, meinte sie. Mit einem deutlichen Anstieg der Durchschnittstemperaturen würden verstärkt Dürreperioden kommen, sagt die junge Forscherin. Nicht Mutmaßungen, sondern Fakten. »Nichts wird das Leben, die Wirtschaft, den sozialen Zusammenhalt in den kommenden Jahren derart beeinflussen wie die Veränderung des Klimas«, sagte die Frau. Gerade für die Landwirtschaft seien die Folgen dramatisch, ja katastrophal. Reduzierte Ernten, Wassermangel, neue Krankheiten. Die Wollindustrie werde untergehen, denn Schafe mögen keine hohen Temperaturen. Wenn es zu heiß ist, sterben die Föten im Bauch der Muttertiere ab. Tödlich auch die Konsequenzen für die Menschen: Eine Erhöhung der Durchschnittstemperaturen von nur zwei Grad werde zu einem dramatischen Anstieg der durch Hitze verursachten Sterbefälle führen, so die Studie. Und zwei Grad, das sei eine konservative Schätzung, meinte die Frau. »In hundert Jahren sind vier Grad wahrscheinlicher.«

Australien stehe vor einer fundamentalen Veränderung des Klimas – in allen Regionen des Landes, meinte sie. Generell gelte, dass der Süden in den kommenden Jahrzehnten deutlich trockener werde. »Sie haben weniger Niederschläge hier, dafür wird es im tropischen Norden mehr regnen«, erklärte sie. »Wenn es hier aber regnet, dann richtig. Sturmartig. Wirbelstürme, Überflutungen. Und dann, in der nächsten Dürre, gibt es Waldbrände. Diese sogenannten ›Jahrhundertbrände‹, die werden Sie künftig alle paar Jahre sehen«, warnte die Wissenschaftlerin. »Bereiten Sie sich auf das Schlimmste vor.«

Doch die Zukunft ist schon da.

»Australien ist unter den Industrieländern das Land, das von den Folgen des Klimawandels bereits am stärksten betroffen ist«, meinte die Frau. Das wohl dramatischste Beispiel ist das Große Barrier Riff an der ostaustralischen Küste, mit über 2600 Kilometern Länge das größte Korallenriff der Welt. Höhere Temperaturen des Wassers, die veränderte chemische Zusammensetzung, sie haben zur großflächigen Ausbleichung der Korallen geführt. »Wenn wir nicht sofort Maßnahmen gegen den Klimawandel und die globale Erwärmung unternehmen, ist das Riff bis 2050 tot«, sagt eine Untersuchung.

Zwei Stunden später, und Keith, Corina, Trish, Viola und ich sind völlig niedergeschlagen. Viola hat Tränen in den Augen.

Als ich nach Hause fahre, fühle ich mich wie gelähmt. Für die meisten Menschen in Greentown ist Klimawandel etwas, das woanders stattfindet, falls sie überhaupt daran glauben. So viele Jahre nach meinem Gespräch mit dem Bauern John Riley, damals auf seiner ausgetrockneten Schafsweide, ist der Grad der Klimaskepsis noch immer schockierend hoch. Bei unserer nächsten Sitzung beschließen wir, die Aufklärung der Bevölkerung über die Folgen des Klimawandels zum Kern unserer Arbeit zu machen. »Es wird ein Kampf gegen Windmühlen sein«, sage ich, »und es ist ein Kampf ums Überleben.«

Ich bin nicht der Einzige von uns, der in dieser Nacht kaum schläft.

Jedenfalls bin ich froh, mich eine Woche später wieder mal verabschieden zu können. Genau was ich jetzt brauche, Ablenkung. Die Reportage bringt mich weit weg ins Outback. Ich fliege, mit Umsteigen 4000 Kilometer, in den Nordwesten von Australien, in die Kimberley.

»Du glaubst nicht, wie gut es ist, hier zu sein«, sage ich zu Ron, meinem Fotografenkollegen, als ich ihm von den Ergebnissen der Studie erzähle. Die groben Furchen der Reifen unseres Fahrzeugs greifen in den roten Sand wie die Krallen eines Pumas, als wir auf der unbefestigten Piste losfahren. Den Staub, den wir aufwirbeln, sieht man noch aus zehn Kilometern Entfernung in dieser flachen, von dünnen Bäumen gesäumten Landschaft. Die Kimberley sind und bleiben mein Favorit in Australien. Wir sind unterwegs von Kununurra, ganz im Osten des Bundesstaates Westaustralien, an der Grenze zum Northern Territory. Ziel ist die Stadt Broome an der Westküste, am Indischen Ozean. 700 Kilometer unbefestigte Pisten, gespickt mit Steinen, Sand, Wasserlachen, Bachdurchquerungen. Die Gibb River Road. Eine Straße, die Spaß macht, aber mit der nicht zu spaßen ist. Befahrbar ist sie nur in der Trockensaison, in der Monsunzeit steht die Strecke manchmal metertief unter Wasser. Auch wenn sich die Qualität der Straße in den letzten Jahren deutlich verbessert hat: Das ist Gelände, das man nur befahren sollte, wenn man erfahren ist. Und nur in einem Allradwagen. »Einer dieser Klein-Jeeps, mit denen Mutti die Kinder zur Schule fahren kann, reicht nicht«, sagt Ron. Ich reise mit einem der erfahrensten Australien-Berichterstatter. Ron ist auf seiner Suche nach den besten Bildern in den letzten Jahren

Tausende von Kilometern gefahren, durch die isoliertesten und unwirtlichsten Gegenden des Landes.

Stopp am Pentecost-Fluss. Das ist wohl einer der wenigen Orte in den Kimberley, an denen es einen Verkehrsstau geben kann. Vier Autos warten darauf, den holprigen Weg durch den Fluss zu fahren, eines nach dem anderen. Normalerweise ist der Pentecost nur knietief, manchmal auch hüfthoch. Aber es liegen große Steine im Wasser, auf denen selbst die besten Reifen abrutschen können. An solchen Stellen zeigt sich, welche Fahrer Experten sind und welche Idioten. Wer hier mit Vollgas durchfährt, läuft Gefahr, im Wasser die Kontrolle zu verlieren. Oder das vom Fahrzeug verdrängte Wasser schwappt vorne hoch und wird durch die Lüftung in den Motor gesaugt. In jedem Fall ist die Fahrt dann zu Ende. Und das in einem Gewässer, in dem gefährliche Salzwasserkrokodile leben. »Ein vier Meter langer ›Saltie‹ liegt gleich da oben auf der Lauer«, erzählt uns später ein Ranger. So mancher Tourist hat hier schon Stunden auf dem Dach seines Fahrzeugs verbracht, bis endlich ein Fahrzeug mit einer Seilwinde kam, das ihn aus dem Fluss ziehen konnte. Wer im australischen Busch durch einen Fluss fährt, muss immer mehrere Regeln beachten: erst auskundschaften, wo der Weg durchgeht, wie tief das Wasser ist und wo die Räder am besten Halt finden. Dann langsam und stetig fahren, ohne anzuhalten und vor allem, ohne den Motor auszuschalten. Wenn der mal aus ist, kann durch den Auspuff Wasser eindringen. Das führt zwar nicht bei allen Fahrzeugen automatisch zu einem Schaden. Aber bei einigen Modellen ist es unmöglich, den Motor wieder zu starten, wenn das Fahrzeug 60 Zentimeter tief im Wasser steht.

Auf der anderen Seite des Flusses fotografiert Ron erst mal. Der Pentecost ist nicht nur eines der bekanntesten Gewässer in den Kimberley, er ist auch eine Filmkulisse. Die Überquerung war eine der Schlussszenen im Film »Australia« mit Nicole Kidman und Hugh Jackman. Und genau deshalb sind auch Ron und ich hier. Wir haben von einer Zeitschrift den Auftrag erhalten, eine Reportage über das Entstehen des Films zu machen. Kein Film der jüngeren Zeit hat der Welt dieses Land auf derart eindrückliche Art und Weise nähergebracht als »Australia«. Der Großteil der Dreharbeiten fand hier statt, in den Kimberley.

Mitten in der Wildnis treffen wir Al Comerford. Ein heißer Wind weht ihm ins Gesicht, als er mit klobigen Fingern in seinem verwitterten Tabakbeutel nach dem Zigarettenpapier sucht. »Sie lässt einen nicht mehr los, diese Landschaft«, sagt er und schaut in die Ferne. Das Cockburn-Gebirge im Osten der Kimberley ist eine der spektakulärsten Landschaften, die Australien zu bieten hat. Über Jahrmillionen geformt von Sand, Wind und Wasser, zeigt sich der flache Bergzug zu jeder Tageszeit in brillanter Pracht. Sattes Orange wechselt von einer Minute zur anderen in mattes Rosa. Wenn eine Wolke den hellblauen Himmel für kurze Zeit verdüstert, strahlt die Gebirgskette in einem milchigen Beige. Der australische Regisseur Baz Luhrman hatte diese Landschaft als Hintergrund für eine der spektakulärsten Szenen des Filmes gewählt. Hier, auf einer scheinbar endlosen, pfannkuchenflachen Ebene am Fuß des Gebirges, ließ Luhrmann tagelang über tausend Rinder galoppieren. Der Regisseur filmte eine »Stampede« – eine wilde Flucht der Tiere –, und sie sollte perfekt werden, wie alles, was Luhrmann dreht. »Immer und immer wieder jagten sie die Rinder Kilometer über Kilometer durch die Landschaft, verfolgt von einer an einem Kabel aufgehängten Kamera«, erzählt Al Comerford. Der frühere Lastwagenfahrer war einer von Hunderten von Australierinnen und Australiern, die als Helfer indirekt an der Herstellung dieses epischen Werkes beteiligt waren. Comerford ist Knecht auf der Farm »Diggers Rest«, nur ein paar Kilometer vom Drehort entfernt. Rund 200 Techniker, Kameraleute und Hilfskräfte wohnten während der Dreharbeiten in der Anlage, umgeben von Ziegen, Pferden und Rindern. Auch Hauptdarsteller Hugh Jackman war da. Noch heute ziert seine Unterschrift die Wand in der Bar. »Meine Güte, konnten die saufen«, erinnert sich Al. »An manchen Abenden hatten sie eine Barrechnung von 4000 Euro.« Den Kater, der den durchzechten Nächten folgte, bekämpften die Filmemacher mit Hunderten von Litern Wasser. An gewissen Tagen musste Comerford in Kununurra Mineralwasser kaufen, »für 8000 Euro pro Ladung«.

Nichts ist billig in diesem abgelegenen Teil der Welt. Fast alles muss aus den südlichen Staaten hochgefahren werden – über Tausende von Kilometern. »Doch Geld spielte keine Rolle für die Filmleute«, meint Comerford. Luhrmann hatte ein Budget von 180 Millionen Dollar für einen Film, der eigentlich eine Mischung ist zwischen romantischer Liebesgeschichte und Propagandafilm für Australien als Reisedestination.

Ron und ich fahren weiter. Im Radio spielen »Dire Straits«. Das Gefährliche auf einer Straße wie der »Gibb« ist nicht der Zustand der Piste, es ist die Langeweile, die Unachtsamkeit des Fahrers, die Nachlässigkeit, die Selbstüberschätzung. Man kann stundenlang fahren auf dieser Schotterpiste, Hunderte von Kilometern. Längst hat man sich an den Rhythmus gewöhnt, an die Geschwindigkeit, an die Musik, an das Surren der Klimaanlage. Und dann, von einem Meter auf den andern, ändert sich der Zustand der Straße. Schotter wird zur Sandpiste, Sand wird zu Sumpf. Es ist dann, wenn – im Bruchteil einer Sekunde – ein Abenteuer zu einer Katastrophe werden kann. Man erschrickt, reißt das Steuer rum, kommt ins Schleudern, verliert die Kontrolle über das Fahrzeug, und das Auto überschlägt sich. Wracks von verlassenen Fahrzeugen säumen die Gibb. Einige der Autos aber sind Denkmale für die Ignoranz ihrer Besitzer. Wenn die Fahrer keine Pannenhilfeversicherung haben, können die Kosten für den Transport zur nächsten Werkstatt schnell mal den Wert des Autos übersteigen.

Unsere Reise verläuft ohne Zwischenfälle. Nur einmal rennt uns beinahe eine Herde »Brumbys« vor das Fahrzeug, verwilderte Pferde.

Heute treffen wir Neville Poelina, einen der bekanntesten Reiseführer der Kimberley. Er ist ein Aboriginal-Ältester und kennt die Gegend wie den Rücken seiner Hand. Wir gesellen uns zu einer Reisegruppe, die er in den nächsten Tagen durch die Heimat seiner Vorväter führen wird. »Doch jetzt gehen wir erst mal in den Supermarkt«, sagt Neville. Wir staunen und stöhnen. Es ist neun Uhr früh, und das Thermometer steht schon bei 38 Grad. Supermarkt? Die Savanne der Kimberley hat eine Fläche fast doppelt so groß wie Großbritannien – ich habe keine Ahnung, wo hier der nächste Supermarkt ist. Aber er ist bestimmt nicht um die Ecke. Wir fragen uns, was das soll. Im Verlauf der Reise sollten wir immer wieder feststellen, dass

Neville in Rätseln spricht. Neville will den Gästen erklären, wie die Angehörigen des Nyikina-Stammes 60000 Jahre lang gelebt haben. Mit einem Stock bricht der 47-Jährige aus einem mannshohen orange-braunen Termitenhügel faustgroße Stücke trockenen Lehms. In einer von den Insekten gebauten Kammer findet er mehrere Handvoll Samen von Gräsern aus der Umgebung. Die Ureinwohner zermahlen sie und backen aus dem Mehl eine Art Fladenbrot. »Seht ihr: wie in einem Supermarkt. Die Termiten schleppen das Essen an, verarbeiten es, und wir bedienen uns.« Sagt's, greift zur Kühlbox und setzt sich eine Dose »Mother« an den Mund, eine koffeingeladene australische Version des Energiedrinks »Red Bull«. »Aah, ich liebe das Zeug«, meint Poelina. Auch Neville lebt scheinbar problemlos in zwei Welten, die unterschiedlicher nicht sein könnten. »Nicht dass das so einfach wäre«, sagt er und nippt an seiner Dose. »Denn wenn man die Beine zusammengebunden hat, kann man nicht rennen.« 200 Jahre lang sei den Ureinwohnern von der Regierung gesagt worden, was sie tun sollen und was nicht. »Denk daran: Erst in den sechziger Jahren des letzten Jahrhunderts erhielten die Aborigines die australische Staatsbürgerschaft, tatsächlich wurden die indigenen Bewohner Australiens davor noch zur ›Flora und Fauna‹ gezählt. Ich begann meine Schuljahre als Tier und beendete sie als Mensch«, sagt Neville und grinst.

Neville repräsentiert eine Seite des indigenen Australiens, von der man nie liest: die des erfolgreichen Geschäftsmannes. Er ist Gründer und Besitzer des Aboriginal-Tourismusunternehmens Uptuyu. Gemeinsam mit seiner Frau Jo leitet er ein kleines Camp tief in den Kimberley. Von dort aus führt er Touristen aus aller Welt in die Mythologie, die Geschichte und den traditionellen Alltag der Ureinwohner ein. »Ich habe mir das alles selbst aufgebaut«, meint Poelina stolz, »ohne Hilfe der Regierung.« Er will ein Vorbild für Aboriginal-Kinder sein, ein Mentor.

Tourismus ist für viele Ureinwohner zu einer Chance geworden, ihre Träume und Hoffnungen zu verwirklichen. Sie wollen selbst, auf eigene Faust und nicht mehr nur als Angestellte eines »weißen« Unternehmens einen Weg aus Abhängigkeit und Frustration beginnen. Dutzende touristische Unternehmen wurden in den letzten Jahren von Aborigines gegründet. Es gibt inzwischen spezialisierte Kurse und Universitätslehrgänge für Aborigines. Dabei lernen junge Berufseinsteiger nicht nur, wie man Touristen das Überleben in der trockenen Umwelt der Kimberley lehrt, sondern auch, wie man einen trockenen Martini mixt.

Wir sind am Ziel unserer Reise. Die Stadt Broome hat eine große Touristenattraktion, und das ist der Strand. Cable Beach, 22,5 Kilometer lang. Nach acht Tagen Savanne und rotem Sand ist nur der Anblick von Wasser erfrischend. Die meisten Mitglieder unserer Gruppe stürzen sich ins Meer. Neville und ich setzen uns in den Sand.

»Ist Tourismus die letzte Hoffnung, damit die einzigartige Kultur der Ureinwohner überlebt?«, frage ich ihn. »Nicht die letzte Hoffnung«, meint er, »aber eine starke.« Die indigene Lebensart, die Geschichte, sie werde von allen Seiten bedroht. »Fernsehen, Hip-Hop-Musik, LSD – von der Konsumgesellschaft eben.« Es helfe nur, mit gleichen Mitteln zurückzuschlagen. »Wir müssen unsere Kultur kommerzialisieren«, erklärt er. Tourismus gebe jungen Aborigines einen

Grund, wieder Interesse zu finden an Traditionen und alten Werten. »Denn sie können damit Geld verdienen«, erklärt er. So sei es besonders wichtig, dass junge Aborigines wieder die vielen Arten von »Bushtucker« kennenlernen, die man in den Kimberley findet. Und die er selbst auch liebend gerne selbst isst: Früchte, Beeren, Kängurus, Schlangen, Echsen, Schildkröten. Nur Fledermäuse, die mag er nicht, sagt Neville. »Warum soll ich etwas essen, das den ganzen Tag verkehrt an einem Baum hängt, schläft und dabei noch über sich selber scheißt? Da kauf ich mir lieber einen Hamburger.«

KAPITEL 37

Obwohl ich immer gerne auf Reportage gehe, nach Hause kommen ist besser. Nicht nur Christine und die Jungs freuen sich, sondern auch Max. Und selbst von Susi gibt's ein aufgeregtes Grunzen, auch wenn sie sich wahrscheinlich nur dafür interessiert, ob ich ihr etwas zu futtern gebe. Und ich kann wieder mein Alphorn spielen.

Es ist ein Moment, den es viel zu selten gibt und den ich schätze, wie vielleicht ein religiöser Mensch den sonntäglichen Gang in die Kirche schätzt. Vor ein paar Jahren kam ich zu diesem Instrument, mehr durch Zufall als durch Absicht. »Eine Langzeit-Leihgabe«, sagte Simone. Sie und ihr Mann Peter sind gute Freunde von uns in der Schweiz und begnadete Alphornspieler. Obwohl es auch in anderen Ländern gespielt wird, ist das Alphorn fast ein Inbegriff der Schweiz, von helvetischer Kultur. Noch immer vorwiegend von Hand gefertigt, ganz aus Holz, über drei Meter lang, ist es heute für den Transport zerteilbar. In den Alpen wurde es früher von Bauern benutzt, um am Abend die Kühe heimzurufen. Die Tiere werden von den tiefen, sanften Tönen auf fast magische Art und Weise angelockt. Der sonore Ton hat auch eine beruhigende Wirkung auf Menschen. Für mich ist das Alphorn ein Mittel, um innere Stille zu finden.

Das Alphorn war auch Auftakt zu einer der emotionalsten Erfahrungen meines Lebens. Es war der Tag meines fünfzigsten Geburtstags. Ich hatte Christine gebeten: »Kein Stress, keine Party, keine Geschenke, keine Überraschung.« Ein solch großer Jahrestag hält einem ja nur vor Augen, dass es von jetzt an nur noch in Richtung Friedhof gehen kann. Außerdem mag ich keine Überraschungen.

Trotzdem erklärte ich mich einverstanden, dass wir wenigstens unsere allerbesten Freunde einladen. Erika und Andy aus Sydney mit ihrer Tochter Sonia und Anja mit ihren drei Kindern. Ein Mittagessen, klein und intim, das war in Ordnung. Am Sonntag, nach dem Frühstück, verzog ich mich, wie eigentlich immer, in mein Büro. Als ich etwas später rausgehen wollte, um für die Kinder ein Feuer zu machen, hielt mich Samuel zurück. »Du musst mir bei den Hausaufgaben helfen.« Das hatte es noch nie gegeben. Samuel ist ein selbständiger Schüler. Doch er insistierte und stellte mir die dümmsten Fragen. »So, ich muss jetzt aber wirklich raus«, sagte ich. »Nein, du bleibst«, so seine Antwort.

Eine halbe Stunde später hörte ich plötzlich einen vertrauten Ton. Ich trat auf die Veranda. Auf dem Hügel zwischen unserem Haus und dem Shed standen zwei Alphornspieler und bliesen ihre Instrumente. Mir war sofort klar: Christine hatte als Geburtstagsüberraschung zwei Mitglieder des Alphornclubs Sydney engagiert. Ich rannte hoch. Als ich auf dem höchsten Punkt des Hügels ankam, ging ich vor Schrecken fast in die Knie. Auf der anderen Seite stand, in absoluter

Stille, eine Masse von Menschen und dahinter eine Kolonne geparkter Autos. Ohne dass ich irgendetwas gemerkt hatte, waren fast alle meine Freunde angereist, praktisch alle Bekannten, die ich in Australien habe. Einige waren Hunderte von Kilometern gefahren. Ich war so schockiert, dass ich für eine gute halbe Stunde nicht sprechen konnte. Was folgte, war die Party meines Lebens. Schon vor Monaten hatte Christine unsere Freunde eingeladen, Essen und Getränke organisiert und natürlich die Alphornspieler. »Nie wieder«, sagte ich vor meinen Freunden im Spaß, als ich mich endlich etwas erholt hatte, »werde ich dieser Frau trauen können.«

Es war die größte und freudigste Überraschung meines Lebens. Und es war der Tag, an dem ich zum ersten Mal wirklich merkte, dass wir in Australien zu Hause sind.

Seither hat das Alphorn für mich eine noch wichtigere Bedeutung. Es ist nicht einfach zu spielen. Die Töne werden nur durch die Stellung der Lippen und durch die Kontrolle der Atmung geformt. Ähnlich, aber nicht gleich, wie beim australischen Didgeridoo.

Um ein Didgeridoo zu fertigen, sucht man sich einen dünnen Baum, meistens einen Eukalyptus, dessen Stamm von Termiten ausgehöhlt worden ist. Ein bis zu ein Meter fünfzig langes Stück dieses Holzes wird dann gesäubert und geschliffen, bis es als Blasinstrument eingespielt und benutzt werden kann.

Viele Ureinwohner sind frustriert über die Vermarktung, über die weltweite Kommerzialisierung dieses Instruments, das für viele noch traditionell lebende Aborigines eine hohe spirituelle Bedeutung hat. Heute kann man Didgeridoos an jeder Straßenecke kaufen – viele sind »made in China«, oder sie wurden von Backpackern bemalt, die sich auf ihrer Australienreise ein paar Dollar verdienen wollen. Wer das Didgeridoo spielt, sollte es mit dem notwendigen Respekt behandeln. Dazu gehört die Akzeptanz, dass das Blasen des »Yidaki«, wie es in der Sprache der nordaustralischen Yolngu heißt, traditionell Männern vorbehalten ist.

Bei TGG machen wir uns an die Verbesserung des Internetauftritts – entscheidend, um unsere Ideen zu verbreiten, unsere Philosophie. Wir haben schon längere Zeit eine gute Webseite. Um die Kommunikation wirklich anzukurbeln, brauchen wir aber eine Facebook-Präsenz, sagt Alex. Er ist der Technologie-Experte in unserer Gruppe. »The Greentown Dialogue« ist geboren. Es soll ein Forum sein, in dem wir die Diskussion über politische Themen ankurbeln. Und natürlich über Klimawandel. Wir haben einen guten Start. Dutzende von neuen Mitgliedern melden sich sofort an. Doch plötzlich werden wir überschwemmt mit klimaskeptischem Material, mit Statistiken und obskuren »Studien«. Quelle des pseudowissenschaftlichen Schunds ist nicht etwa ein konservativer »Thinktank« oder ein extremer Politiker. Es ist Ted, der Ehemann von Samuel und Davids Lehrerin Berta.

Da ich die Facebook-Seite moderiere, trage ich selten selbst etwas zur Debatte bei. Muss ich auch nicht. Ted hat sich in kürzester Zeit in ein Streitgespräch mit jenen Mitgliedern verwickelt, die anders denken als er. Der Mann ist Akademiker und eindeutig nicht dumm. Aber er hasst alles, was in seinen Augen »grün« ist. Klimawissenschaften empfindet er als »Betrug« von

Seiten ein paar »geldgieriger Forscher«, die Auswirkungen des Klimawandels – sofern es ihn überhaupt gebe – als »übertrieben«. Kohle sieht er als einzige zuverlässige, »billige« Quelle von Energie. »Kohlendioxid ist ein gutes Gas«, meint er, »es hat einen wärmenden Effekt auf die Atmosphäre, so dass man nun auch in kälteren Gebieten Landwirtschaft betreiben und den Hunger der Welt lindern kann.« Bei solch absurden Ideen werden die Debatten auf unserer Seite zwangsläufig ziemlich hitzig.

Nun kann ich mich auch nicht mehr zurückhalten und debattiere mit. Und eine halbe Stunde später treffe ich Ted beim Einkaufen im Supermarkt. Das sind die Nachteile des Lebens in einer kleinen Gemeinde: Man läuft sich über den Weg, ob man will oder nicht. Jeder kennt jeden. »Ich bin bald eine Einheimische«, sagt Christine, wenn sie auf der Straße alle paar Meter wieder jemand anhält. Als Gemeindekrankenschwester kennt sie zehnmal so viele Leute wie ich. Und sie ist beliebt. »Sie haben eine wunderbare Frau«, habe ich schon mehr als einmal von Leuten gehört, nach denen Christine schaut, denen sie den Verband wechselt, die Insulinspritze gibt.

Für Ted – und er ist nicht der Einzige in diesem Forum, der solche Ansichten hat – scheint der Kampf gegen »Progressive« ein Sport zu sein. Wie Rugby eben. Nur einer gewinnt. Der andere muss mindestens ein blaues Auge haben. Sonst macht der Sieg keinen Spaß.

Rugbypolitik. Seit ich diesen Begriff vor bald 20 Jahren zum ersten Mal verwendet hatte, um meinen Zeitungen die Raubeinigkeit australischer Politiker zu erklären, ist die Qualität der öffentlichen Debatte geradezu spektakulär zurückgegangen. War »Konsens« früher ein Fremdwort in der australischen Politik, ist es heute ein Schimpfwort. Keine Person des öffentlichen Lebens kann darüber ein längeres Lied singen als Kevin Rudd. Von beiden Seiten des Spielfeldes. Er ist Schläger und Geschlagener, Opfer und Täter. Wie kein Zweiter hat er das öffentliche Leben in Australien während der letzten Jahre geprägt. Seine Geschichte zeigt, in welche Richtung sich Macht und Einfluss in Australien in den letzten Jahren verschoben haben. Rudd war auch jener Premierminister, mit dem ich in den über 20 Jahren meiner Arbeit als Korrespondent am meisten zu tun hatte.

»G'Day, ich bin Kevin«, sagte Kevin Rudd und streckte mir die Hand zum Gruß entgegen. »Ich weiß«, antwortete ich, »guten Tag, Premierminister.« Ein paar Sekunden lang hatte ich nicht bemerkt, dass Rudd hinter mir stand. Es war im Frühjahr 2010. Ich saß im größten Büro des Parlamentsgebäudes in Canberra und sprach mit seinem Pressechef. Ich habe im Verlauf der letzten 20 Jahre mehrere Regierungschefs kennengelernt – Labor-Premierminister Paul Keating nur für ein paar Minuten, seinen Nachfolger John Howard vielleicht für zwei Stunden. Den Konservativen hatte ich einmal in seinem Büro interviewt. Ein unangenehmer, arroganter Mann, sehr von sich überzeugt, wie so viele Politiker. Der Mann ließ mich selten eine Frage fertigstellen. Er unterbrach mich fast jedes Mal, nur um eine Antwort zu geben, die keinen Bezug zum Gefragten hatte. Kevin Rudd war um einiges angenehmer, wenn auch gelegentlich sehr abrupt, aber sicher hochintelligent. Sein Team war ein Durchlauferhitzer – kaum jemand hielt es länger als ein paar Monate mit einem Mann aus, der pro Nacht nicht viel mehr als vier Stunden schläft und von seinen Mitarbeitern dasselbe verlangt.

Als Präsident des Verbandes der Auslandskorrespondenten war ich an diesem Tag in seinem Büro, um mich zu beschweren. Trotz monatelangem Bitten und Betteln, trotz unzähliger Briefe und E-Mails hatte Rudd noch immer nicht vor den 150 Mitgliedern der Organisation gesprochen. Immerhin berichten die Auslandskorrespondenten für Hunderte von Millionen Leserinnen und Zuhörerinnen und Zuschauern in Dutzenden von Ländern. Sie prägen das Bild, das die Welt von Australien hat, maßgeblich mit.

»Klar, das machen wir«, sagte Rudd.

Doch ein paar Wochen später verlor er sein Amt, geputscht von seiner eigenen Stellvertreterin, Julia Gillard.

Mit der politischen Hinrichtung von Kevin Rudd Mitte 2010 kumulierte – vorerst zumindest – eine der spektakulärsten Episoden in der australischen Politik. Der bebrillte ehemalige Diplomat und Sozialdemokrat war 2007 nach elf Jahren unter dem Konservativen John Howard auf einer Welle der Begeisterung gewählt worden. Rudd sieht nicht nur aus wie ein Streber, er war einer. Aus bescheidenen Anfängen hatte er sich hochgearbeitet. Er war der einzige westliche Regierungschef, der fließend Chinesisch spricht. Rudd schien zu haben, was einige australische Journalisten »moral fibre« nannten – Charakterstärke. Er bezeichnete den Kampf gegen Klimawandel als die »größte moralische Herausforderung unserer Generation«.

Auch sonst schien Rudd viel von Moral zu halten, ohne Zweifel ein seltenes Attribut unter Politikern der jüngeren australischen Geschichte.

Im Februar 2008 entschuldigte er sich im Namen der Nation bei den Mitgliedern der »Gestohlenen Generationen« für die Politik der gewaltsamen Entfernung von Aboriginal-Mischlingskindern von ihren Eltern. Ich stand auf dem Platz vor dem Parlamentsgebäude, mit Tausenden anderen Australiern – viele selbst Betroffene –, und schaute dem Premierminister auf einem Großbildschirm zu.

Für Menschen wie Mary Hooker war Kevin Rudds historisches »Sorry« an diesem Tag ein sehr persönliches Ereignis. Kaum ein Interview ist mir so sehr an die Nieren gegangen wie das mit der 50-jährigen Frau. Hooker ist eines der vielen Opfer einer Politik, die von 1900 bis etwa 1973 zur Zersplitterung unzähliger Familien geführt hatte und unter der noch heute Zehntausende von indigenen Australiern leiden – als direkt Betroffene, aber auch als Nachkommen. Depressionen, Identitätsprobleme, soziale Verwahrlosung und Selbstmorde sind endemisch – Folgen einer systematischen Entwurzelung durch den Staat. Für die Frau war die Entschuldigung weit mehr als »nur ein Symbol«, wie John Howard damals kritisierte.

»Zum ersten Mal in meinem Leben wird meine Geschichte offiziell bestätigt«, gab sie mir zu Protokoll. »Meine Wunden werde ich zwar behalten. Aber das ›Sorry‹ wird mir dabei helfen, sie zu heilen.«

Doch diese humanitäre Geste sollte nicht genügen, um den Premierminister an der Macht zu halten. Im Hintergrund arbeiteten Kräfte an seinem Niedergang, die einflussreicher zu sein scheinen als die Regierung:

die Rohstoffindustrie und die Medien des Murdoch-Konzerns.

Mitten im größten Rohstoffboom der Geschichte hatte Kevin Rudd beschlossen, die massiven Gewinne der Industrie höher zu besteuern. Gleichzeitig wollte er eine Klimasteuer einführen – Firmen, die am meisten Schadstoffemissionen in die Atmosphäre pumpten, wurden künftig zur Kasse gebeten.

Damit hatte Rudd sein politisches Todesurteil unterzeichnet. In hysterisch formulierten Anzeigen warf ihm die Rohstoffindustrie vor, er gefährde Tausende von Arbeitsplätzen. Kompletter Unsinn. Solange die Mineralien in australischem Boden liegen, wird es auch Unternehmen geben, die sie rausholen wollen. Dann schaltete sich Rupert Murdoch ein. Seine Zeitungen begannen einen flächendeckenden Propagandakrieg gegen Rudd, gegen die Steuerpläne, gegen die Labor-Partei. Mit Erfolg: Rudds Beliebtheitsgrad fiel auf ein historisches Tief. Die Labor-Partei setzte seine Stellvertreterin Julia Gillard als Parteichefin ein. Die erste Frau in diesem Amt einigte sich mit den Unternehmen sofort auf eine deutlich abgespeckte Version der Rohstoffgewinnsteuer.

Kevin Rudd war der erste Premierminister in der Geschichte Australiens, der von einem bestimmten Zweig der Industrie politisch geköpft wurde.

Doch als Nächstes stand Julia Gillard auf der Abschussliste.

Die frühere Gewerkschaftsanwältin hatte nach dem Machtwechsel rasch Wahlen ausgerufen. Doch das Ergebnis war unklar. Gillard, jetzt die Chefin einer in sich zerstrittenen Partei, stand dem neuen Führer der

Konservativen gegenüber, Tony Abbott. Drei Wochen lang buhlten er und Gillard um die Gunst des ersten grünen Abgeordneten im Unterhaus und um eine Handvoll Unabhängiger. Abbott meinte, er werde alles tun, um Premierminister zu werden, außer »meinen Arsch zu verkaufen«.

Gillard siegte.

Tony Abbott sollte es nie verkraften, einer Frau unterlegen zu sein. Die Konservativen starteten eine Kampagne konstanter Negativität. Obwohl es Gillard gelungen war, in einem »hängenden Parlament« mehrere wichtige Vorlagen durchzubringen, und obwohl die Wirtschaft dank der Nachfrage nach Rohstoffen die Finanzkrisen der letzten Jahre fast klaglos überstanden hatte, hatte Gillard nie eine Chance. Denn einmal mehr stellten sich die Murdoch-Medien gegen die Regierung. Die Blätter waren von hinten bis vorne voll mit Anti-Gillard- und Anti-Labor-Propaganda. Die erste Frau an der Spitze einer australischen Regierung musste sich jeden Tag offen sexistische Kommentare anhören, auch von Abbott. Die konservativen »Shock Jocks« schlugen in dieselbe Kerbe. Bereits von internen Skandalen geschwächt, knickte die Laborpartei ein zweites Mal ein. Im Juni 2013 holte sie Rudd wieder ins Amt zurück, fast auf den Tag genau drei Jahre seit seinem spektakulären Niedergang.

KAPITEL 38

Das Leben im australischen Busch kann gefährlich sein für den, der's eilig hat. Ich bin schon fast zu spät. Vorspielstunde für die Eltern in der Musikschule. Da will ich natürlich dabei sein. David spielt Gitarre. Dann sehe ich das Holzbrett. Es liegt am Boden vor dem Shed, schon wochenlang, wenn nicht schon seit Monaten. Ich hätte wahrscheinlich hundertmal Gelegenheit gehabt, es aus dem Weg zu räumen. Den Autoschlüssel in der einen Hand, die Tasche in der andern, bücke ich mich und hebe das Brett an. Der Schmerz ist augenblicklich da und extrem, wie drei Wespenstiche auf einmal. Ich lasse das Brett fallen und sehe, wie sich eine Rotrückenspinne in einem Riss verkriecht.

So oft hatte ich unseren Kindern gepredigt: Ein Gegenstand, der auf dem Boden liegt, muss immer langsam hochgehoben werden, am besten mit einem Stock oder mit Handschuhen. Erst wenn man sicher ist, dass sich darunter nichts versteckt, darf man ihn entfernen. Schlangen lieben es, sich unter einem Brett zu verkriechen. Und Spinnen auch, ganz besonders Rotrückenspinnen. Deshalb haben sie auch diese Vorliebe für Klodeckel als Verstecke. Eigentlich sieht eine Rotrückenspinne ganz hübsch aus. Klein, schwarz, mit einem roten Strich auf dem Rücken. Aber sie ist eine der giftigsten Australiens.

Die Bissstelle an meiner linken Hand ist so klein, dass ich den roten Punkt kaum sehen kann. Doch das Tier hat mich richtig erwischt und konnte viel Gift einspritzen. Zwar sind in der jüngeren Geschichte Australiens nur 14 Todesfälle durch Rotrückenspinnen bekannt geworden, viele davon Kinder, in deren Körper auch schon eine geringe Menge Gift deutlich mehr Schaden anrichten kann als in einem Erwachsenen. Ein 90 Kilo schwerer gesunder Mann hat laut Statistik wenig zu befürchten. Dann erinnere ich mich an Jo, einen Klempner, der mir erzählt hatte, wie ihm zumute war, als ihn eine »Red Back« erwischte, unter sehr ähnlichen Umständen. »Ich griff in eine Plastikröhre, ohne vorher reinzuschauen. Ich bin fast gestorben. Zwei Wochen lang lag ich im Bett.« Der Mann wiegt 130 Kilo.

Ich muss also ins Krankenhaus. Das Problem ist nur, dass ich keine Zeit habe. David wartet auf mich. Und ich muss ihn abholen, es gibt keine Alternative. Christine und Samuel sind in Sydney, unsere Woofer sind weitergereist. Viola und Keith und Trish, meine Freunde, die ich vielleicht hätte anrufen können, sind weg. Ich bin alleine. So fahre ich los, Richtung Greentown. Ich kann das Lenkrad kaum halten. Nach drei Kilometern ist der Schmerz in meinem Oberarm, nach zehn Kilometern in der Schulter. Mein Arm fühlt sich an, als wäre er voller Ameisen. Rote Ameisen, bissige Ameisen. Geschwollen ist er kaum.

Als ich in der Musikschule ankomme, höre ich aus der Distanz das Gitarrenspiel der Kinder. Mein Puls ist auf 130, als ich die Treppen des alten Gebäudes hochsteige. Ich nicke der Lehrerin zu, dann David. Und setze mich auf einen Stuhl.

Die Kinder spielen sehr schön, doch ich kann kaum zuhören. Ich habe das Gefühl, in meinem Kopf rolle eine Dampfwalze hin und her. Schweiß steht mir auf der Stirn, meinen Arm spüre ich kaum noch. Trotzdem kann ich klar denken. Fast zu klar. Alles um mich herum scheint überdimensioniert, die Farben grell. So muss es sein, wenn man Ecstasy genommen hat, denke ich. Mein Herz schlägt nicht mehr, es rast. Ich zähle meinen Puls. 148 Schläge pro Minute. »Noch fünf Minuten so weiter, und mir platzt die Pumpe«, denke ich.

Und dann geschieht etwas völlig Unerwartetes. Als ich aufstehen will, um der Lehrerin die Situation zu erklären und dann ins Krankenhaus zu fahren, überkommt mich ein Gefühl kompletter, fast überwältigender Entspannung. Von einer Sekunde auf die andere sind alle Symptome der Vergiftung gestoppt. Mein Herz beruhigt sich. Das Hämmern im Kopf hört auf, der Schmerz im Arm ist weg. Ich fühle mich schlapp, als hätte ich eine lange Fiebergrippe überwunden.

Davids Vorstellung ist zu Ende. Entkräftet schleppe ich mich zum Auto und fahre los, zurück nach Wombat Creek. Als Christine am Abend nach Hause kommt, gibt's erst mal Schelte. »Wie kann man nur so dämlich sein und nicht ins Krankenhaus gehen?«, schimpft sie. »Nur weil du so eine gute körperliche Abwehr hast, bist du jetzt nicht auf der Intensivstation. Oder noch schlimmer.« Ich schlafe ein und wache erst 12 Stunden später wieder auf. Es wird ein guter Tag. Wir feiern den größten Erfolg, den Australien zu feiern hat: seine multikulturelle Gesellschaft.

»Dumpling mit Fleisch oder Dumpling mit Gemüse?«, fragt die junge Chinesin und legt mir die Teigtasche auf einen Styroporteller. Es ist »Tag der Multikulturalität« in Greentown. Im Park haben die Vertreter der verschiedenen Ethnien, die in unserer Region leben, kleine Stände aufgestellt. Die meisten verkaufen ein typisches Gericht aus ihrer Heimat. Nepalesisches Linsen-Dahl, türkische Köfte, deutsche Bratwürste. Ich zähle 16 verschiedene Nationen. Die Schweizer fehlen. »Das nächste Mal kommen wir mit unserem Racletteofen her«, sage ich zu Samuel, der seine Zähne in eine vietnamesische Frühlingsrolle senkt. Im Vergleich zu den australischen Großstädten wie Sydney, in denen gewisse Stadtteile von Neuzuwanderern dominiert werden, haben wir in unserem Dorf wenige Immigranten. Dass es hier trotzdem eine solche Vielfalt an Ethnien gibt, erfüllt mich mit Stolz. Stolz, Australier zu sein.

Australien ist eines der ethnisch vielfältigsten Länder der Welt. Jeder zweite Australier ist entweder selbst im Ausland geboren oder stammt von ausländischen Eltern ab. Während »Multikulti« in Europa in den letzten Jahren fast zu einem Schimpfwort geworden ist, ist Multikulturalismus hier einer der ganz großen Erfolge. Das war nicht immer so. 1901 führte Australien die »White Australia Policy« ein. Über eine rassistische Auslese sollte das Land nur mit Weißen besiedelt werden und ein Außenposten westlicher Zivilisation sein, des »British Empire«. Diese Politik wurde erst in den siebziger Jahren mit der Ankunft von asiatischen Einwanderern fallengelassen. Heute haben zehn Prozent der australischen Bevölkerung asiatische Wurzeln. Zwar vergeht seither kein Tag, ohne dass Multikulturalismus in den Medien diskutiert wird. Konservative Kommentatoren verurteilen – oft mit rassistischen oder fremdenfeindlichen Untertönen – das »Experiment« regelmäßig als gescheitert. Das ist aber kompletter Unsinn. Die multikulturelle Gesellschaft funktioniert nicht nur gut, sie ist so erfolgreich wie kaum in einem anderen vergleichbaren Land.

Über die Gründe streiten sich die Experten. Es sind wohl mehrere. Entscheidend ist die Auswahl der Einwanderer, die überhaupt ins Land gelassen werden. Es ist schwierig, ein Daueraufenthaltsvisum für Australien zu erhalten. Im Gegensatz zu den fünfziger und sechziger Jahren akzeptiert Australien heute vorwiegend Menschen mit sehr guter Ausbildung und mit Erfahrung. Diese Berufsleute kommen aber nicht als »Gastarbeiter« wie in anderen Ländern. Sie sollen bleiben. Sie sollen Australier werden.

Auch ich hatte mich nach nur zwei Jahren im Land bereits einbürgern lassen. Aber nur, weil ich meinen alten Pass behalten konnte. Schweizern ist es erlaubt, zwei Staatsangehörigkeiten zu haben. Es sollte 20 Jahre dauern, bis auch Deutschland Christine endlich das Recht zugesteht, Deutsche zu bleiben. In diesen Tagen wird sie ihren australischen Pass beantragen.

Das Gesetz ist ungeschrieben, aber verbindlich: Von Neuankömmlingen wird erwartet, dass sie ihre Probleme aus der Heimat an der Grenze lassen. Und die Neu-Australier müssen bereit sein, sich zu integrieren – bis zu einem gewissen Grad. Dazu gehört – mehr oder weniger kompromisslos – das Erlernen der englischen Sprache. Die Akzeptanz gewisser »australischer« Werte, etwa die Emanzipation von Frauen, die

Nichtunterdrückung von Andersdenkenden, ist ebenfalls Bedingung. Kulturelle Wurzeln dürfen zwar gepflegt werden, aber sie sollen das »Australisch-sein« nicht dominieren. Also: Unser samstägliches Raclette ist akzeptabel, ja sogar exotisch, lustig, für unsere australischen Freunde. Mit meinen Kindern in der Öffentlichkeit zu lange Deutsch zu sprechen hingegen nicht.

Halten sich neue Immigranten an diese Prinzipien, werden sie in der Regel von der Bevölkerung akzeptiert.

Ein Paradies multiethnischer Harmonie ist Australien trotz allem nicht. Jeden Tag kommt es in Bussen und Parks zu Ausbrüchen von offenem Rassismus, vor allem gegenüber Asiaten, und – seit den Terroranschlägen in New York 2001 – gegenüber Menschen, die aus dem Nahen Osten stammen. Jeden Tag werden muslimische Frauen mit Kopftuch in Sydney angespuckt, Männer mit Bärten als »Drecksterroristen« beschimpft oder indische Studenten in den Nachtzügen von Melbourne verprügelt, »weil sie unsere Jobs stehlen«. 2005 kam es am Strand von Cronulla in Sydney zu einer Straßenschlacht zwischen jungen Australiern libanesischer Herkunft und »weißen« Australiern. Junge Bogans verprügelten jeden, der aussah wie ein »Araber«, und sie forderten – in die australische Flagge gehüllt und mit einem Bier in der Hand – »unser Land« zurück, »unseren Strand«. Zuvor hatte Radiomann Alan Jones Libanesen zweiter Generation als »Schädlinge« bezeichnet, die das Land ausraubten und Australierinnen vergewaltigten. Bezeichnend war die Reaktion der Politik: Der damalige Premierminister John Howard meinte nach Cronulla, in Australien gäbe es keinen Rassismus. Es war die vielleicht absurdeste Behauptung seiner Amtszeit.

Doch Cronulla war eine Ausnahme. Rassismus zeigt sich in Australien in subtiler Form, unauffällig, aber nicht weniger schmerzhaft für die Betroffenen. Negative Äußerungen gegenüber Fremden, über Fremde. Oder die mangelnde Bereitschaft, Englisch mit einem fremdländischen Akzent zu verstehen. Oder die Bevorzugung von »weißen« Bewerbern bei der Vergabe von Arbeitsplätzen. »Es besteht kein Zweifel«, erzählte mir eine Schweizer Geschäftsfrau, die seit 20 Jahren in Australien lebt und arbeitet, »dass das angloaustralische Australien eine unausgesprochene Abmachung unter sich hat, die wirklich einflussreichen Positionen in der Wirtschaft in erster Linie selbst zu besetzen. Man will unter sich bleiben.« In der Tat sind in den Führungspositionen von Unternehmen selten Männer zu sehen – und noch weniger Frauen –, die nicht Namen wie Smith, McCormack, Jackson oder Johnson tragen.

Ich habe mich schon stundenlang mit Freunden und Bekannten über die Frage unterhalten, ob »Fremde« von der weißen, vorwiegend angelsächsischen, politisch und wirtschaftlich dominierenden Bevölkerungsmehrheit akzeptiert sind oder nur toleriert oder gar nur geduldet werden. Eine Antwort habe ich bis heute nicht gefunden.

*

Betty Nixon schwebt in einer Wolke von Tabakrauch, als sie mich in ihr Haus bittet. Marlboro. Und zwar nicht die leichte Version. Mitten in Greentown, beste

Lage. Das klassische australische Familienheim, schöner Garten mit Rosen. Betty lebt alleine in ihrem großen Haus. Sie ist 73 Jahre alt. Ihr Mann ist tot. Sie hat nur noch ihren kleinen Hund. »Mr Pebble«. Herr Kieselstein.

Und sie hat ihre »Jungs«. »Es ist schrecklich, ganz schrecklich«, sagt Betty, als sie den Wasserkocher aufsetzt. Einer ihrer »Jungs« habe auf dem letzten Flüchtlingsboot, das von Indonesien nach Australien fahren wollte, seine ganze Familie gehabt. »Jetzt sitzen sie im Internierungslager. Aber wenigstens leben sie.« Die alte Frau hat Tränen in den Augen. Nicht vom Zigarettenrauch, der ihr übers Gesicht kriecht. Nicht nur von der Wut und von der Verzweiflung. »Von der Scham, Australierin zu sein«, sagt sie. Ihre schmächtigen Hände zittern.

Kein Thema, über das ich in den Jahren als Korrespondent berichtet habe, hat mich so oft beschäftigt wie die australische Asylpolitik. Sie gilt als die brutalste, unbarmherzigste und menschenverachtendste aller westlichen Staaten. Es sind nur Menschen wie Betty, die mir den Glauben gelassen haben, dass ich nicht in einem Land lebe, in dem Worte wie »Anstand«, »Humanität« und »Generosität« in den letzten Jahren jegliche Bedeutung verloren haben und wenig mehr sind als billige Floskeln, verlogenes Politikergeschwafel.

Fünf »Jungs« habe sie, erklärt Betty, von denen zwei schon seit vier Jahren im Internierungslager leben. Drei Männer, um die sie sich aus der Ferne kümmert, stammen aus Afghanistan. Zwei aus dem Irak. Alle waren mit Booten nach Australien gekommen oder zumindest in australische Gewässer. Mitten in der Nacht waren sie in einem kleinen Hafen auf der indonesischen Insel Java in ein schäbiges Fischerboot gestiegen. »5000 Dollar hat jeder den Menschenschleppern bezahlt«, sagt Betty, »alles Geld, das sie besaßen, danach hatten sie nur noch die Kleider, die sie am Körper trugen.« Die letzte Fahrt durch die gefährlichen Gewässer zwischen Indonesien und der australischen Nordküste wurde – wie schon Hunderte Male zuvor – zum Drama. Das Boot war völlig überladen. Dann kam der Sturm. Das Schiff kenterte. »Acht Menschen ertranken, unter ihnen zwei Kinder«, erzählt Betty. »Auch der Knabe von Ahmed. Sechs Jahre alt war er.« Als die australische Marine endlich zur Rettung kam, wurde Ahmed auf die zu Australien gehörende Weihnachtsinsel gebracht. Dort harrte er 18 Monate lang hinter Gittern aus, wartete auf einen Asylentscheid. »Der Tod seines Sohnes hat seine Seele gebrochen«, sagt Betty. Schließlich wurde der Mann in ein Internierungslager nach Südaustralien gebracht. »Ich darf jede Woche einmal mit ihm telefonieren.« Und jetzt will sie ihn besuchen.

Zwei Tage später. Betty und ich stehen in der südaustralischen Wüste. Für Hunderte von Asylsuchenden wird hier die Hoffnung auf ein neues Leben zum Alptraum.

Das Asylbewerber-Internierungslager Baxter. Eine enorme Anlage aus Stahl und Beton, Wellblech und Schutztürmen. Das Lager ist mit einem Schutzsystem ausgerüstet, sicherer als das eines Hochsicherheitsgefängnisses. Sechs Meter hohe Metallzäune, einer ist elektrisch geladen. Messerscharfe Spitzen, darüber Stacheldraht. Dahinter ein Todesstreifen und nochmals hohe Gitter. Dann die Unterkünfte, in denen

Hunderte Männer, Frauen und Kinder untergebracht sind. Und Bettys »Jungs«. Sie wartet auf das grüne Licht der Behörden. Eingereicht hatte sie den Besuchsantrag vor drei Monaten. Die Sonne brennt auf Betty Dixons Schultern, ein Hut schützt ihre helle Haut vor den Strahlen. Keuchend setzt sie sich auf einen Felsen am Straßenrand. »Ich habe Durst«, sagt sie.

Hinter uns protestieren ein paar Studenten gegen die Politik der Zwangsinternierung von Asylsuchenden, ein paar Sozialisten, Linke, Grüne, Hippies. Betty ist das untypische Gesicht des Widerstandes gegen ein System, das sie als »menschenverachtend und rassistisch« bezeichnet. Ehemalige Hebamme, der Ehemann war Bankdirektor. Gutbürgerliche, konservativ-australische Verhältnisse. Doch in ihrem Innern brennt das Feuer einer Revolutionärin. »Diese Politik ist eine Schande für jeden Australier«, sagt sie und steckt sich eine Marlboro an. »Ich schäme mich für mein Land. Wir sind so reich, und doch weisen wir diese Menschen ab.«

Es ist eine der großen Widersprüchlichkeiten, dass in dieser Nation von »Ausländern« eine hysterische Abneigung gegenüber Menschen besteht, die ihren Schutz suchen. Viele Australier sind selbst Flüchtlinge oder stammen von Flüchtlingen ab. Das Land hat in den letzten 50 Jahren über 600000 Schutzsuchende aufgenommen – in früheren Zeiten mit sehr viel Großzügigkeit. Nach dem Zweiten Weltkrieg war Australien ein Zufluchtsort für Tausende von Vertriebenen aus Europa. Auch heute noch gründen fast alle Flüchtlinge Geschäfte, schaffen Arbeitsplätze, bezahlen Steuern und stimulieren so die Wirtschaft für alle

Australier. Frank Lowy, der Mann, der die Westfield-Kette gegründet hatte, ist eines von vielen Beispielen.

Das politische Klima änderte sich in den achtziger Jahren, unter den Regierungen der sozialdemokratischen Premierminister Bob Hawke und Paul Keating. Die Praxis der Zwangsinternierung von Bootsflüchtlingen wurde zu einem wichtigen Instrument der Politik. Nachdem er 1996 an die Macht gekommen war, perfektionierte der konservative John Howard die brutale Politik. Im August 2001 verbot er dem mit 433 schiffbrüchigen afghanischen Flüchtlingen beladenen norwegischen Frachter Tampa, an der Weihnachtsinsel anzulegen. Schwerbewaffnete Armeeeinheiten stürmten das Schiff und bewachten die entkräfteten Flüchtlinge, darunter kranke Frauen und Kinder. Die Bilder gingen um die Welt. Nach Tagen unter brütender Sonne wurden die Menschen in ein Lager nach Nauru deportiert, einem bankrotten Kleinstaat mitten im Pazifik. »Pazifische Lösung« des Asylproblems nannte Howard die Abschiebung.

Damals entdeckte jeder Politiker Australiens den Wert dessen, was als »Hundepfeifen-Politik« in die Geschichte eingehen sollte: Ohne direkt rassistisch zu sprechen, schaffte es Howard, mit gezielt platzierten Behauptungen, die rassistischen Gefühle zu wecken, die in der Bevölkerung schlummern. So meinte er, ohne jegliche Beweise zu haben, »unter den Flüchtlingen könnten sich Terroristen befinden«. Seine Minister nannten die Ankömmlinge »Illegale«, obwohl sie wussten, dass es keine »illegale« Asylsuchende gibt, nicht laut den Vereinten Nationen. Für Howard war die Strategie ein politischer »Sechser im Lotto«. Seine sinkende Beliebtheit schoss dank »Tampa« wieder in die Höhe, seine Regierung wurde wiedergewählt. Und der Begriff »Illegale« wird bis heute von Politikern und Kommentatoren missbraucht.

Kamen Bootsflüchtlinge früher aus Vietnam und Kambodscha, sind es heute vor allem Iraker, Iraner, Afghanen und Menschen aus Sri Lanka. Was sie hier erwartet, ist nach Meinung vieler Kritiker kaum besser als die Todesfahrt. Früher waren die Internierungslager halb offen, heute sind es Gefängnisse. Selbstverstümmelungen, Selbstmordversuche und Depression unter den meist bereits schwer traumatisierten Menschen sind an der Tagesordnung. Doch die inhumane Behandlung von Schutzsuchenden hat im Volk viel Unterstützung. Wie sinnlos das ganze System eigentlich ist, zeigt, dass über 91 Prozent der Asylsuchenden schließlich doch als »echte« Flüchtlinge anerkannt werden.

Ausländische Beobachter haben für das »Asylproblem« Australiens meist nur ein müdes Lächeln übrig, wenn sie es an der Situation in ihren eigenen Ländern messen. Im Finanzjahr 2011/2012 kamen gerade mal 7983 Menschen in Booten nach Australien. Und im Vergleich mit anderen Ländern nimmt Australien heute eine minimale Zahl von Flüchtlingen auf: 2012 befanden sich weltweit über 15 Millionen Menschen auf der Flucht, Australien bot gerade mal 13759 von ihnen Schutz. Gleichzeitig lebten – weitgehend sorglos vor dem Zugriff der Behörden – gut 60000 Touristen und Studenten im Land, deren Visum abgelaufen war. Die wirklichen Illegalen.

Die Zwangsinternierung gilt absurderweise nur für Menschen, die auf dem Seeweg nach Australien kommen. Schutzsuchende, die mit dem Flugzeug in Sydney oder Melbourne landen – der weitaus größte Anteil der Asylsuchenden –, sind von den Bestimmungen ausgeschlossen. Ein Grund für diese Regel sei die tiefverwurzelte Furcht einer Invasion aus dem Norden, aus Asien, erzählt mir der Immigrationsforscher Stephen Castles. »Wie viele Länder hat auch Australien eine Urangst, vom Wasser her überfallen zu werden.« Ich erinnere mich an David, 30 Jahre alt, einen inzwischen von unserer Straße weggezogenen Nachbarn. »Ich schlafe nie ohne meine geladene Waffe neben dem Bett, für den Fall, dass uns die Indonesier angreifen«, hatte er mir vor Jahren stolz erzählt. »Oder die Chinesen.«

Bis zum heutigen Tag ist die Politik der Härte das Instrument der Wahl für australische Politiker. Mitte 2013 saßen Tausende von Asylsuchenden hinter Gittern, unter ihnen 1000 Kinder. Dann gab Premierminister Kevin Rudd bekannt, alle Bootsflüchtlinge würden künftig nach Papua-Neuguinea deportiert. Sie sollten »nie mehr eine Chance haben, sich in Australien niederlassen zu können.«

Eine Woche später bin ich wieder in Greentown. Ich treffe Betty Nixon in ihrem Haus. »Mr Pebble« springt an meinem Bein hoch, als sie mich – in einer Wolke von Marlboro-Rauch – ins Wohnzimmer führt. »Sie haben mich nicht mehr ins Lager gelassen«, erzählt Betty, einmal mehr den Tränen nahe. Ihren »Jungs« gehe es seither schlechter als je zuvor. Ahmed könne nur noch mit schweren Medikamenten seine Selbstmordgedanken abwehren. Fünf Monate später erfahre ich, dass Betty Nixon gestorben ist. Lungenkrebs. Bis heute weiß ich nicht, was aus Ahmed geworden ist.

KAPITEL 39

Der Ton meines Alphorns hallt durch das Tal. Zehn Minuten lang. Das muss reichen. Von Mick und Julie weiß ich, dass sie es gerne hören. Doch allzu oft pflege ich diese schweizerische Tradition trotzdem nicht. Die Kultur aus der alten Heimat allzu auffällig zur Schau zu stellen, zu häufig, zu laut, wird nicht wirklich geschätzt. Einmal hatte ich zum Anlass des Schweizer Nationalfeiertages am Eingangstor unseres Grundstücks eine kleine Schweizer Fahne auf den Zaunpfosten gesteckt, einfach zum Spaß. Ein Nachbar meinte, ziemlich aufgebracht, ich solle sie runternehmen und eine australische Flagge aufsetzen. Seither flattern auf dem Dach unseres Hauses eine kleine deutsche Flagge und die schweizerische. Zum Trotz.

Der süße Geruch des Frühlings legt sich über »Wombat Creek«, als ich mit Max und Susi einen Spaziergang über unser Grundstück mache. Ich brauche diese Momente der Entspannung. In ein paar Wochen sind Wahlen, vielleicht die wichtigsten in Jahrzehnten. Australien wird sich für einen Weg entscheiden, von dem es kein Zurück geben wird. Premierminister Kevin Rudd und seiner Labor-Partei steht Tony Abbott von den Konservativen gegenüber. »Noch nie in der Geschichte war die Qualität der Politik so miserabel wie in diesem Wahlkampf«, schreibt Barry Jones, einer der angesehensten Intellektuellen Australiens. Der Kampf zwischen Labor und den Konservativen, zwischen Abbott und Rudd, sei auf ein absolutes Tief gefallen. Parolen statt Programme, Ideologien statt Lösungen. Das ist für mich als Journalist eine interessante Geschichte. Für uns als Gruppe ist diese Situation eine Herausforderung, die an die Nerven geht.

Die Akazien stehen in voller Blüte, Insekten laben sich an ihrem Nektar. Die leuchtend gelben, bauschigen Blüten verströmen einen Duft, der sich an windstillen Tagen wie eine parfümierte Decke übers Land legt. Nichts verkörpert die Schönheit der australischen Natur so wie die Akazie. Und da sehe ich plötzlich Rambo. Zum ersten Mal seit Monaten ist das Riesenkänguru wieder zu Besuch. Erfreulicherweise nicht in unserem Garten. Starker Regen in den letzten Wochen und Monaten hat in der Natur zu einem enormen Wachstumsschub geführt. Das Gras auf den Wiesen ist kniehoch, grün und saftig. Die Kängurus müssen sich nicht mehr in die Nähe von Menschen wagen, um Futter zu finden. Rambos Harem hat sich vergrößert. Sechs Weibchen streiten um seine Gunst, offenbar erfolgreich. Drei haben »Joeys« in ihren Beuteln. Neues Leben, Hoffnung. Frühling.

Das Problem ist nur: Es ist nicht Frühling, es ist Winter.

Im Juli herrschen bei uns im Gebiet sonst Temperaturen wie in Mitteleuropa im späten Herbst oder im frühen Winter. Nachts kann das Thermometer durchaus unter die Nullgradgrenze fallen. Nun haben wir am Tag Temperaturen von bis zu 18 Grad. »Noch nie in der Geschichte war es so warm um diese Jahreszeit«, meldet das Meteorologische Institut. Ein Rekord nach dem anderen wird gebrochen.

Im Supermarkt, zwischen dem Fleisch- und dem Gemüsestand, treffe ich Sally. 27 Jahre lang hat sie als Klimatologin gearbeitet, bevor sie vor kurzem in Rente ging. Ich erzähle ihr von unseren Akazien. Doch Sally zeigt wenig Begeisterung. »Klimawandel«, sagt sie. »Deine viel zu früh blühenden Bäume sind Vorboten einer Katastrophe. Jeder von uns weiß es«, sagt sie mit tiefer Stimme, »doch keiner will es wissen.«

Tatsächlich: Wenn man die Zeitungen liest, die Fernsehnachrichten schaut, Radiosendungen hört – Australien scheint sich über jedes andere Problem aufzureiben und aufzuregen, nur nicht über die wirklich wichtigen. Die mangelnde Leistung der Cricket-Nationalmannschaft, ein gedopter Rugbyspieler, hohe Benzinpreise und natürlich das Lieblingsthema – Bootsflüchtlinge. »Schon wieder ein Boot abgefangen«, schreit Murdochs *Daily Telegraph* und zitiert den Schattenimmigrationsminister der Konservativen. »Wir werden die Boote stoppen.« Ohne Gnade.

Es ist Samstagnachmittag, und der Saal der Country Women's Association platzt aus allen Nähten. An den weißgetünchten Wänden hängen Schwarzweißfotos von längst verstorbenen Präsidentinnen der Organisation, alle in züchtigen Kleidern und mit strengem Blick. Darüber das verblichene Porträt von Königin Elisabeth II. Eine Bastion konservativen Denkens.

Doch heute hört man hier geradezu revolutionäre Töne. Eine Universität hat unsere Einladung angenommen, um über Klimawandel zu sprechen, über die Erhöhung der globalen Temperaturen. Eine der Wissenschaftlerinnen gehört zu den bekanntesten Klimaexpertinnen Australiens. Während sie spricht, schaue ich in die Runde. Der Raum ist voll mit Bauern, Arbeitern, Handwerkern, Hausfrauen, Geschäftsleuten. Menschen, von denen ich viele kenne. Noch am Tag zuvor hätte ich gesagt, sie seien Klimaskeptiker. Oder zumindest Zweifler. Mitglieder von TGG sind auch hier. Wir sind außer uns vor Freude. »Ich kann es kaum glauben«, flüstert mir Trish zu. »Vielleicht hat unsere Arbeit doch etwas bewirkt.« Ich hoffe es. Das Gefühl, durch unsere jahrelange freiwillige Arbeit etwas zum Umdenken im Dorf beigetragen zu haben, tut gut.

Die Professorin hat wenig Gutes zu berichten. Es deckt sich mit dem, was wir schon von den Wissenschaftlern der ANU gehört hatten. Die Redner zeigen die Möglichkeiten auf, die Australien hat: anpassen oder untergehen. »Eines ist sicher: Das Australien von morgen wird mit dem Australien von heute nicht mehr vergleichbar sein«, sagt die Professorin.

Noch nie in seiner Geschichte stand das Land an so vielen Fronten vor so komplexen Herausforderungen wie heute. Kann es diese meistern, ist es überhaupt bereit, sie zu meistern, ist es willig? Hat das Land die Politiker, die bereit sind, die Führung zu übernehmen – für das Wohl der Nation, nicht der eigenen Partei, der eigenen Karriere?

Nach 20 Jahren als Beobachter dieses Landes und als Bürger, habe ich größte Zweifel.

Die wirtschaftlichen, ökologischen und sozialen Folgen des Klimawandels sind ein enormes Problem für Australien. Doch es ist nicht nur diese heranrollende Katastrophe, die mich pessimistisch macht. Es ist die Tatsache, dass in diesem Land der Raubbau an der Natur, an den natürlichen Ressourcen ungehindert weitergeht, ja eskaliert. So, dass er die Existenz ganzer Regionen bedroht.

Der Kontinent ist zwar über sieben Millionen Quadratkilometer groß. Der weitaus größte Teil des Bodens ist für die Landwirtschaft aber nicht oder kaum brauchbar. Die Fläche, auf der Agrarprodukte auf konventionelle Art und Weise produziert werden können – Getreide, Gemüse, Früchte, Fleisch –, ist klein. Sie konzentriert sich auf den Südosten des Kontinents, in das Einzugsbecken der Flüsse Murray und Darling. Dieser »Fruchtkorb der Nation« ist nicht nur durch die Folgen der höheren Durchschnittstemperaturen gefährdet: Hitzewellen, Dürreperioden, Wirbelstürme, neue Arten von Schädlingen, Feuer. Die Abholzung von Millionen Bäumen nach der Besiedelung führte schon vor Jahren zu einer Erosion der qualitativ guten und produktiven oberen Humusschicht, die bis heute anhält. Doch statt alles zu tun, um diese Futterkrippe der Nation zu schützen, scheint Australien die weitere Zerstörung zu erlauben, ja sogar zu fördern. Der Grund ist, in fast jedem Fall, die Sucht nach dem Rohstoffdollar.

Alleine aus der Ausbeutung der gigantischen Kohle- und Erdgaslager entlang der ostaustralischen Küste kann die Industrie in den kommenden Jahren Dutzende von Milliarden Dollar Gewinne erwarten und die Regierung Hunderte von Millionen an Steuern und Lizenzgebühren. Dabei wird bewusst in Kauf genommen, dass einige der allerbesten Landwirtschaftsgebiete Australiens unbrauchbar gemacht werden – nicht einfach nur für ein paar Jahrzehnte, bis die Rohstoffe abgebaut sind, sondern für immer.

Kohleminen entstehen heute in den produktivsten Agrarregionen des Landes. Tagebauminen von bis zu 30 Kilometern Länge fressen sich durch eine Landschaft, in der bis vor kurzem Wein produziert wurde, Weizen angebaut, Kopfsalat. Heute legt sich der Staub, den die Bagger aufwerfen, und der von den Kohlegüterzügen weht, auf die noch verbleibenden Getreidefelder, auf die Gemüseplantagen, die Weinreben.

Vielleicht die noch größere Bedrohung aber ist Gas. Australien hat scheinbar mehr von diesem Rohstoff als jedes andere Land der Welt. Entlang der Ostküste herrscht ein »Gasrausch« – die moderne Form eines Goldrausches. Und wie bei jedem Goldrausch werden auch bei diesem nur eine Handvoll Schürfer reich. Es sind nicht in erster Linie die Australier. Über 80 Prozent der Rohstoffindustrie sind in ausländischer Hand. Firmen oder substantielle Anteile gehören britischen, amerikanischen, vor allem aber chinesischen Eignern.

Tausende von Kilometern neuer Straßen verbinden auf Farmland Tausende von Kohlegas-Bohrlöchern, die Firmen auf dem Boden der Bauern gebohrt haben. Das dürfen sie, selbst gegen den Willen der Besitzer. Denn sie haben das Recht auf ihrer Seite: In Australien gehören nur die ersten paar Zentimeter Boden dem Grundeigentümer. Was darunter liegt, kontrolliert der Staat. Und der hat das Recht, Abbaulizenzen zu verkaufen, dem Meistbietenden.

Wenn die Firmen nach Gas suchen wollen, können Besitzer ihren Boden nur verkaufen, oder sie müssen sich mit einer mageren Abfindung zufriedengeben.

Auf jeden Fall wird eines Tages der mobile Turm auffahren und ein tiefes Loch bohren. Und damit beginnt ein Prozess, der das Potential hat, in einer Katastrophe zu enden. Um Gas in tiefliegenden Kohleschichten zu gewinnen, wird mit giftigen Chemikalien vermischtes Wasser in die Tiefe gepumpt. Dort sprengt es das Kohleflöz – das Gas kann gefördert werden. Die Chemikalien können sich mit dem Grundwasser vermischen und es verschmutzen. Für immer.

Die Bedürfnisse kommender Generationen haben wenig Gewicht bei den Entscheiden eines Großteiles der australischen Politiker. Seit 20 Jahren frage ich mich, was die Ursache für dieses extrem kurzsichtige Denken sein könnte. Ohne Zweifel denken viele Australier, dass dieses Land groß genug ist, um einen Teil davon dem »Fortschritt« zu opfern. Dies ist ein Pionierland. Die Zerstörung von Natur geht einher mit dem Bedürfnis für Fortschritt.

»Deswegen ist unsere Nation weiterhin bereit, dafür auch ihre größten Schätze zu opfern«, sagt Viola, als ich mit ihr über dieses Thema philosophiere. Doch diese Schätze gehörten nicht nur Australien, sondern jedem Menschen auf diesem Planeten. »So wie das Matterhorn nicht nur euch Schweizern gehört und der Grand Canyon nicht nur den Amerikanern. Diese Länder haben nur die Fürsorgepflicht.«

Australien erfüllt diese Pflicht miserabel. Seit Beginn der weißen Besiedelung wurden weltweit einzigartige Ökosysteme zerstört, Tausende von Quadratkilometern Regenwald abgeholzt. Das Große Barrier Riff ist nach über einem Jahrhundert der Verschmutzung durch düngerhaltige Abwässer aus der Landwirtschaft hochgradig geschädigt. Jetzt droht ihm als Folge des Klimawandels der Tod. Trotzdem sind an der Küste von Queensland mehrere gigantische Kohle-verladehäfen im Betrieb oder im Bau. Der Meeresboden wird ausgebaggert. Schlamm mit Schwermetallen am Riff abgeladen. Ein Schiffsunglück, eine Ölpest sind nur eine Frage der Zeit.

KAPITEL 40

Längerfristig aber hat Australien ein noch größeres Problem. Als führender Exporteur von Kohle, macht es einen wesentlichen Teil seines Wohlstandes mit einem Produkt, das keine Zukunft hat.

»Es wird nicht mehr lange dauern, bis die Welt nach Sündenböcken sucht für die eskalierende Zahl von Wirbelstürmen, Überschwemmungen, Feuersbrünsten und klimatisch bedingten Todesfällen«, warnte ein Wissenschaftler in einem Interview mit mir. »Und einer dieser Sündenböcke ist Australien. Auch wenn wir hier nur zwei Prozent der Klimagase der Welt selbst produzieren, sind wir durch unsere Kohleexporte doch für ein Vielfaches mehr verantwortlich. Wir leisten uns unseren hohen Lebensstil auf Kosten der Gesundheit der Welt.«

Solche Aussagen sind ketzerisch. Als ich Premierminister Kevin Rudd diese Theorie vorlege, meint er, jedes Land sei für seine eigenen Emissionen verantwortlich. »Wenn wir Kohle verkauft haben, ist sie nicht mehr unser Problem. Wir decken die Bedürfnisse eine Marktes.«

Die Argumentation, die ein Drogenhändler benutzen würde.

Sieben Jahre ist es her, seit Kevin Rudd gepredigt hatte, Klimawandel sei »die größte moralische Herausforderung unserer Generation«. Viel ist nicht geblieben von dem Vorsatz, aktiv gegen diese monumentale Bedrohung vorzugehen. Seine Klimasteuer ist dem Tode geweiht, genauso wie die Steuer auf die Supergewinne der Rohstoffunternehmen. Konservativenführer Tony Abbott will die Steuern abschaffen, falls er die Wahlen gewinnt, und den Klimawandel mit dem »Pflanzen von Hunderttausenden von Bäumen« bekämpfen.

»Ich kann nicht glauben, dass es so weit kommen konnte«, klagt Viola, als ich sie zum Kaffee treffe. Umfragen zeigen, dass Labor die Wahlen verlieren wird. Dabei hatte Tony Abbott noch vor kurzem sogar in seiner eigenen Partei als »unwählbar« gegolten, wie einer seiner Vorgänger an der Parteispitze meinte. Er sei der »vielleicht gefährlichste Politiker in der Geschichte Australiens«, warnte sogar der frühere konservative Premierminister Malcolm Fraser. Abbotts Ansichten sind geprägt von geradezu archaischer konservativer Ideologie. So meinte er, Frauen könnten es schon alleine aus physiologischen Gründen im öffentlichen Leben nie so weit bringen wie Männer. Abbott ist streng katholisch und strikt gegen Abtreibung. Homosexualität sei für ihn »bedrohlich«, sagte er, gleichgeschlechtliche Ehe eine »Frage des Lebensstils«. Und Klimawandel sei »absoluter Mist«.

Abbott präsentierte jahrelang keine eigenen politischen Ideen, keine Programme, nur Kritik. Doch die Sozialdemokraten waren zerstritten. Die Gillard-Rudd-Führungskrise. Korruptionsskandale. Die Wähler hatten jedenfalls genug. Noch immer nicht genug aber, um Tony Abbott zu mögen, den ehemaligen Priesterseminaristen, dann Möchtegernboxer, dann Journalist, dann den konservativen Politikern. Das sollte sich aber ändern.

Einmal mehr holte Rupert Murdoch zum Schlag aus. Der Amerikaner erklärte, er wolle Abbott als Premierminister sehen, und wies seine Chefredakteure an, entsprechend zu berichten. Seit Jahren schon waren seine Zeitungen Instrumente der Anti-Klimawandel-Propagandamaschine. Jetzt berichteten die Zeitungen nur noch negativ über Rudd. »Schmeißt dieses Gesindel raus«, titelte der *Telegraph*. Und einmal mehr appellierte ein Politiker an den Rassismus. Er werde die Rechte von Asylsuchenden noch weiter beschneiden, versprach Abbott. »Es wird eine Zeit kommen, in der wir diesen Moment als schwarzen Fleck in unserer Geschichte sehen werden«, analysiert der bekannte Soziologe Hugh Mackay den Wahlkampf.

Ein paar Wochen später haben sich Violas Befürchtungen bewahrheitet. Die Konservativen haben im Parlament die Mehrheit gewonnen, Tony Abbott ist Premierminister. Für mich als Journalist beginnt eine interessante Zeit, in der ich meinen Lesern und Hörern das neue Australien erklären kann, wie es denn auch immer aussehen wird.

Für mich als Vorsitzenden unserer kleinen Community Group beginnt erst mal der Aufbau der Moral unter den Mitgliedern. »Es gibt keinen Grund, jetzt aufzugeben. Ganz im Gegenteil«, sage ich während der ersten Versammlung unserer Gruppe nach den Wahlen.

Ich erinnere meine Freunde an das, was wir geschafft haben – nicht wegen der Politik, nicht mit der Politik, sondern trotz der Politik.

Wenn ich daran denke, wie wir vor all diesen Jahren hier begonnen haben, bei einer Tasse Kaffee, Corina und ich, dann Trish und dann all die andern, so erfüllt mich das mit Hoffnung. Hunderte von Häusern in Greentown, ja der Region haben heute als Folge von »Greentown Goes Solar« Solarstromanlagen installiert. Eine von uns konzipierte und von den Neinsagern im Dorf erst mal heftig bekämpfte Kampagne, mit der das Council unsere Region als attraktiven Standort für Treechanger vermarktet, für Entrepreneure, für Menschen mit innovativen Ideen und als Lebensort für Familien, wird immer erfolgreicher. Das Sumpfgebiet, das wir zu einem ökologischen Wunderland umbauen, ist landesweit ein Musterbeispiel für ein von der Gemeinde geführtes Projekt. Noch wichtiger aber ist, dass es den Bewohnern von Greentown Gelegenheit gibt, involviert zu sein, Gemeinschaft zu erleben, Freunde zu finden. Jeden Mittwoch pflanzen Rod und sein Team gemeinsam mit den Nachbarn Bäume, schaufeln Kies. Menschen wie Les machen mit, ein polnischer Einwanderer, der jahrelang keinen Kontakt gehabt hatte im Dorf, weil er sich für seinen starken Akzent geschämt hatte. Und im Geschäftszentrum von Greentown weiten wir ein WLAN-Netz aus, über das wir kostenlosen Internetzugang anbieten, um Besucher ins Dorf zu locken. Wir sind eine von wenigen Gemeindegruppen auf der Welt, die das anbieten. Wie fast immer war der Gemeinderat erst einmal dagegen. So bauten wir das Netz halt selbst. Heute wird es vom Bürgermeister gelobt. Auch unsere Internet-Kampagne ist erfolgreich. Ted zog sich stillschweigend von unserer Facebook-Seite zurück, nachdem andere Mitglieder jede einzelne seiner abstrusen Behauptungen sofort mit wissenschaftlich belegten Fakten zerrissen hatten.

Und das Projekt, das mich dazu veranlasst hatte, diese Gruppe überhaupt zu gründen, dieses Logistikzentrum auf der anderen Seite der Autobahn? Diese Monsteranlage, die unser Dorf für alle Zeiten verschandelt hätte? Die Finanzkrise hatte die Pläne zunichtegemacht. Zum Glück. Denn nun sind wir in Verhandlungen mit dem Industriellen, um auf dem Gelände eine Solaranlage aufzubauen, die der Gemeinde gehören soll. Jeder Mann, jede Frau, jedes Kind soll sich einen Anteil kaufen können, für ein paar Dollar, und so selbst dazu beitragen, die Welt vielleicht etwas besser zu machen für künftige Generationen.

»Die unmittelbare Zukunft mag zwar etwas schwierig aussehen«, sage ich zu meinen Freunden. »Längerfristig aber bin ich keineswegs pessimistisch.« Nicht nur zeigen Erfahrungen wie unsere, dass das Bewusstsein für das Problem »Klimawandel« in der australischen Bevölkerung wächst – trotz der Manipulation durch die Medien. Allzu lange werden sich die Politiker nicht mehr vor der Verantwortung drücken können. Zudem haben sich in den letzten Jahren viele ähnliche Gruppen wie TGG gebildet und viele sind größer als unsere und einflussreicher. »Ich glaube, wir sind Teil einer schleichenden Reform der australischen Demokratie. Das Bewusstsein des Einzelnen für die Macht, die er in der Hand hält, beginnt zu wachsen.« Mit Flüchtlingen kann man sehr gut auch anständig umgehen und trotzdem die Kontrolle über seine Grenzen haben. Und im Kampf gegen Klimawandel hat das Land besonders viel zu bieten. Einer Studie zufolge könnte Australien bis 2030 seinen gesamten Strombedarf aus erneuerbaren Energien decken, mit Wind, Solar und anderen Technologien. Die neuen Arbeitsplätze, die mit diesen neuen Industrien verbunden wären, gingen in die Hunderttausende.

Für mich ist klar: Australien – *mein* Australien – ist noch immer ein Land der Pioniere. Und das im guten Sinne. Hier kann man noch etwas ändern, etwas aufbauen. Australien hat eine einzigartige Umwelt, unbegrenzt Rohstoffe, es liegt direkt vor der Wachstumsregion Asien und hat eine der vielleicht erfolgreichsten multikulturellen Gesellschaften mit Verbindungen in die ganze Welt. Richtig genutzt – und geschützt – bietet dieses Kapital ein Potential, wie man es sonst auf der Welt heute kaum noch findet.

Australien ist aber auch ein junges Land, das noch immer seinen Weg sucht, seinen Platz in der Welt. Es ist wie ein pubertierender Teenager: in einer Minute überschwenglich und selbstbewusst. In der nächsten orientierungslos, ignorant, unsicher und scheinbar getrieben vom Verlangen, die Fehler anderer zu wiederholen, statt von ihnen zu lernen.

Am Abend nach unserer Versammlung stehe ich auf der Veranda und bereite mein Alphorn zum Spielen vor. Ich genieße die Aussicht. Ich möchte nirgendwo anders sein. Meine Familie denkt genauso. Christine ist zufrieden als Gemeindeschwester in Greentown und hat viele Freunde. David folgt seinem großen Bruder an die Spitze der Schulbesten und spricht wohl bald so gut Chinesisch wie Mao. Samuel wird nächstes

Jahr in Canberra eine Schule besuchen, die eine starke globale Ausrichtung hat. Sie dürfte ihm den Weg öffnen, um in Australien oder Europa an den besten Universitäten studieren zu können.

Trotzdem mache ich mir heute große Sorgen. Obwohl der Sommer noch nicht einmal begonnen hat, brennt es schon wieder in unserer Umgebung. »Noch nie zuvor hat die Feuergefahr so früh begonnen«, meldet das Fernsehen. David meint, wir müssten in diesem Jahr unsere Wertsachen und Bilder früher in den Bunker tragen. Ich hoffe, dass wir auch in diesem Jahr verschont bleiben vom Feuer, so wie damals im Januar, als ich alleine hier war und um mein Leben fürchtete.

Als ich zu spielen beginne, muss ich an Max denken. Vor einer Woche ist er gestorben. Er lag einfach da, als würde er schlafen. Vielleicht hat ihn doch noch eine Braunschlange erwischt. Wir werden es nie wissen. »Er war mein bester Freund«, schluchzte Samuel. Wenn man so abgeschieden auf dem Land lebt wie wir und fernab von der Familie, am anderen Ende der Welt, ist jeder Freund doppelt wertvoll. Auch wenn er ein Fell hat. Seit heute aber hat Samuel einen neuen Kumpel. Ich habe den kleinen Welpen im Tierheim gefunden. Ein lustiger »Kelpie«, eine typisch australische Rasse. Wir nennen ihn Moritz.

Im Licht der untergehenden Sonne blase ich das Horn. Auf der anderen Seite des Tals sehe ich, wie auf der Wiese die grasenden Kängurus kurz hochschauen und dann davonspringen. Das ist jedes Mal so, wenn ich spiele. Ich zweifle daran, dass sich die Tiere je an diese Töne gewöhnen werden. Wahrscheinlich ist es einfach so: Kängurus mögen kein Alphorn.

EIN KÄNGURU GEHT
UM IN EUROPA

Marc-Uwe Kling
DIE KÄNGURU-CHRONIKEN

ISBN 978-3-548-37257-0

Marc-Uwe Kling
DAS KÄNGURU-MANIFEST

ISBN 978-3-548-37383-6

»Wer schon einmal mit einem Känguru zusammengelebt hat, wird begeistert sein. Alle anderen werden staunen. Sehr, sehr lustig!« *Horst Evers*

Auch als ebook erhältlich
e-book

www.ullstein-buchverlage.de

ullstein

US416

Jetzt reinklicken!

„Sind Sie auch Vielleser, Bücherfan oder Hobbyrezensent?“

„Dann lesen, kommentieren und schreiben Sie mit auf vorablesen.de!“

Jede Woche vorab in brandaktuelle Top-Titel reinlesen, Leseeindruck verfassen, Kritiker werden und eins von 100 Vorab-Exemplaren gewinnen.

vorablesen.de

Neue Bücher online vorablesen & rezensieren

NEXT 20 km
NEXT 20 km
NEXT 20 km